知堂回想錄

經典新版

上 風暴前後

周作人——著

總序

文學星座中，璀璨不亞於魯迅的周作人

每個時代都會有特別具有代表性、令人們特別懷想的人物，在新文學領域，周作人無疑就是其中一個。身為大文豪魯迅之弟，兩兄弟在文壇可說是各領風騷，各自綻放著不同的光芒。

作為五四新文化運動的一員，周作人在中國文學上的影響力絕對具有舉足輕重的地位，時值新舊文化交替之際，面對西方思潮的來襲，多數讀書人或抱殘守缺，或媚外崇洋，在劇烈的文化衝擊中，許多受過西方教育的學子如胡適、錢玄同、蔡元培、林語堂等，紛紛投入這股新文化浪潮中。

周作人脫穎而出，被譽為是「五四」以降最負盛名的散文及文學翻譯家，他以「對性靈的表達乃為言志」的理念，創造了獨樹一格的寫作風格，充滿靈性，看似平凡卻處處透著玄妙的人生韻味，清新的文風立即風靡一時，更迅速形成一大流派「言志派」，在中國文學史上留下了不可抹滅的一筆。郁達夫曾說：「中國現代散文的成績，以魯迅、周作人兩人的為最豐富最偉大，我平時的偏嗜，亦以此二人的散文為最所溺愛。一經開選，如竊賊入了阿拉伯的寶庫，東張西望，簡直迷了我取去的判斷。」陳之藩是散文大師，他特地強調胡適晚年不止一次跟他說：「到現在值得一看的，只有周作人的東西了。」可見周作人散文之優美意境。

處在動盪年代的周作人，亦可說是時代的見證人，年少時赴日求學，精通日語，讓他對日本文化有深刻的觀察，而後又親身經歷了中國近代史上諸多重要歷史事件，如鑑湖女俠秋瑾、徐錫麟等的革命活動、辛亥革命、張勳復辟等，他一生的形跡記錄即是重要史料，從他的《知堂回想錄》書中即可探知一二。而他晚年撰寫的《魯迅的故家》、《魯迅的青年時代》等回憶文章，更為研究魯迅的讀者提供了許多寶貴的第一手資料。

對世人來說，周作人也許不是個討喜的人，因為他從來都不是隨俗附和的人，他只說自己想說的話，一生奉行的就是孔子所強調的「知之為知之，不知為不知，是知也」的理念，這使他的文章中充滿了濃濃的自由主義，並形成他日後以「人的文學」為概念，跳脫傳統窠臼，更自號「知堂」之故。在《知堂回想錄》的後序中，周作人自陳：「我是一個庸人，就是極普通的中國人，並不是什麼文人學士，只因偶然的關係，活得長了，見聞也就多了些，譬如一個旅人，走了許多路程，經歷可以談談，有人說『講你的故事罷』，也就講些，也都是平凡的事情和道理。」

也許，在諸多文豪的光環下，在世人傳說的紛擾下，他的文學地位一度有明珠蒙塵之虞，本社因而在他去世五十年之際，特將他的文集重新整理出版，包括他最知名的回憶錄《知堂回想錄》以及散文集《自己的園地》、《雨天的書》、《談龍集》、《談虎集》、《看雲集》、《苦茶隨筆》等，使讀者從他的著作中可以更加了解一代文學巨匠的內心世界，品味他的文字之美。

知堂回想錄（上）

目錄

第一卷

知堂回想錄（上）目錄——

第二卷

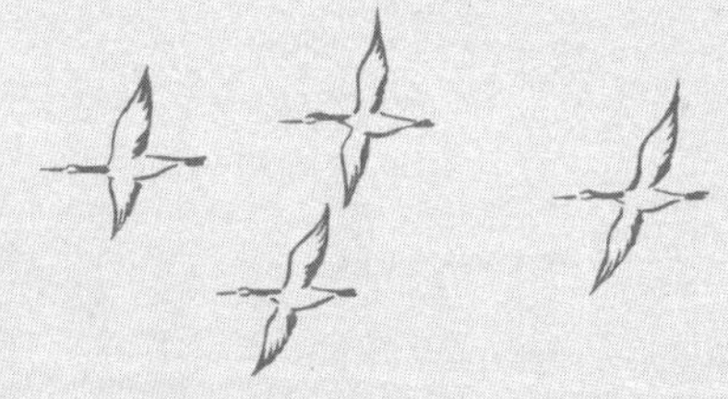

第一卷

一 緣起

我的朋友陳思先生前幾時寫信給我，勸我寫自敘傳，我聽了十分惶恐，連回信都沒有寫，幸而他下次來信也並不追及，這才使我放了心。為什麼這樣的「怕」寫自敘傳的呢？理由很是簡單，第一是自敘傳很難寫。既然是自敘傳了，這總要寫得像個東西，因為自敘傳是文學裡的一品種，照例要有詩人的「詩與真實」摻和在裡頭，才可以使得人們相信，而這個工作我是幹不來的。

第二是自敘傳沒有材料。一年一年的活了這多少年歲，到得如今不但已經稱得「古來稀」了，而且又是到了日本人所謂「喜壽」（喜字草書有如「七十七」三字所合成），那麼這許多年裡的事情盡夠多了，怎麼說是沒有呢？其實年紀雖是古稀了，而這古稀的人乃是極其平凡的，從古以來不知道有過多少，毫沒有什麼足以稱道的，況且古人有言，「壽則多辱」，結果是多活一年，便多有一年的恥辱，這有什麼值得說的呢。

話雖如此，畢竟我的朋友的意思是很可感謝的。我雖然沒有接受他原來的好意，卻也不想完全辜負了他，結果是經過了幾天考慮之後，我就決意來寫若干節的「藥堂談往」，也就是一種感舊錄，本來舊事也究竟沒甚可感，只是五六十年前的往事，雖是日常瑣碎事蹟，於今想來也多奇奇怪怪，姑且當作「大頭天話」（兒時所說的民間故事）去聽，或者可以且作消閒之一助吧。

時光如流水，平常五十年一百年倏忽的流過去，真是如同朝暮一般，而人事和環境依然如故，所以在過去的時候談談往事，沒有什麼難懂的地方，可是現在卻迴不相同了。社會情形改變得太多了，有些一二十年前的事情，說起來簡直如同隔世，所謂去者日以疏，來者日以親，我想這就因為中間缺少連絡的緣故。老年人講故事多偏於過去，又兼講話嘮叨，有地方又生怕年青的人不懂，更要多說幾句，因此不免近於煩瑣，近代有教養的青年恐不滿意，特在此說明，特別要請原諒為幸。

二　老人轉世

我於前清光緒十年甲申十二月誕生，實在已是西元一八八五年的一月裡了。照舊例的干支說來，當然仍是甲申，在中國近代史上，的確是多難的一年，法國正在侵略印度支那，中國戰敗，柬蒲寨就不保了。不過在那時候，相隔又是幾千里，哪裡會有什麼影響，所以我很是幸運的，在那時天下太平的空氣中出世了。

我的誕生是極平凡的，沒有什麼事先的奇瑞，也沒有見惡的朕兆。但是有一種傳說，後來便傳訛，說是一個老和尚轉生的，自然這都是迷信罷了。事實是有一個我的堂房阿叔，和我是共高祖的，那一天裡出去夜遊，到得半夜裡回來，走進內堂的門時，彷彿看見一個白鬚老人站在那裡，但轉瞬卻是不見了。這可能是他的眼花，所以有此錯覺，可是他卻信為實有，傳揚出去，而我適值恰於這後半夜出生，因為那時大家都相信有投胎轉世這一回事，也就信用了他，後來並且以訛傳訛的說成是老和尚了。

當時我對這種浪漫的傳說，頗有點喜歡，一九三一年曾經為人寫一單條云：

「一月三十日晨，夢中得一詩云，偃息禪堂中，沐浴禪堂外，動止雖有殊，心閒故無礙。族人或云余前身為一老僧，其信然耶。三月七日下午書此，時杜逢辰君養病北海之濱，便持贈之，聊以慰其寂寞。」

本來是想等裱裝好了送去，後乃因循未果，杜君旋亦病重謝世了。兩三年之後，我做那首打油詩，普通被稱為「五十自壽」的七律，其首聯云：「前世出家今在家，不將袍子換袈裟。」即是用的這個故典，我自信是個「神滅論者」，如今乃用老人轉世的故典，其打油的程度為何如，正是可想而知了。

因為我是老頭子轉世的人，雖然即此可以免於被稱作「頭世人」，——謂係初次做人，故不大懂得人世的情理，至於前世是什麼東西，雖然未加說明，也總是不大高明的了，——但總之是有點頑梗，其不能討人們的喜歡，大抵是當然的了。

我不想舉出事實，也實在沒有事實可以證明這事，現在只想一講我在四五歲的年頭上遇著的一個大災難，即是出天花，這不但幾乎奪去了我的生命，而且即使性命保全了，卻變了麻子，一個麻臉的老和尚，這是多麼的討厭的東西呀！說到這裡，應當趕緊的聲明一句，幸而二者都不，這是對於我的祖母母親的照顧應該感謝的。

痘為小兒的一大病，凡人都要經過這一難關。但是只要人工的種過痘，無論土法或洋法這便是牛痘，就可保無危險，可怕的痘神給種的「天然痘」，它的死亡率不知百分之幾，倖免的也要臉上加上密圈。我所出的便是這種「天花」。據說在那偏僻地方，也有打官話的醫官有時出張，施種牛痘，但是在那兩三年內大約醫官不曾光臨，所以也就淡然處之，直待痘兒哥哥或痘兒姐姐來給種上了。

那時是我先出天花，不久還把只有周歲左右的妹子也給感染了。妹子名叫端姑，如果也是在北京的祖父給取的名字，那麼一定也是得家信的這一天裡，有一位姓端的旗籍大員適值來訪，所以借用的，不過或者是女孩，不用此例，也未可知。據說這個妹子長得十分可喜，有一回我看她腳上的大拇趾，太是可愛了，便不禁咬了它一口，她大聲哭了起來，大人急忙走來，才知道是我的頑劣行為。

當天花初起時，我的症狀十分險惡，妹子的卻很順當，大家正很放心，把兩個孩子放在一間房裡睡，有一天兩人都在睡覺，忽然聽見呀的叫了一聲。（不知道是誰在叫，據推測這是天花鬼的叫聲，它從我這邊出來，鑽到妹子那裡去了，那麼在我也沒有叫喚之必要，所以只好存疑了。）大人驚起看時，妹子的痘便都已陷入，我卻顯是好轉了。急忙的去請天花專門的王醫師來看，已經來不及挽回，結果妹子終於死去，後來葬在龜山的山後，父親自己寫了「周端姑之墓」五個字，鑿一小石碑立於墳前，直到一九一九年魯迅回去搬家，才把這墳和四弟的墳都遷葬於逍遙漊的。

魯迅在種牛痘的時候，也只有兩三歲光景，但他對於當時情形記得清清楚楚，連醫官的墨晶大眼鏡和他的官話都還不曾忘記，我出天花是四五歲了，比他那時要大兩三歲，可是什麼都不記得了。只是聽大人們追述，這才知道一點，據說因為病人發熱怕光，一半也因了迷信關係，把房間窗門都用紅紙糊封，而且還把眼睛也糊了紅紙。這當時不曉得是否玩笑話，但聽去又像在講真話，所以我那眼睛實在有沒有被封過，封了又是什麼用意，現在已經無法質詢，因此無從知道了。

在天花結痂的時候，據說很是要緊，因為很癢不免要去搔爬，而這一搔爬可就壞了大事，臉上麻點的有無或多少，就在這裡決定了。我是幸虧祖母看得很好，將兩隻手緊緊的捆住了，不讓它動一動，當時雖然很窘，大約哭得很凶吧，然而也因此得免於臉上雕花，這與我的出天花而幸得不死，都是很可慶幸的。

我在十歲以前，生過的病很多，已經都記不得，而且中醫的說法都很奇怪，所以更說不清是食裏火或火裏痰了。不過其中頂厲害的是因為沒有奶吃，所以雇了一個奶媽，而這奶媽原來也是沒有什麼奶的，為的騙得小孩不鬧，便在門口買種種東西給他吃，結果自然是消化不良，瘦弱得要死，可是好像是害了饞癆病似的，看見什麼東西又都要吃。

為的對症服藥，大人便什麼都不給吃，只准吃飯和醃鴨蛋，——這是法定的養病的唯一的副食物。這在饞癆病的小孩一定是很苦痛的，但是我也完全不記得了，這是很可感謝的。只記得本家的老輩有時提起說：

「二阿官那時的吃飯是很可憐相的，每回一茶盅的飯，一小牙（四分之一）的醃鴨子，到我們的窗口來吃。」她對我提示這話，我總是要加以感謝的，雖然在她同情的口氣後面，可能隱藏著有什麼惡意，因為她是挑撥離間的好手，此人非別，即魯迅在《朝花夕拾》裡所寫的「衍太太」是也。

三　風暴的前後（上）

上文曾經說過，我在天下太平的空氣中出世，一直生活到十歲，雖然本身也是多病多災，卻總是平穩中度過去了。但是在癸巳（一八九三）年遇著了風暴，而推究這風暴的起因，乃是由於曾祖母的去世。

曾祖號苓年公，大排行第九，曾祖母在本家裡的通稱是「九太太」，她的母家姓戴，父親是個監生，所以大概也是本城的富翁，但在我有知識以來，過年過節已經沒有她的娘家人往來，可能親丁都已斷絕了吧。

苓年公早年去世，沒有人看見他過，但性情似乎很是和順，不大容易發脾氣的，因為傳說他好種蘭花，有兩間房內特設地板，稱為「蘭花間」，還是他的遺跡，據說有一天他鑽到床底下去安排花盆，當時祖父的保姆吳媽媽誤當是一隻狗，唆唆的吆喝想趕他出去，這話流傳下來，可以為例。

但是曾祖母的相貌很是嚴正，看去有點可怕，其時她已年將望八了，——她去世時年七十九，恰在除夕了，其實算是八十也無不可，——終日筆挺的坐一把紫檀的一字椅上邊，在她房門外的東首，我記得她總是這個姿勢，實在威嚴得很。我們小孩卻不顧什麼，偏要加以戲弄，記得（這是我自己第一次記得的事了）同了魯迅走到她的旁邊，故意假作跌倒，睡在地上，那麼她必定說道：「啊呀，阿寶（這是她對曾孫輩的總稱），這地下很髒呢。」

那時已是她的晚年，火氣全然沒有了，在壯年時代，她的脾氣實在怪僻得很哩。據我的一個堂叔「觀魚」所著《三台門的遺聞軼事》所記，大抵流傳於本家老輩口中，雖係傳聞，未必全屬子虛吧。現在抄錄在這裡：

「九老太太係介孚公的母親，孤僻任性，所言所行多出常人意料以外。當介孚公中進士，京報抵紹，提鑼狂敲，經東昌坊，福彭橋分道急奔至新台門，站在大廳桌上敲鑼報喜之際，這位九老太太卻在裡面放聲大哭。人家問她說，這是喜事為什麼這樣哭？她說，拆家者，拆家者！」

拆家者是句土話，意思是說這回要拆家敗業了。她平常就是這種意見，做官如不能賺錢便要賠錢，後來介孚公知縣被參革了，重謀起復，賣了田產捐官（內閣中書）納妾，果然應了她的話，不待等科場案發，這才成為預言。

平常介孚公在做京官，每有同鄉回去的時候，多托帶些食品去孝敬母親，有一回記得是兩三隻火腿，外加杏脯桃脯蒲桃乾之類，裝在一隻麻袋裡，可是曾祖母見了怫然不悅道：「誰要吃他這樣的東西！為什麼不寄一點銀子來的呢。」她這意思是前後相符，可以貫穿得起來的。

我們小孩暫時能夠在風平浪靜的時期過了幾年安靜的生活，只在有時候和老太太們開點小玩笑，這實在是很幸福的。上面說過的「蘭花間」及其毗連的一部分，已經分給共高祖的「誠房」，——我們是「興房」居長，第二是「立房」，至於「誠房」這是智字派下的第三房了，——租給一家姓李的，是李越縵的本家，主人名為李楚材。我所記得的恰巧也是對於老人的小玩笑，這是很有意思的偶合了。

魯迅在《朝花夕拾》的一篇裡記有一節，現在就借了過來應用吧。

「冬天，水缸裡結了薄冰的時候，我們大清早起一看見，便吃冰。有一回給沈四太太看到了，大聲說道：『莫吃呀，要肚子疼的呢！』這聲音又給我母親聽到了，跑出來我們都挨了一頓罵，並且有大半天不准玩。我們推論禍首，認定是沈四太太，於是提起她就不用尊稱了，給她另外起了一個綽號，叫作肚子疼。」

這裡所謂「我們」，當然一個是我了，至於另外一件事乃是我單獨幹的，也是對於李家的一位房客。

這是一個四五十歲的很高大的人，卻長著很是細小的辮子，頂上戴著方頂的瓜皮帽，樣子頗為滑稽。有一天在門外看見許多人圍著，是在看新嫁娘，這位高個子小辮子的人也在那裡。我便忍不住偷偷的走近前去，將他的辮子向上一拉，那頂帽子就立刻砰的飛掉了。

為什麼辮子一扯帽子就會掉呢，這是因為辮子太細小了，深壓在帽子裡面，所以一掣動它，帽子便向前翻掉了。可是那人卻並不發怒，只回過頭來說道：

「人家連新娘子也看不得麼？」小孩雖然淘氣，只因他的態度應對得很好，所以第二次便不再和他開玩笑了。

四　風暴的前後（中）

曾祖母於光緒十八年壬辰的除夕去世，她於兩三日以前，從她照例坐的那把紫檀椅子想站起來時，把身體略為矬了一矬，立即經旁人扶住了，此後隨即病倒，人家說是中風，其實不是，大約只是老衰罷了。

她是闔台門六房人家裡最年長的長輩，中間的「大堂前」要讓出來給她使用，本來是死人要大過活人，何況又是長輩呢。

恰巧這年我家正是「佩公祭」（是智仁勇三派九房人家的祖先）值年，照例應當在堂前懸掛祖像，這也只好讓出來，移掛外邊大廳西南的大書房裡，可是陳設的祭器很值錢，恐防被人偷去，須要雇人看守才行，乃去找佣人章福慶的兒子來擔任這件事。他名叫運水，這便是魯迅在小說《故鄉》裡所說的閏土，是十四五歲的鄉下少年，正是我們的好伴侶，所以小孩們忙著同他玩耍，聽他講海邊的故事，喪事雖然熱鬧，也沒有心思來管了。

祖父得到了電報，便告了假從北京回來了，那時海路從天津到上海已有輪船，所以在一個月之內，便已到了家裡。他同了他小女兒同年紀的潘姨太太和當時十二歲的兒子，輕車簡從的走回來，大約原是預備服滿再進京去的，卻不料演成那大風暴。

這風暴計算起來是兩面的，其一方面是家庭的，那是不可避免的事；其第二乃是社會的，它的發生實在乃是出於預料之外的了。

祖父回家來，最初感到的乃是住屋有了變更的事，當初父母住的兩間西邊的屋騰了出來，讓給祖父，搬到東偏的屋裡來，從前曾祖母的房子則由祖母和我同住。祖父初到覺得陌生，又感覺威嚴難以接近，但潘姨太太雖然言語不通，到底年輕和藹一點，所以時常到那裡去玩。

這樣糊裡糊塗過了幾天，大約不很長久吧，突然在曾祖母五七這一天，這距離她的死只有三十五天，祖父到家也還不到半個月，祖父忽爾大發雷霆，發生了第一個風暴。大約是他早上起來，看見家裡的人沒有早起，敬謹將事，當時父親因為是吃洋煙的，或者也不能很早就起床，因此遷怒一切，連無辜的小孩子也遭波及了。那天早上我還在祖母的大床上睡著，忽然覺得身體震動起來，那眠床咚咚敲得震天價響，趕緊睜眼來看，只見祖父一身素服，拼命的在捶打那床呢！

他看見我已是捶醒了，便轉身出去，將右手大拇指的爪甲放在嘴裡咬得戛戛的響，喃喃咒罵著那一班「速死豸」吧。我其時也並不哭，大概由祖母安排我著好衣服，只是似乎驚異得呆了，也沒有聽清祖母的說話，彷彿是說「為啥找小孩子出氣呢！」但是這種粗暴的行為只賣得小孩們的看不起，覺得不像是祖父的行為，這便是第一次風暴所得到的結果了。

五　風暴的前後（下）

不久以後，大約過了曾祖母的「百日」之後，他漸作外遊的打算，到七八月的時候，就前往蘇州去了。不知道的或者以為是去打官場的秋風，卻不料他乃是去找本年鄉試的主考，於是第二次風暴就爆發了。

現在借用《魯迅的青年時代》裡我所寫的一節，說明這件事情：

「那年正值浙江舉行鄉試，正副主考都已發表，已經出京前來，正主考殷如璋可能是同年吧，同介孚公是相識的。親友中有人出主意，招集幾個有錢的秀才，湊成一萬兩銀子，寫了錢莊的期票，由介孚公去送給主考，買通關節，取中舉人，對於經手人當然另有酬報。介孚公便到蘇州等候主考到來，見過一面，隨即差遣『二爺』（這是叫跟班的尊稱）徐福將信送去。

「那時恰巧副主考周錫恩正在正主考船上談天，主考知趣得信不立即拆看，那跟班乃是鄉下人，等得急了，便在外邊叫喊，說銀信為什麼不給回條。這件事便戳穿了，交給蘇州府去查辦。知府王仁堪想要含糊了事，說犯人素患怔忡，便是有神經病，照例可以免罪。可是介孚公本人卻不答應，在公堂上振振有詞，說他並不是神經病，歷陳某科某科的某某人，都通關節中了舉人，這並不算什麼事，他不過是照樣的來一下罷了。事情弄得不可開交，只好依法辦理，由浙江省主辦，呈報刑部，請旨處分。

「這所謂科場案在清朝是非常嚴重的，往往交通關節的雙方都處了死刑，有時要殺戮幾十人之多。清朝末葉這種情形略有改變，官場多取敷衍政策，不願深求，因此介孚公一案也得比較從輕，定為『斬監候』罪名，一直押在杭州府獄內，前後經過了八個年頭，至辛丑年乃由刑部尚書薛允升上奏，依照庚子年亂中出獄的犯人，事定後前來投案悉予免罪的例，也把他放免了。」

此外在本家中又有一種傳說，便是說介孚公的事情鬧大，乃由於陳秋舫的報復。陳秋舫名章錫，為仁字派下「禮房」的一個女婿，曾來岳家久住，介孚公加以挖苦道：「蹋在布裙底下的是沒出息的東西，哪裡會得出山？」陳秋舫知道了，立即辭去，並揚言不出山不上周家門，後來中了進士，果然如願以償，改作幕友，正在王仁堪那裡，便竭力阻止東家的辦法，力主法辦云。

其實這裡陳秋舫以直報怨，也不能算錯，況且蘇州府替人開脫，也是很負風險的事，師爺不贊成，正是他的本色吧。

六　避難

第二次風暴已經到來了，小孩們卻還什麼都不知道，仍然遊嬉著。直到得一天，大約是七八月裡，母親把我們叫去說，現今到外婆家住幾時，便即動身，好在時間不會很長，到那時候就會叫回到家裡來的。這樣便開始了避難的生活了。

外婆家原來在安橋頭，大概自從外祖父魯晴軒公中舉人之後，嫌它太狹窄，便遷居皇甫莊，典了范姓的半所房屋，這個范姓便是有名的《越諺》的著者范嘯風，名寅，別號扁舟子的便是。那時外祖父已經去世，只剩外祖母在，此外是母親的一兄一弟，大舅父號怡堂，小舅父字繼香，都是秀才，住在家裡。

大舅父生有子女各一，小舅父卻只有四個女兒，因此我們兩個人都只好交給大舅父，但因為沒有地方歇宿，所以又把我送給小舅父處的老僕婦，通稱塘港媽媽（媽媽者猶上海稱娘姨），叫她帶領我睡覺。

這是在一間寬而空的閣樓上，一張大眠床裡，此外有一個朱紅漆的皮製方枕頭，最特別的是上邊鏤空有一個窟窿，可以安放一隻耳朵進去，當時覺得很有趣味，這事所以至今還是記得。

我大約向來是夠渾渾噩噩的，什麼事都記不清，十歲以前的事情至今記憶的很是有限，只是有一件事卻還記得很是清楚。這便是到了那時候還要「溺床」（見劉侗著《帝京景物略》），在夏天的早朝起來，席子有一兩回都溺得很濕的，主客各不說破，便自麻糊過去了。

這閣樓上只是晚間才來，在白天裡是在大舅父那邊，怎麼樣的混過一天，回想起來什麼都不記得，這也可見渾噩之一般了。但是也有零星的記憶可以一說的事。大舅父是吸鴉片煙的，終日在床上，帳子放了下來，經常很少見他的面，但見帳內點著煙燈，知道他醒著，便隔著帳子叫他一聲算了。

我只記得在他那裡，有很稀奇的一隻燒茶的爐子，大抵也只是黃銅所做的，但奇怪是用紙煤燒的。這是一種用「煤頭紙」折成的長條，據說燒十幾根紙煤，一小壺水就開了。這不曉得叫做什麼爐（不是神仙爐吧），我時常看表姊珠姊姊在那裡折這種細長條的紙煤。

在大舅父臥房間壁的一間屋內，是我們避難時起居之處，魯迅便在那裡影寫《蕩寇志》的插畫，表兄紳哥哥也和我們在一起，有時幫助了寫背面題字，至於圖畫則除魯迅之外，誰都動手不來了。

《蕩寇志》是一部立意很是反動的小說，他主張由張叔夜率領官兵來蕩平梁山泊的草寇，但是文章在有些地方的確做得不壞，繡像也畫得很好，所以魯迅覺得值得去買了「明公紙」來，一張張影描了下來。

此外，也是在這間屋裡，我們初次見到了石印本的《毛詩品物圖考》，後來魯迅回到家裡，便去搜求了來，成為購求書籍的開始。這是日本岡元鳳所著，天明四年甲辰（一七八四）木板刊行，雕刻甚精，我曾得有原本一部，收藏至今。

總而言之，我們在皇甫莊的避難生活是頗愉快的，但這或者只是我個人的感覺，因為我在那時候是有點麻木的。魯迅在回憶這時便很有不愉快的印象，記得他說有人背地裡說我們是要飯的，大概便是這時候的事情，但詳情如何不得而知，或者是表兄們所說的閒話也難說吧。

但是我們皇甫莊的避難也就快結束了，大約是租典的期限已滿，屋東要將房屋回收的關係吧，所以小舅父搬回安橋頭老家去，大舅父一家人遷居小皋埠，我們也就於癸巳（一八九三）年底一同搬去了。

七　關於娛園

小皋埠秦氏是大舅父的先妻的母家，先世叫作秦樹銛，字秋伊，也是個舉人，善於詩畫，是皋社主要詩人之一，家裡造有娛園，也算是名勝之地。

大舅父寄居在廳堂西偏的廂房裡，我們便很有機會到這園裡玩耍。秋伊的兒子字少伊，家傳的也善於畫梅花，我們叫他做友舅舅，常跑去他那裡玩，魯迅尤其同他談得來，只是鴉片煙大癮，上午總是高臥，所以只有午後才找得他著。

他好看小說，凡是那時通行的小說在他那裡都有，不過都是鉛印石印者，儘量的借給人看，魯迅便不再畫人像，卻看本文了，我那時讀書才讀到《大學》，所以如入寶山卻是空手而回了。

講到娛園，那裡直到庚子那年，有七八年我還時常前去，所以約略記得，但是也沒有什麼值得說的，因為我從頭就不瞭解這種花園的好處在哪裡，我所覺得好的只是似「百草園」的那樣菜園或是類似的地方罷了。

李越縵有一篇《庚午九日曹山宴集夜飲秦氏娛園詩序》，我最初在父親伯宜公的遺書《娛園詩存》中看到它，隨後又在《越縵堂駢體文》裡見到，對於這個園頗有點感情，不過感情是一回事，而興趣又是別一回事，就園說園，實在說不出他的好處來。大抵在一個四周造有圍牆內，又是一塊塊的區劃開來設計建造起來，要做成好園林是很艱難的。

在那裡一座微雲樓，就我所記得的來說，只是普通的樓房罷了，另外在院子裡挖了一個一丈左右見方的水池，池邊一間單面開著門窗的房子，匾額題曰潭水山房，實在看了很是陰鬱。又有一所留鶴庵，名字倒是頂好，卻在園門之外，事實是一間側屋，前面是石板鋪的「明堂」即是院子，不見得留得鶴住。後來曾經遊過觀音橋趙氏的省園廢址，和偏門外的快閣，所得到的也是同一的印象。

蘇州多有名園，其中我只見過劉園，比較的還是整齊，可是總覺得是工筆畫的樣子，很少瀟灑之致，中國絕少南宗風趣的園林，這是我個人的偏見，因此對於任何名園，都以為不及百草園式的更為有趣。關於百草園的記述，最好的還是讓我來引一節《朝花夕拾》裡的文章吧：

「不必說碧綠的菜畦，光滑的石井欄，高大的皂莢樹，紫紅的桑椹，也不必說鳴蟬在樹葉裡長吟，肥胖的黃蜂伏在菜花上，輕捷的叫天子忽然從草間直竄向雲霄裡去了。單是周圍的短短的泥牆根一帶，就有無限趣味。油蛉在這裡低唱，蟋蟀在這裡彈琴。翻開斷磚來，有時會遇見蜈蚣，還有斑蝥，倘若用手指按住牠的脊梁，便會拍的一聲，從後竅噴出一陣煙霧。何首烏藤和木蓮藤纏絡著，木蓮有蓮房一般的果實，何首烏有臃腫的根。如果不怕刺，還可以摘到覆盆子，像小珊瑚珠攢成的小球，又酸又甜，色味都比桑椹要好得遠。」

八　書房

我們在外婆家避難，大約不到一年，於第二年甲午（一八九四）的上半年回家裡來了。魯迅一回來，就往三味書屋壽家上學去了，這大約是在端午節吧，他是在這以前就已在那裡讀書了，記得初去的時候，還特地花了兩塊錢，買了一頂兩隻抽屜的書桌，這個我還記得很是清楚。

後來關於這書桌流傳有許多神話，說這桌子是楠木的囉，又說魯迅因為要立志不遲到，在桌面刻有一個「早」字囉，這些話我卻是不知道的了。至於我自己，到三味書屋去大概是第二年乙未的正月，不過這卻不能確定了。

我在癸巳年避難以前，曾經在「廳房」——大廳西偏的小書房裡，同了庶出的叔父伯升，讀過半年的書。伯升是跟著祖父從北京回來的，本來應當叫作「仲升」，但是因為北京音讀「仲升」與「眾生」相同，這兩個字本來自從佛經用起頭，只當一切有生命的東西講，別無什麼惡意，但是後來用稱牲畜，含有罵人的意味，所以他不願用，硬要改號伯升。

這本來也是極為平常的事，但是小孩們的看法卻是不同，以為他行第二而要稱伯，未免有僭越之感，因此背地裡故意叫他做仲升。不過這位伯升先生事實上乃是極和氣的人，雖然是庶出卻不是姨太太的一黨，對於祖母特別恭而有禮，待我們年紀比他小的侄兒也平易親近，癸巳上半年我便同他兩個人在廳房裡讀書，以後在南京學堂裡同學，可以用了親歷的事實保證的。

在廳房裡就只請了一個同族的叔輩做先生，他本身只是個文童，始終沒有考進「秀才」，沒有什麼本事，可喜也並不嚴厲，因此也少來管束我們，我至今記不起在他手裡讀了些什麼，事實上我那時《中庸》還未讀了呢。因此我所記得的便是在廳房的一間小花園玩耍的事情，那裡有一株月桂，一年裡有好幾個月都繼續開花，一株羅漢松，一株茶花，其餘有木瓜枇杷，樹陰底下還有秋海棠之類，不過這些都不是我所注意的，我最記得的乃是羅漢松樹根下所埋著的兩隻「蔭缸」。這乃是不大不小的缸，埋在土裡，缸裡盛著水，這水不是清澈的雨水，卻是不知經歷幾多年的青黑色的水，裡邊積存腐爛的樹葉大半缸，這是我們親手淘過，所以知道的。

說也奇怪，我們托詞讀書，躲在廳房裡邊，關上了門，卻終日在園裡淘那兩隻水缸，將裡邊的樹葉瓦礫清理出來，居然沒有中什麼毒，連在預料中的蜈蚣毒蛇癩蝦蟆之屬，也一隻都沒有碰見過，真是奇事。

那位文童先生平常也就只是早晚來到一遍，虛應故事罷了，我們並不怕他，雖然後來出外就館，說是出外也就只是在本縣的鄉下，卻忽然暴虐起來，據說曾經用竹枝抽打學生之後，再拿擦牙齒的鹽來擦上，用了做臘鴨的法子整治學生，學生當然是受不了的，結果是被辭了館完事。

又有一個塾師，將學生的耳朵夾在門縫裡，用力的夾，這是用軋胡桃的方法引申出來的，卻不能確說是否他的故事了。我們在廳房裡遊嬉，那時虧得他還沒有變得這樣嚴厲，但是祖父知道了怎麼樣呢？這當然是很嚴重的一個問題，可是我們中間有一個乃是伯升叔，有他在裡邊這就是另外一件事，當然是不要緊的了。

九　三味書屋

舊日書房有各種不同的式樣；現今想約略加以說明。這可以分作家塾和私塾，其設在公共地方，如寺廟祠堂，所謂「廟頭館」者，不算在裡邊。上文所述的書房，即是家塾之一種，——我說一種，因為這只是具體而微，設在主人家裡，請先生來走教，不供膳宿，而這先生又是特別的麻胡，所以是那麼情形。

李越縵有一篇《城西老屋賦》，寫家塾情狀的有一段很好，其詞曰：

「維西之偏，實為書屋。榜曰水香，逸民所目。窗低迫簷，地窄疑涤。隔以小橋，雜蒔花竹。高柳一株，倚池而覆。予之童，踞觚而讀。先生言歸，兄弟相速。探巢上樹，捕魚入洑。拾磚擬山，激流為瀑。編木葉以作舟，揉筱枝而當軸。尋蟋蟀而牆，捉流螢以照牘。候鄰灶之飯香，共抱書而出塾。」

這裡先生也是走教的，若是住宿在塾裡，那麼學生就得受點苦，因為是要讀夜書的。

洪北江有《外家紀聞》中有一則云：

「外家課子弟極嚴，自五經四子書及制舉業外，不令旁及，自成童入塾後曉夕有程，寒暑不輟，夏月別置大甕五六，令讀書者足貫其中，以避蚊蚋。」

魯迅在第一次試作的文言小說《懷舊》中描寫惡劣的塾師「禿先生」，也假設是這樣的一種家塾，因為有一節說道：

「初亦嘗扳王翁膝，令道山家故事，而禿先生必繼至，作厲聲曰，孺子勿惡作劇，食事既耶，盍歸就爾夜課矣！稍忤，次日即以界尺擊吾首，曰，汝作劇何惡，讀書何笨哉！我禿先生蓋以書齋為報仇地者，遂漸弗去。」

第二種是私塾，設在先生家裡，招集學生前往走讀，三味書屋便是這一類的書房。這是坐東朝西的三間側屋，因為西邊的牆特別的高，所以並不見得西曬，夏天也還過得去。

《從百草園到三味書屋》裡說明道：

「出門向東，不上半里，走過一道石橋，便是我的先生的家了。從一扇黑油的竹門進去，第三間是書房。中間掛著一塊匾道：三味書屋。匾下面是一幅畫，畫著一隻很肥大的梅花鹿伏在古樹下。沒有孔子牌位，我們便對著那匾和鹿行禮。第一次算是拜孔子，第二次算是拜先生。」

「三味書屋後面也有一個園，雖然小，但在那裡也可以爬上花壇去折蠟梅花，在地上或桂花樹上尋蟬蛻。最好的工作是捉了蒼蠅餵螞蟻，靜悄悄的沒有聲音。然而同窗們到園裡的太多，太久，可就不行了，先生在書房裡便大叫起來：

『人都到哪裡去了！』人們便一個一個陸續走回去，一同回去也不行的。他有一條戒尺，但是不常用，也有罰跪的規則，但也不常用，普通總不過瞪幾眼，大聲道：

『讀書！』」

從這裡所說的看來，這書房是嚴整與寬和相結合，是夠得上說文明的私塾吧。但是一般的看來，這樣的書房是極其難得的，平常所謂私塾總還是壞的居多，塾師沒有學問還在其次，對待學生尤為嚴刻，彷佛把小孩子當作偷兒看待似的。譬如用戒尺打手心，這也罷了，有的塾師便要把手掌拗彎來，放在桌子角上，著實的打，有如捕快拷打小偷的樣子。

在我們往三味書屋的途中，相隔才五六家的模樣，有一家王廣思堂，這裡邊的私塾便是以苛刻著名的。塾師當然是姓王，因為形狀特別，以綽號「矮癩胡」出名，真的名字反而不傳了，他打學生便是那麼打的，他又沒收學生帶去的燒餅糕乾等點心，歸他自己享用。他設有什麼「撒尿籤」的制度，學生有要小便的，須得領他這樣的籤，才可以出去。

這種情形大約在私塾中間也是極普通的，但是我們在三味書屋的學生得知了，卻很是駭異，因為這裡是完全自由，大小便時逕自往園裡走去，不必要告訴先生的。

有一天中午放學，我們便由魯迅和章翔耀的率領下，前去懲罰這不合理的私塾。我們到得那裡，師生放學都已經散了，大家便攫取筆筒裡插著的「撒尿籤」撅折，將朱墨硯覆在地下，筆墨亂撒一地，以示懲罰，矮癩胡雖然未必改變作風，但在我們卻覺得這股氣已經出了。

下面這件事與私塾不相干，但也是在三味書屋時發生的事，所以連帶說及。

聽見有人報告，小學生走過綢緞衖的賀家門口，被武秀才所罵或者打了，這學生大概也不是三味書屋的，大家一聽到武秀才，便不管三七二十一的覺得討厭，他的欺侮人是一定不會錯的，決定要打倒他才快意。

這回計畫當然更大而且周密了，約定某一天分作幾批在綢緞衖集合，這些人好像是《水滸》的好漢似的，分散著在武秀才門前守候，卻總不見他出來，可能他偶爾不在，也可能他事先得到消息，怕同小孩們起衝突，但在這邊認為他不敢出頭，算是屈服了，由首領下令解散，各自回家。

這些雖是瑣屑的事情，但即此以觀，也就可以想見三味書屋的自由的空氣了。

一〇 父親的病（上）

我於甲午年往三味書屋讀書，但細想起來，又似乎是正月上的學，那麼是乙未年了，不過這已經記不清楚了，所還記得的是初上學時的情形。我因為沒有書桌，就是有抽屜的半桌，所以從家裡叫用人背了一張八仙桌去，很是不像樣，所讀的書是《中庸》上半本，普通叫作「上中」，第一天所上的「生書」我還記得清清楚楚的是「哀公問政」這一節，因為裡邊有「夫政也者蒲蘆也」這一句，覺得很是好玩，所以至今不曾忘記。

回想起來，我的讀書成績實在是差得很，那時我已是十二歲，在本家的書房裡也混過了好幾年，但是所讀的書總計起來，才只得《大學》一卷和《中庸》半卷罷了。本來這兩種書是著名的難讀的，小時候所熟知的兒歌有一首說得好：

「大學大學，
屁股打得爛落！
中庸中庸，
屁股打得好種蔥！」

本來大學者「大人之學」，中庸者「以其記中和之為用」，不是小學生所能懂得的事情，我剛才拿出《中庸》來看，那上邊的兩句即「人道敏政，地道敏樹」，還不能曉得這裡講的是什麼，覺得那時的讀不進去是深可同情的。現今的小學生從書房裡解放了出來，再不必愁因為讀書不記得，屁股會得打得稀爛，可以種蔥的那樣，這實在是很可慶幸的。

現在話分兩頭，一邊是我在三味書屋讀書，由「上中」讀到《論語》《孟子》，隨後《詩經》剛讀完了「國風」，就停止了。一邊是父親也生了病，拖延了一年半的光景，於丙申（一八九六）年的九月棄世了。

父親的病大概是在乙未年的春天起頭的，這總不會是甲午，因為這裡有幾件事可以作為反證。第一個是甲午戰爭。當時鄉下沒有新聞，時事不能及時報導，但是戰爭大事，也是大略知道的，八月裡黃海戰敗之後，消息傳到紹興，我記得他有一天在大廳明堂裡，同了兩個本家兄弟談論時事，表示憂慮，可見他在那時候還是健康的。

在同一年的八月中，嫁在東關金家的小姑母之喪，也是他自己去弔的，而且由他親自為死者穿衣服，這是一件極其不易的工作，須得很細心謹慎，敏捷而又親切的人才能勝任。小姑母是在產後因為「產褥熱」而死的，所以母家的人照例要求做法事「超渡」，這有兩種辦法，簡單一點的叫道士們來做「煉渡」，凡繼續三天，其一種是和尚們的「水陸道場」，前後時間共要七天。金家是當地的富家，所以就答應「打水陸」，而這道場便設在長慶寺，離我們的家只有一箭之路，來去非常方便，但那時的事情已都忘記了。

小姑母是八月初十日去世的，法事的舉行當在「五七」，計時為九月十五日左右，這也足以證明他那時還沒有生病。

有一天從長慶寺回來，伯宜公在臥室的前房的小榻上躺著抽煙，魯迅便說那佛像有好許多手，都拿著種種東西，裡邊也有骷髏，當時我不懂骷髏的意義，經魯迅說明了就是死人頭骨之後，我感到非常的恐怖，以後到寺裡去對那佛像不敢正眼相看了。

關於水陸道場，我所記得的就只是這一點事，但這佛像是什麼佛呢，我至今還未了然，因為「大佛」就是釋迦牟尼的像不曾見有這個樣子的，但是他那丈六金身坐在大殿上，倒的確是偉大得很呢。

一一 父親的病（中）

伯宜公生病的開端，我推定在乙未年的春天，至早可以提前到甲午年的冬天，不過很難確說了。最早的病象乃是突然的吐狂血。因為是吐在北窗外的小天井裡，不能估量其有幾何，但總之是不很少，那時大家狼狽情形至今還能記得。

根據舊傳的學說，說陳墨可以止血，於是趕緊在墨海裡研起墨來，倒在茶杯裡，送去給他喝。小孩在尺八紙上寫字，屢次舔筆，弄得「烏嘴野貓」似的滿臉漆黑，極是平常，他那時也有這樣情形，想起來時還是悲哀的，雖是朦朧的存在眼前。這乃是中國傳統的「醫者意也」的學說，是極有詩意的，取其墨色可以蓋過紅色之意，不過於實際毫無用處，結果與「水腫」的服用「敗鼓皮丸」一樣，從他生病的時候起，便已註定要給那唯心的哲學所犧牲的了。

父親的病雖然起初來勢兇猛，可是吐血隨即停止了，後來病情逐漸平穩，得了小康。當初所請的醫生，乃是一個姓馮的，穿了古銅色綢緞的夾袍，肥胖的臉總是醉醺醺的，那時我也生了不知什麼病，請他一起診治，他頭一回對我父親說道：

「貴恙沒有什麼要緊，但是令郎的卻有些麻煩。」

等他隔了兩天第二次來的時候，卻說的相反了，因此父親覺得他不能信用，就不再請他。

他又說有一種靈丹，點在舌頭上邊，因為是「舌乃心之靈苗」，這也是「醫者意也」的流派，蓋舌頭紅色，像是一根苗從心裡長出來，彷佛是「獨立一支槍」一樣，可是這一回卻不曾上他的當，沒有請教他的靈丹，就將他送走完事了。

這時伯宜公的病還不顯得怎麼嚴重，他請那位姓馮的醫生來看的時候，還親自走到堂前的廊下的。晚飯時有時還要喝點酒，下酒物多半是水果，據說這是能喝酒的人的習慣，平常總是要用什麼肴饌的。我們在那時便去圍著聽他講《聊齋》的故事，並且分享他的若干水果。水果的好吃後來是不記得，但故事卻並不完全的忘記，特別是那些可怕的鬼怪的故事。至今還鮮明的記得的，是《聊齋誌異》裡所講的「野狗豬」，一種人身獸頭的怪物，兵亂後來死人堆中，專吃人的腦髓，當肢體不全的屍體一起站起，驚呼道：「野狗豬來了，怎麼好！」的時候，實在覺得陰慘得可怕，至今雖然現在已是六十年後，回想起來與佛像手中的骷髏都不是很愉快的事情。

不過這病情的小康，並不是可以長久的事，不久因了時節的轉變，大概在那一年的秋冬之交，病勢逐漸的進於嚴重的段落了。

一二 父親的病（下）

伯宜公的病以吐血開始，當初說是肺癰，現在的說法便是肺結核，後來腿腫了，便當作臌脹治療，也究竟不知道是哪裡的病。到得病症嚴重起來了，請教的是當代的名醫，第一名是姚芝仙，第二名是他所薦的，叫做何廉臣，魯迅在《朝花夕拾》把他姓名顛倒過來，寫作「陳蓮河」，姚大夫則因為在篇首講他一件賠錢的故事，所以故隱其名了。

這兩位名醫自有他特別的地方，開方用藥外行人不懂得，只是用的「藥引」，便自新鮮古怪，他們決不用那些陳腐的什麼生薑一片，紅棗兩顆，也不學葉天士的梧桐葉，他們的藥引起碼是鮮蘆根一尺。這在冬天固然不易得，但只要到河邊挖掘總可到手；此外是經霜三年的甘蔗或蘿蔔菜，幾年陳的陳倉米，那搜求起來就煞費苦心了。

前兩種不記得是怎麼找到的，至於陳倉米則是三味書屋的壽鑒吾先生親自送來，我還記得背了一隻「錢搭」（裝銅錢的褡褳），裡邊大約裝了一升多的老米，其實醫方裡需用的才是一兩錢，多餘的米不曉得是如何處分了。

還有一件特別的，那是何先生的事，便是藥裡邊外加有一種丸藥，而這丸藥又是不易購求的，要配合又不值得，因為所需要的不過是幾錢罷了。普通要購求藥材，最好往大街的震元堂去，那裡的藥材最是道地可靠，但是這種丸藥偏又沒有，後來打聽得在軒亭口有天保堂藥店，與醫生有些關係，到那裡去買，果然便順利的得到了。

名醫出診的醫例是「洋四百」，便是大洋一元四角，一元錢是診資，四百文是給那三班的轎夫的。這一筆看資，照例是隔日一診，在家裡的確是沉重的負擔，但這與小孩並無直接關係，我們忙的是幫助找尋藥引，例如有一次要用蟋蟀一對，且說明需要原來同居一穴的，這才算是「一對」，隨便捉來的雌雄兩隻不能算數。在「百草園」的菜地裡，翻開土塊，同居的蟋蟀隨地都是，可是隨即逃走了，而且各奔東西，不能同時抓到。幸虧我們有兩個人，可以分頭追趕，可是假如運氣不好捉到了一隻，那一隻卻被逃掉了，那麼這一隻捉著的也只好放走了事。

好容易找到了一對，用綿線縛好了，送進藥罐裡，說時雖快，那時卻不知道要花若干工夫呢。幸喜藥引時常變換，不是每天要去捉整對的蟋蟀的，有時換成「平地木十株」，這就毫不費尋找的工夫了。

《朝花夕拾》說尋訪平地木怎麼不容易，這是一種詩的描寫，其實平地木見於《花鏡》，家裡有這書，說明這是生在山中樹下的一種小樹，能結紅子如珊瑚珠的。我們稱它作「老弗大」，掃墓回來，常拔了些來，種在家裡，在山中的時候結子至多一株樹不過三顆，家裡種的往往可以多到五六顆。用作藥引，拔來就是了，這是一切藥引之中，可以說是訪求最不費力的了。

經過了兩位「名醫」一年多的治療，父親的病一點不見輕減，而且日見沉重，結果終於在丙申年（一八九六）九月初六日去世了。時候是晚上，他躺在裡房的大床上，我們兄弟三人坐在裡側旁邊，四弟才只四歲，已經睡熟了，所以不在一起。他看了我們一眼，問道：「老四呢？」於是母親便將四弟叫醒，也抱了來。

未幾即入於彌留狀態，是時照例有臨終前的一套不必要的儀式，如給病人換衣服，燒了經卷把紙灰給他拿著之類，臨了也叫了兩聲，聽見他不答應，大家就哭起來了。

這裡所說都是平凡的事實，一點兒都沒有詩，沒有「衍太太」的登場，很減少了小說的成分。因為這是習俗的限制，民間俗信，凡是「送終」的人到「轉覵」當夜必須到場，因此凡人臨終的時節只是限於並輩以及後輩的親人，上輩的人決沒有在場的。

「衍太太」於伯宜公是同曾祖的叔母，況且又在夜間，自然更無特地光臨的道理了，《朝花夕拾》裡請她出臺，鼓勵作者大聲叫喚，使得病人不得安靜，無非想當她做小說裡的惡人，寫出她陰險的行為來罷了。

一三　煉渡

伯宜公去世，照例有些俗禮，舉行殮葬事宜，沒有什麼特別的事可說，但在五七的時候，叫道士來做「煉渡」的法事，這是很難得遇見的一樁事情。本來這種特別法事，只有婦女產難這才適用，因為世俗相信《劉香寶卷》裡的話，「生男育女穢天地」，倘若因此死了，就要落血污池，不得超生，這便需要他力濟度，在佛教是水陸道場，道教則為煉渡是也。伯宜公因為病的起頭是吐血，所以牽強附會的也有人主張用煉渡法事，我們小孩不懂得什麼，只覺熱鬧得很好玩，雖然價值也很不便宜，凡三晝夜，計共須銀洋四十幾元，比起水陸道場來卻又少得多了。

我們周家所用的道士，俗名阿金，法號不詳，住在城廟裡，乃是道士的正宗，與普通所謂野道士不同，雖然他平常因為和俗人一樣的打扮，也看不出什麼區別來。說也奇怪，民國革命把和尚道士顛倒了一下。和尚以前是光頭的，與俗人迴不相同，現在俗人多變成光頭，和尚卻留了五分長的頭髮，一眼看去毫無區別，道士則蓄髮古裝，彷佛國畫裡人物了。在那時候的阿金，還是拖辮子穿大衫的人，及至裝束登場，身披鶴氅，頭戴道冠，上邊插著金如意，手執牙笏，足踏禹步，便有一股道氣，覺得全不像他本人了。但是阿金自己並不當那「大道士」，他去請別一個年老的來擔任，他自己只充當那三個主要腳色之一罷了。

煉渡的法事主要是在晚間，白天共念三天的道經，只知道他們對著三清的畫像行禮，口裡念「至心朝禮」什麼什麼天尊而已。到了夜裡，煉渡的精彩節目就開始了。第一天是「上表」，大道士率領孝子背著表文，大約是請求為死者贖罪的表文吧，俯伏在壇下，約莫在個把鐘頭，據說這是大「入定」，神魂到天上去面聖去了。

第二天晚上，是表演「破地獄」。這裡前後的關係不大明白，似乎有點兒凌亂了，剛才上了表章，怎麼不等等結果，卻用自力去強暴的打開了地獄城呢？

當時沒有想到這個問題，去問阿金師父一聲，只是看了那戲劇似的演出，彷彿是《鬧天宮》裡的一場，覺得很是痛快有趣。白天裡先拿來了一座四五尺見方的紙糊的酆都城，城門城牆都畫得很整齊，放在大廳當中，臨時大道士走來作法，末了將手裡的七星劍戳進城門去，把它撕得粉碎，這時節眾多道士都扮成各色鬼魂，四散奔走，是觀眾們所最欣賞的一幕。

記得鬼裡邊有大頭鬼和小頭鬼，五傷鬼因為不祥所以或者沒有，但的確記得有死在考場的「科場鬼」，以及賭鬼鴉片煙鬼，種種引人發笑的情狀。眾鬼倉皇奔走一通之後，又回到當作後臺的廳房裡去，這一幕精彩的表演就算完結了。

末了的一天是「煉幡」，便是煉渡的正文。其法係將記著死者姓名的幡，折疊藏在裡邊，外邊層層包裹，用耐火的包裝，據說是多用鹽滷，每一層裡藏著一種紙糊物件，約有十層光景，紮縛得像一個蓮蓬或是胡蜂窠相似。還有左右兩副，是金童玉女，也是如法炮製。這三個包好的東西，放在三堆劈柴的火裡燒煉，在適宜的時間抖去外殼，將裡邊的彩物揮舞一會兒，復又燒卻，等候第二重的彩物出現，直至最後將主幡燒煉出來，象徵從火中將死者超渡出了。

這做幡與燒幡的工作很是煩難，卻要真實的本領才行，因為萬一煉不出來，道士便要受罰得從新做過一場的。因此這主要的幡乃是由阿金自己來燒，也不復怎麼打扮，只是穿著斜領的短襖，頭戴普通的道士冠而已。到得燒到最後的一層，即是主幡將要出來的時候，不但道士們非常緊張，有的走到太上老君像的前面捧拳禮拜，祈禱求祐，就是觀眾也無不替他們捏一把汗呢。幸而諸事順遂的結束，便把燒出來的三道幡送往靈前供了起來，於是這一場法事遂完全了結了。

一四　杭州

伯宜公的出喪大約是在七七日，就是世間所謂「斷七」，未必是「百日」吧，因為照例出喪是在這兩個日子，但是百日該是十二月中旬，已經接近年關了，所以推想是如此。

出殯的地方是在南門外的龜山頭，在這裡有周氏的殯屋，但是不湊巧我家殯屋的空位借給別房用了，所以這回倒不能不出了租錢，去借遠房本家的來使用。還記得前幾天，魯迅還用了朱漆特地在棺材後方寫一個篆文的「壽」字做記號，在那裡還殯著他生前很要好的族兄桂軒，也就是在《魯迅的故家》裡所提起蘭星的父親。

伯宜公得年三十七歲，可殯在龜山，自光緒丙申（一八九六）至民國己未（一九一九），也經了二十四年之久，到是年這才因為移家北京，始安葬於逍遙溇墳地。乙巳歲暮，獨自留在南京學堂裡，偶作舊詩，記得有一聯云，獨向龜山望松柏，夜烏啼上最高枝，便是指的那龜山，其實山很低小，就只是一個高坡罷了，在鄉下這種山叫作龜山或蛇山，平常是頗多的。

丙申年匆匆的過去，至丁酉（一八九七）年新正，我遂往杭州去陪侍祖父去了。祖父於癸巳年入獄，一直就在杭州，最初是由潘姨太太和伯升隨侍，他們不知道是什麼時候前去的，但在長慶寺「打水陸」，似乎已經不曾見伯升的面，那麼可能總在甲午年間吧。後來因為伯升決計進南京水師學堂去，所以叫我去補他的空缺，這是我所以往杭州的原因了。在丁酉年中幾乎沒有什麼值得記錄的記憶，現在所還約略記得的，不過那時一點生活的情形罷了。

我們住的地方是在杭州花牌樓，大概離清波門頭不很遠，那是清朝處決犯人的地方。這裡並無什麼牌樓，只是普通的一條小巷，走一點路是「塔兒頭」，多少有些店鋪，還有一所銀元局，它的大煙通是近地都能看得見的。這地點的好處是離開杭州府署很近，因為祖父便關在杭州府的司獄司裡，我每隔三四天去看他一回，陪他坐到下午方才回來。

祖父雖然在最初的風暴裡顯示得很可怕，但是我在他身邊的一年有半，卻還並不怎樣，他的發起怒來咬手指甲，和畜生蟲豸的咒罵還是仍舊，卻並不對於我生氣，所以容易應付。等到辛丑年遇赦回家，卻又那麼的苛刻執拗起來，逼得我只好也逃往南京，尋找生路。

當時他的日課，是上午默念《金剛經》若干遍，隨後寫日記，吃過午飯，到各處去串門，在獄神祠和禁卒等聊天。他平常苛於論人，自從呆皇帝昏太后（指光緒和西太后）起，下至本家子弟，幾乎沒有一個好人，但是他對那些禁子犯人，卻絕少聽見貶詞，這也是很特別的。他那裡備有圖書集成局印的「四史」，《明季南略》和《北略》，《明季稗史彙編》，官書局的《唐宋詩醇》，木板的《綱鑑易知錄》，此外還有一冊鉛印的《徐靈胎四種》，這些我都可以自由閱讀的。

他也管我的正式功課，便是關於讀經作文的，不過這由我自己去讀，書房裡沒有讀完的《詩經》以及《書經》，但這成績是可以想見的了。學做八股文和試帖詩，別的沒有什麼進步，但抄過《詩韻》兩三遍，這步工夫總算是實在的，雖然後來也並無什麼實在的用處。總之我在他旁邊過來的這一年半的日子，實在要算平穩的，覺得別無什麼要訴說的事情。

我的寫日記，開始於戊戌（一八九八）年正月二十八日，以後斷斷續續的記到現在，已經有六十三年了。關於杭州，無論在日記上，無論在記憶上，總想不起有什麼很好的回憶來，因為當時的背景實在是太慘澹了。只記得在新年時候（大概是戊戌，但當時還沒有記日記）同了僕人阮標曾到梅花碑和城隍山一遊，四月初八那天遊過西湖，日記裡有記載，也只是左公祠和嶽墳這兩處，別的地方都不曾去。我的杭州的印象，所以除花牌樓塔兒頭以外，便只是這麼一些而已。

一五 花牌樓（上）

花牌樓的房屋，是杭州那時候標準的市房的格式。臨街一道牆門，裡邊是狹長的一個兩家公用的院子，隨後雙扇的宅門，平常有兩扇向外開的半截板門關著。裡邊一間算是堂屋，後面一間稍小，北頭裝著樓梯，這底下有一副板床，是僕人晚上來住宿的床位，右首北向有兩扇板窗，對窗一頂板桌，我白天便在這裡用功，到晚上就讓給僕人用了。

後面三分之二是廚房，其三分之一乃是一個小院子，與東鄰隔籬相對。走上樓梯去，半間屋子是女僕的宿所，前邊一間則是主婦的，我便寄宿在那裡東邊南窗。一天的飯食，是早上吃湯泡飯，這是浙西一帶的習慣，因為早上起來得晚，只將隔日的剩飯開水泡了來吃，若是在紹興則一日三餐，必須從頭來煮的。

寓中只煮兩頓飯，菜則由僕人做了送來，供中午及晚餐之用。在家裡住慣了，雖是個破落的「台門」，到底房屋是不少，況且更有「百草園」的園地，十足有地方夠玩耍，如今拘在小樓裡邊，這生活是夠單調氣悶的了。然而不久也就習慣了。前樓的窗只能看見狹長的小院子，無法利用，後窗卻可以望得很遠，偶然有一二行人走過去。這地方有一個小土堆，本地人把它當作山看，叫做「狗兒山」，不過日夕相望，看來看去也還只是一個土堆，沒有什麼可看的地方。花牌樓寓居的景色，所可描寫的大約不過如此。

初到杭州，第一覺得苦惱的是給臭蟲咬的事。有些人被牠咬了，要大塊的腫痛，好幾天不能消，有的甚至變成瘡毒，我雖然當初也很覺得痛癢，但是幸虧體質特殊，據說這是「免疫」了，以後便什麼也不知道。

雖是如此，但是被白吃了血去也不甘心，所以還是要捉。在帳子的四角，以及兩扇的合縫處，只要一兩天沒有看，便生聚了一大堆，底下用一個臉盆盛上冷水，往下一撥，就都浮在水面，只消撩出來把牠消滅好了。

這實在是一件很討厭的工作。但是那時更覺得苦惱的，乃是饑餓。其實吃飯倒並不限制，可是那時才十二三歲，正是生長的時期，這一頓稀飯和兩餐乾飯的定時食實在不夠，說到點心也不是沒有，定例每天下午，一回一條糕乾，這也是不夠的。沒有別的辦法，我就來偷冷飯吃，獨自到灶頭，從掛著的飯籃內揀大塊的飯直往嘴裡送，這淡飯的滋味簡直無物可比，可以說是一生所吃過的東西裡的最美味吧。

可是這事不久就暴露出來了，主婦看出冷飯減少，心裡猜想一定是我偷吃了，卻不說穿，故意對女僕宋媽說道：「這也是奇怪的，怎麼飯籃懸掛空中，貓兒會來偷吃去了的呢？」她這俏皮的挖苦話反引起了我的反感，心想在必要的時候我就決心偷吃下去，不管你說什麼。

但是平心的說來，這潘姨太太人還並不是壞的，有些事情也只是她的地位所造成的，不好怪得本人。在行為上她還有些稚氣，例如她本是北京人，愛好京戲，不知從哪裡借來了兩冊戲本，記得其二是《二進宮》，心想抄存，卻又不會徒手寫字，所以用薄紙蒙在上面，照樣的描了下來，而原本乃是石印小冊，大約只有二寸多長，便依照那麼的細字抄了，我也被要求幫她描了一本。

我在杭州的日記中，沒有說過她的壞話，而且在三月廿一日的項下還記著是她的生日，她蓋是與祖父的小女兒同歲，生於同治戊辰（一八六八），是年剛三十一歲。

因饑餓而想了起來的，乃是當時所吃到的「六穀糊」的味道。這是女僕宋媽所吃的自己故鄉裡的食品，就是北京的玉米粉，裡邊加上白薯塊，這本是鄉下窮人的吃食，但我在那時討了來吃，乃是覺得十分香甜的，便是現在也還是愛喝。宋媽是浙東的台州人，很有點俠氣，她大概因為我孤露無依，所以特意加以照顧的吧，這是我所不能不對她表示感謝的。

一六　花牌樓（中）

我寫日記始於戊戌正月，開頭的一天便記著魯迅來杭州的事。今將頭幾天的日記照抄於下：

「正月廿八日，陰。去。（案即去看祖父的略語）下午，豫亭兄偕章慶至，坐談片刻，偕歸。收到《壺天錄》四本，《讀史探驪錄》五本，《淞隱漫錄》四本，《閱微草堂筆記》六本。

廿九日，雨。上午兄去，午餐歸。兄往申昌購《徐霞客遊記》六本，《春融堂筆記》二本，宋本《唐人合集》十本有布套，畫報二本，白奇（旱煙）一斤，五香膏四個。

三十日，雨。上午兄去。食水芹紫油菜，味同油菜，第莖紫如茄樹耳，花色黃。兄午餐歸，貽予建曆一本，口香餅二十五枚。

二月初一日，雨。上午予偕兄去，即回。兄往越，帶回《歷下志遊》二本，《淮軍平捻記》二本，《梅嶺百鳥畫譜》二本錦套，《虎口餘生記》一本，畫報一本，《紫氣東來圖》一張著色，中西月份牌一張。予送之門外，頃之大雨傾盆，天色如墨。」

至閏三月初九日，記著接越中初七日來信，云擬往南京投考水師學堂，隔了兩日即於十二日來杭州作別，蓋不及等祖父的許可，已決定前去了。本來伯升已在那裡，也並無不許可的理由，但總之即此可見魯迅離家的心的堅決了。

我在花牌樓卻還是渾渾噩噩的，不覺得怎麼樣，還是按期作文詩，至四月廿六日這才「窗課完篇」，便是試作八股文是整篇的了，有了文童應考的資格了。五月初七日僕人阮標告假回越，叫他順便往家裡取幾部書來，但是十二日歸來，書並沒有拿，卻說母親有病，叫我暫時回去，我遂於十七日離杭，從此與花牌樓永別了。當天的日記云：

「十七日，晴。黎明與阮元甫收拾行李動身，時方夜半，殘月尚在屋角，行至候潮門，門尚未開，坐等許久始啟，行至江邊，日方銜山而上，光映水中，頗覺可觀。乘渡船過江，步至西興，時方清晨，在飯館飯畢，下四搖頭（一種快航船，用四人搖櫓故名），過錢清柯亭諸處，下午至西郭門育嬰堂門口上岸，喚小舟至大雲橋，步行至家，祖母母親均各安健，三四弟亦安，不禁歡然。」

原來母親並沒有什麼病，只是因為掛念我，所以托詞叫我回來，我寫的杭州日記也就至此為止，不再寫下去了。

戊戌這年，是中國政治上新舊兩派勢力作殊死鬥的那一年，關係很大，可是在那日記上看不到什麼，這原因是日記寫到五月為止，沒有八月十三的那一場。祖父平常租看《申報》，我的日記裡也一鱗半爪的記有時事，如三月十七日項下，「報云俄欲占東三省，英欲占浙，」又關於德國亨利親王覲見的事，再三的記載，最後於互相送禮一節說道：

「亨利送上禮物四抬，中有珊瑚長八尺餘，上送以十六抬，中珍珠朝珠一串，每粒重錢餘云，吁！」雖然祖父罵呆皇帝昏太后，推想起來，對於主張維新諸人也不會有什麼好評，但總之不一定反對變法，那是大抵可信的。五月十三日記初五日奉上諭，科舉改策論，十四日往見祖父，便改定作文的期日，定為逢三作文，逢六作論，逢九作策，可見他不是死硬的要八股文的了。

一七　花牌樓（下）

我與花牌樓作別，已經有六十多年了，可是我一直總沒有忘記那地方，因為在那一排三數間房屋內，有幾個婦女，值得來說她們一說。

其中的一個自然是那主婦，就是潘姨太太，據伯升告訴我們，說是名叫大鳳，乃是北京人氏，因為身分是妾，自然有些舉動要為人所誤解，特別是主人無端憎惡本妻所出的兒孫的時候。及至祖父於光緒甲辰（一九〇四）年去世，遂覺得難於家居，漸漸「不安於室」，乃於宣統己酉（一九〇九）年冬天得到主母的諒解，辭別而去。最初據說是跟了一個自稱是姜太公後人的本地小流氓走的，可是後來那人的眼瞎了，所以她的下落也就不得而知了。

這裡第二個人，便是女僕宋媽，她是台州的黃岩縣人，卻在杭州做工，她的生活大概是普通的窮苦婦人一樣，也經過好些事情，那時她大約四十幾歲，嫁了一個轎夫，也是窮得可以的紹興鄉下人。但她似乎很是樂觀，對丈夫照料得很是周到，還拿些家鄉土產的六穀粉來吃，這個在上邊已經說及，我常是分得一杯羹的。

門外是東邊的鄰居，已經不在一個牆門之內，住著一家姓石的，男人名叫石泉新，是在塔兒頭開羊肉店的，他的妻子余氏是紹興人，和潘姨太太是好朋友，時常過來談心。那余氏人頗聰明，學的杭州話很不錯，但是據她自述，她的半生也是夠悲慘的。起初她是正式嫁在山鄉，照例是母家要得一筆「財禮」，這有時要的太多了，便似乎是變相的「身價」，結果就不很好了。

過去之後不中那老姑之意，生生的把他們分離了，夫家因為要收回那一筆錢，遂將她轉賣給人，便是那羊肉「店倌」。幸而羊肉店倌是獨身的，沒有父母兄弟，而且夫妻感情很好，但是「活切頭」的境遇到底不是很好受的。民間稱婦人再醮者為「二婚頭」，其有夫尚存在者則為「活切頭」，尤其不是出於合意離婚，不免有「藕斷絲連」之恨，我們看陸放翁沈園的故事，雖然男女關係不同，但也約略的可以瞭解了。

花牌樓的東鄰貼隔壁是一家姚姓的，姚老太太年約五十餘歲，看去也還和善，卻不知道什麼緣故與潘姨太太處得不很好，到後來幾乎見面也不打招呼了。

姚家有一個乾女兒，她本姓楊，家住清波門頭，因為行三，人家都稱她作三姑娘，姚老太太便叫作「阿三」。她不管大人們的糾葛，常來這邊串門，大抵先到樓上去，同潘姨太太搭赸一回，隨後走下樓來，站在我同僕人公用的一張板棹旁邊，看我影寫陸潤庠的木刻的字帖。我不曾和她談過一句話，也不曾仔細的看過她的面貌與姿態。在此時回想起來，彷彿是一個尖面龐，烏眼睛，瘦小身材，年紀十二三歲的少女，並沒有什麼殊勝的地方，但是在我性生活上總是第一個人，使我對於自己以外感到對於別人的愛著，引起我沒有明瞭的概念的，對於異性的戀慕的第一個人了。

有一天晚上，潘姨太太忽然又發表對於姚姓的憎恨，末了說道：

「阿三那小東西，也不是好貨，將來總要落到拱辰橋去做婊子的。」我不很明白做婊子這些是什麼事情，但當時聽了心裡想道：「她如果真是流落做了婊子，我必定去救她出來。」

大半年的光陰這樣消費過了。到了夏天因為母親生病，便離開杭州回家去了。一個月以後，阮元甫告假回去，順便到我家裡，說起花牌樓的事情，說道：「楊家的三姑娘患霍亂死了。」我那時聽了也很覺得不快，想像她悲慘的死相，但同時卻又似乎很是安靜，彷彿心裡有一塊大石頭已經放下了。

丙戌（一九四六）年在南京，感念舊事，作《往昔》詩三十首，以後稍續數章，有《花牌樓》三首，即寫當時情事者，今將末章抄錄於後，算作有詩為證吧。

「吾懷花牌樓，難忘諸婦女。主婦有好友，東鄰石家婦。自言嫁山家，會逢老姑怒。強分連理枝，賣與寧波賈。後夫幸見憐，前夫情難負。生作活切頭，無人知此苦。傭婦有宋媼，一再喪其侶。最後從轎夫，肩頭肉成阜。數月一來見，吶吶語不吐。但言生意薄，各不能相顧。隔壁姚氏媼，土著操杭語。老年苦孤獨，瘦影行踽踽。留得乾女兒，盈盈十四五。家住清波門，隨意自來去。天時入夏秋，惡疾猛如虎。婉孌楊三姑，一日歸黃土。主婦生北平，髫年侍祖父。嫁得窮京官，庶幾尚得所。應是命不猶，適值暴風雨。中年終下堂，漂泊不知處。人生良大難，到處聞悽楚。不暇哀前人，但為後人懼。」

一八　四弟

我從五月十七日回到家以後，就不寫日記，一直到戊戌十一月，這才又從廿六日寫起，到己亥年的六月，成為日記第二卷。在這沒有寫的期間，卻不是沒有事情可記，而且還是頗為重大的，至少在家族裡這影響很是不少。這便是四弟的病歿，和魯迅的回家來考「縣考」。

日記雖然不寫，然而大事情還有記錄，十一月中記有初六日縣試，予與大哥均去，初七日記四弟病甚重，初八日記四弟以患喘逝世，時方辰時。前一天的初七日，我還獨坐小船，趕到小皋埠的大舅父家裡去，請他來看四弟的病，因為他是懂得中醫的，但是他來看了之後，並不開方，卻自回去了，他不是行時的「名醫」，知道這無可救，所以不肯用了鮮蘆根之類來騙人的。

四弟的病大概是急性肺炎吧，當時的病象只是氣喘，這在現時是可以有救的，有青黴素等藥存在，但是在六十餘年前這有什麼辦法呢。

母親的悲傷是可以想像得來的，住房無可掉換，她把板壁移動，改住在朝北的套房裡，桌椅擺設也都變更了位置。她叫我去找那畫神像的人，給他憑空畫一個小照，說得出的特徵只是白白胖胖的，很可愛的樣子，頂上留著三仙髮。

感謝那畫師葉雨香，他居然畫了這樣的一個，母親看了非常喜歡，雖然老實說我是覺得沒有什麼像。這畫得很特別，是一張小中堂，一棵樹底下有一塊圓扁的大石頭，前面站著一個小孩，頭上有三仙髮，穿著藕色斜領的衣服，手裡拈著一朵蘭花，如不說明是小影，當作畫看也無不可，只是沒有一點題記和署名。這小照的事是我一手包辦的，在己亥年日記的二月裡，記有下列三項：

「十一日，雨。同方叔訪葉雨香畫師，不值。

十二日，雨。重訪葉雨香，適在，托畫四弟小影。

十三日，晴。往獅子街取小影，所畫『頭子』尚可用，使繪秋景。」

其後裝裱，也是我在大慶橋文聚齋所辦的，可是在日記卻找不到了。

母親拿這畫掛在她的臥房裡，前後足足有四十五年，在她老人家八十七歲時撒手西歸之後，我把這幅畫捲起，連同她所常常玩耍，也還是祖母所傳下來的一副骨牌拿了回來，一直放在箱子裡，不曾打開來過。

這畫是我親手去托畫裱好了拿來的，現在又回到我的手裡來，我應當怎麼辦呢？我想最好有一天把它火化了吧，因為流傳下去它也已沒有什麼意義，現在世上認識他的人原來就只有我一個人了。但是轉側一想，它卻有最適當的一個地方，便由我的兒子拿去獻給了文化部，現在它又掛在魯老太太的臥房門口了。

四弟名椿壽，因為他的小名是「春」，在祖父接到家信的那天，又不曉得遇著了姓春的京官，或者也是一個滿人，這也是說不定的吧。

一九　縣考

縣考是件小事，似乎沒有什麼值得講的，這在清朝還舉行科舉的時代，每年在各縣都有一次，並不是希罕的事情。但是它的意義卻很是重大。這是知識階級，那時候稱作士人或讀書人的，出身唯一的正路，很容易而又極其艱難的道路。

這有如彩票，人只要有幾毛錢就可以去買，也有人居然得中了頭二彩，頃刻發了大財，但有人而且這是大多數，連末尾也沒有份。這樣可以一年年的考下去，到得鬚髮皓白了，還是提了考籃做「考相公」，外號被不客氣的稱作「場楦」，言其長在考場裡混過日子，正如鞋匠用以楦大鞋子的「鞋楦」相似。

這考試的本錢是什麼呢？買彩票還得要幾個銀角子，這卻更是省事，只要會謅幾句半通不通的爛時文就成了。說起時文來，現在的人大半要不懂得了，或者要誤會是時髦文章上去也說不定吧。換句話說，時文便是八股文章，四書讀熟會得背誦了，學做「破題」以及「起講」，一直加到「後股」，共成八股，算是「完篇」了，這便有進考場的資格，夠得上「文童」或童生的稱號。

這時文裡的奧妙沒有窮盡，我們這裡只能姑就「破題」一件事略為談談吧。

八股文是題目都是出在四書上面，所以說這是「代聖賢立言」，是非常可尊貴的。破題是開頭的兩句話，須將題目的意思講說清楚，這便叫作「破」。俗語說初次遇著的事情，是破題兒第一回，也就是借用這個意思。因為八股文裡出來的盡是聖賢，所以破題上也有一個規則，便是「破」孔子時務必稱「聖人」，孟子等人則稱「大賢」或「先賢」，此外無名之輩一律號為「時人」。

我現在引用一個故事，來說明破題是怎麼一回事，這雖然是用詼諧的說法，當不得真，但是它把題意破得極妙，可以說是無以復加的了。題目是「三十而立」，這是孔子說的一句話，所以「破題」說道：「聖人兩當十五之年，雖有板凳椅子而不敢坐焉。」此外還有一個正經的例，是八股名家章日價所作「父母惟其疾之憂」的文中的兩股，發揮盡致，並且音韻鏗鏘，讀起來兼有音樂之美。其文曰：

「罔極之深思未報，而又徒遺留不肖之肢體，貽父母以半生莫殫之憂。

百年之歲月幾何，而忍吾親以有限之精神，更消磨於生我劬勞之後。」

不過光是這麼樣子，還沒有多少意思，據說有一個名流的兒子不思上進，流留荒亡，父親將這上半股的文章寫在兒子的書房牆壁上，兒子看見了無話可說。可是那個做父親的也不大規矩，有一天宿妓回來，給他兒子知道了，於是乃高吟下半股，這裡邊的意義字字針鋒相對，尤為妙絕人工，我想父親聽了更是說不出話，只有苦笑了吧。

文章居然「完篇」了，湊足有三四百字，試帖詩也勉強可以做成六韻，這樣便可去「觀場」了，這是一句「術語」，也是說得頗為謙虛的。

天下的文風未必真是在「敝邑」，但是應考的人卻實在不少，在當時山陰會稽還未合併為紹興縣的時候，會稽一縣的考生總有五百餘人，當時出榜以五十人為一圖，寫成一個圓圖的樣子，共有十圖左右，若在鄰縣諸暨恐怕還要多些。而每年「進學」就是考取秀才的定額只有四十名，所以如考在第十圖裡，即使每年不增加來考的人，只就這些人中拔取，待到自己進學，也已在十多年以後了。這些被淘汰下來的人，那麼哪裡去了呢？他們如不是改變計畫，別尋出路，便將「場檣」進而為「街檣」，——在街上遊蕩的人，落到孔乙己的地位裡去了。

二〇 再是縣考

上邊所說是關於縣考的一般情形，底下卻要講自己所經歷的事了。考試既然是士人出身的正路，那麼我們那時沒有不是從這條路走的，等得有點走不下去了，這才去找另外的道路，那自然都是後話，如今且表過不提。

日記裡記戊戌年（一八九八）十一月初六日，我同大哥往應縣試，但是以後便不再記，而且也於廿四日回南京去，等我的第二冊日記於戊戌十一月廿六日重寫開頭，縣考的「招覆」悉已過去，均不及記，但於廿九日項下，記有往看「大案」一事而已。

「大案」云者，縣考初試及四次覆試之後，再將總應考的人數計算一遍，出一總榜，只要榜上有名的人，便可以去應府試，再經過院試，就決定名額，算是合格的秀才了。當時大案的情形如下：

「會稽凡十一圖，案首為馬福田，予在十圖三十四，豫才兄三圖三十七，仲翔叔頭圖廿四，伯文叔四圖十九。」這裡須得說明，馬福田即是浙江的名流馬一浮，仲翔伯文乃是我們的族叔，不過已經很疏遠，只是和我們同太高祖，即是同五世祖而已。

這裡魯迅著實考得不壞，只是考了一次，也不曾去覆試，還是已在三圖裡，所以一同去考的叔輩竭力慫恿母親，府試的時候找一個人，去槍替一下子，明年可以去院試，這很有希望。因為請人當「槍手」是要花錢的，其實也只兩三塊錢吧，所以母親不願意，後來攛掇再三，這才答應了，便請仲翔的妻弟莫與京去，這我還記得很清楚，是十二月初二日府試，四更進場，會稽「已冠」的題目，首題是「孔子嘗為委吏矣日會計」，次題是「未有義而後其君者也」，詩題賦得既雨晴亦佳，得晴字。

「未冠」的首題是「有事弟子」，次題是「能竭其力」，詩題同已冠。當時童生分已冠未冠兩種，二十歲以上的人稱作已冠，以下的則為未冠，題目略分難易，但是這未冠的也是「截搭題」，便是文句沒有完全，只截取一半，搭在上面，原文是「有事弟子服其勞」，這裡卻把「服其勞」半句截去了，實也並不好做，但是比那已冠的好一點罷了。

初七日去看榜，我在六圖廿七名，那位槍手先生卻不知在哪裡，不曾記得，總之是沒有考掉，廿四日大案出來，我在四圖四十七，大哥八圖三十，伯文叔二圖廿二，仲翔叔二圖第四。

次年己亥（一八九九）十月初五日院試，周姓三人前去應考，魯迅不曾回來，因為那時他已經考進了礦路學堂，總辦是講維新的俞明震，空氣比較開明，他就安定下來了。考試的首題是「四海之內」，注明是「皆舉首而望之」的上邊的，次題則是「則不如無書」，詩題賦得詩中定合愛陶潛，得潛字。初八日出榜，結果是仲翔以「周開山」的官名，考取了四十名即末名的秀才，也是清朝以八股文取士的最後的一次考試了。庚子年後廢止八股，改用策論，不過那也是換湯不換藥的辦法，假如前者是土八股，那麼這後者也無非是洋八股罷了。

前清時代士人所走的道路，除了科舉是正路之外，還有幾路叉路可以走得。其一是做塾師。其二是做醫師，可以號稱儒醫，比普通的醫生要闊氣些。其三是學幕，即做幕友，給地方官「佐治」，稱作「師爺」，是紹興人的一種專業。其四則是學生意，但也就是錢業和典當兩種職業，此外便不是穿長衫的人所當做的了。

另外是進學堂，實在此乃是歪路，只有必不得已，才往這條路走，可是「跛者不忘履」，內心還是不免有連戀的。在庚子年的除夕我們作「祭書神長恩文」，結末還是說，「他年芹茂而樨香兮」，可以想見這魔力之著實不小了。

二一　縣考的雜碎

關於縣考已經寫了兩節，要說的話都已說過了，但是有些零碎的事情，至今還是記得，似乎也值得順便記了下來。

第一是「下考場」的情形。我們住在府城裡的人，比起鄉下或是外縣的住民來，實在要方便的很多。他們前來應試，須得坐船進城，在船裡過些日子，或者是到試院左近人家暫時租住，我們卻只是走了去便成了。從我們所住的東昌坊口向西北走去，大約有十里以上的路，就是「大街」，也就是試院所在的地方。

東昌坊口是個十字路，向北拐彎一直走過長慶寺和馬梧橋，到大坊口再往西走，經過開元寺，到清道橋再北折，這就是「大街」，直到小江橋為止。不過往「新試前」（這即是試院的名稱）去，不必走得那麼遠，過了水澄橋往西，不久就到了，或者在大街入口的清風裡口就轉了灣，走那倉橋直街，過了倉橋，在路北的就是。

民國以前在科舉既廢之後，試院就改作了紹興府中學堂，到了民國改稱浙江第五中學校，我在那裡教過英文有四五年，這條路幾乎每天要走，也走熟了。大街上轂擊肩摩，擁擠得不大好行走，所以那條後街倒還清爽的，不過是在那考試時候卻也無所謂，因為那時是在後半夜，行人本來是稀少的了。這條路平常走起來，共總要花一個鐘頭的樣子，但是夜間卻可以減少三分之一的時間吧。只須步行這三刻鐘的時候，就可以省去寄寓的麻煩，那豈不是很便宜的事情嗎？

縣考大抵在陰曆十一月初，府試則在十二月中旬，正是大寒的時節，考試的前一天在半夜裡起床，洗臉吃過什麼油炒飯之後，便準備出發了。將考籃託付給同去的工人，自己只提著一盞考燈，是四方的玻璃燈，中間點著一枝洋蠟燭，周身是一副「考相公」裝束，棉袍棉馬褂棉鞋，頭上披著「風兜」，是一種呢製的風帽，普通多用紅色呢，下連肩背，前面包住兩頰下巴，彷彿古人畫踏雪尋梅的高士所戴的那樣。

沿路闃寂無人，只有塔子橋馬梧橋等地方設有冬防民團，才有幾個人半醒半睡的坐著，在一個銅鼓的旁邊。走近新試前的時候，人就多起來了，反正都是與考試有關的。

不是院試，考場的關防是照例不嚴密的，所以人們都可以進去，找適宜的位置坐定，叫人代去點名接了卷子回來，一面安排考具。這是甬道兩旁的東西兩個大的廠子，裡邊又用短牆隔開，每一區域可以容得兩三排長板桌，每排可坐一二十個人吧，這在院試時節才有坐號，現是不妨亂坐的。

不久便封門了，是時天色也已是魚肚白，快要天亮了，題目也就發下，這是寫了貼了一塊板上，由人佚擎著走的。題目有了便要開始作文，於是場中一時便靜了下來，但聞咿唔之聲隨之而起，不過這與前回的很有不同，以前的喧囂是熱鬧，現在則有點淒涼之感罷了。

九十點鐘光景，聽見外邊有人傳呼道：「蓋戳！」此蓋是一種監察制度，凡考生作文到一個段落，便須經「學老師」在卷子上文句完處蓋上一個戳記，這在縣府考時是由考生自由去蓋，所以往往延長至中午，若在院試時乃由學老師親自光臨，挨名蓋去，有的只做得「破題」，也就蓋上了，雖然一般的情形是要蓋在「起講」的末尾，這才算是合格的。蓋戳以後，便任你自由安排，將兩篇四書文，一首五言六韻詩做好謄正，就算完事了。

二二 縣考的雜碎（續）

說到考場中的吃食，這一天的食糧原應由本人自備，有的只帶些乾糧就滿足了，如松子糕棗子糕紅綾餅等，也有半濕的茯苓糕，還有鹹的茶葉雞子，也有帶些年糕薄片，到那裡用開水一泡就可以吃了，水果則甘蔗桔子也可以多少帶得。

不過開水在考場就很是名貴，這其實也是難怪的，因為考場算是禁地，在裡邊做生意，當然要費用，自然「水漲船高」了。平常泡一壺茶，用水不過一二文，現在差不多要四十文，至少加了二十倍，所以如泡一碗年糕也要花不少的錢，此外茶攤上也有東西可吃，這便是粉絲煮湯，可以當麵，但看去既不好吃，價錢也貴，始終沒有請教過它。此外也有闊人去洗臉的，那自然要比沏茶更貴，一般的人也是不敢去領教的。

冬天日短，快近冬至了，下午的太陽特別跑的快，一會兒看看就要下山去了，這時候就特別顯得緊張，咿唔之聲也格外悽楚，在暮色蒼然之中，點點燈火逐漸增加，望過去真如許多鬼火，連成一片，在這半明不滅的火光裡，透出呻吟似的聲音來，的確要疑非人境。

但是過了這個時候，情形便又一變，忽然的現出活氣，彷佛「考先生」的精神便又復活了。這是有些人文章已經做了，要求趕快出去的時候。這些人大抵多是少年，氣盛好鬧，把卷子交了，隨來到甬道上高呼道：「放班來！」或者溜到大堂上去，把那裡放著的銅鼓冬冬的敲上兩三聲，這時文章還沒有做完的人便大聲嚷道：「打！打！」這樣的鬧著，等到真正放班了，才算了結，自放頭班以至溜四班，場內的人遂悉出去了。

在縣府考的時節，也有一種樂趣，便是買書和文房具，這彷彿與北京的廠甸有點相像，今略舉數例於後。戊戌十二月初七日記項下云：

「往試前，購竹簡一方，洋伍分，上面刻詩一絕曰，紅粉溪邊石，年年漾落花，五湖煙水闊，何處浣春紗，下刻八大山人四字。小信紙一束四十張，洋二分，上印鴉柳，五色信紙廿張，洋一分六，上繪佛手柿二物，松鶴紙四張，四文，洋燭四支，洋一角一分。」

十一日記項下云：

「在試前購信紙廿張，一種上印簾外牡丹一株，題曰一簾花影詩中畫，十張，一種上印一人背後有泉作聽狀，題曰聽泉，五張，一種上印竹一枝，題曰竹報平安，五張，共洋一分。」

十三日記項下云：

己亥九月廿七日記項下云：

「至試前看案尚未出，購《思痛記》二卷，江寧李圭小池撰，木刻本，洋一角。」

「至試前文奎堂購《搜神記》二本，晉干寶撰，凡二十卷，石印本，洋二角。」

廿八日又記云：

「至試前文奎堂購《七劍十三俠》一部，凡六本。閱一過，頗新奇可喜，聞是俞蔭甫所作，丁酉年石印，凡六十回，有繪圖數頁，亦七俠五義之流亞也。」

這裡愛讀《七劍十三俠》的事也是頗有意思的，自從《劍俠傳》以後，這類的書一向受人的歡迎，我也自然不是例外，回想當時的情形覺得深可紀念。辛丑三月十九日記項下尚記有至試前看案，購《後七劍十三俠》一部，計洋一角八分，可見還是熱心於此書，以後凡有續集刊行，必去購求得來，所以我當初所得是首尾完具的。

二三 義和拳

己亥的第二年，乃是光緒庚子，這不但是十九世紀的末年，而且也可說是清朝的末年，因為在這一年裡鬧過所謂拳匪事件，弄得不成樣子，結果不出十年，這清朝的天下遂告終結了。所以這庚子年影響的重大，並不下於戊戌，可是它在我們鄉下少年，渾渾噩噩不知世事，一知半解的人，有怎麼樣的影響呢？

就我自己來說，這影響不怎麼大，只就以庚子為中心的前後兩年看來，糊塗的思想，遊蕩的行為，那麼的下去，怕不變成半個小拳匪和半個小流氓麼？這個變化，乃是因為後來事情的偶然的轉變而阻止了，我被逼而謀脫出紹興，投入南京水師，換了一個新的環境，這件事且等下節再來敘說，如今先來就日記裡所說這一點兒，看我那時對於義和團是什樣的態度吧。

頭一次的記錄是在庚子年五月十九日，日記原文云：

「聞天津義和拳匪三百人，拆毀洋房電杆，鐵路下松椿三百里，頃刻變為麩炭，為首姓部，蓋妖術也。又聞天津水師學堂亦已拆毀。此等教匪，雖有扶清滅洋之語，然總是國家之頑民也。」

至廿四日記云：

「接南京大哥十七日函，雲拳匪滋事是實，並無妖術，想係謠傳也。」

六月中記載尤多，初五日云：「聞拳匪與夷人開仗，洋人三戰三北，今決於十六上海大戰，倘拳匪不勝，洋人必下杭州，因此紹人多有自杭逃歸者。時勢如此，深切杞憂。」

初六日云：「聞近處教堂洋人皆逃去，想必有確信，或拳匪得勝，聞之喜悅累日。又聞洋人願帖中國銀六百兆兩求和，義和拳有款十四條，洋人已依十二條云。」

初八日云：「晨在大雲橋，忽有洋人獨行，路人見之，嘩稱洋鬼子均已逐出，此何為者，俱噪逐之，追者有五六十人。洋人趨蹶而逃，幾為所執，後經人勸解，始獲逃脫，聞之捧腹。」這幾天日記的書眉上，有大字題曰：「驅逐洋人，在此時矣！」又曰：「非我族類，其心必異。」「臥榻之側，豈容他人酣睡。」

但是最緊張的時候，卻在這以後，今節錄日記於後：

「廿二日，傍晚予正在廊下納涼，忽聞總府點兵守城，山會本府均同在嵇山旱門防堵，雲台州殷萬登之子稱報父仇，並拆教堂，已在於村過宿，距城只七八十里矣。予聞之駭然，少頃惠叔亦來，因遣人去探，所云亦然。街上人聲不絕，多有連夜逃避城外者，船價大貴，每只須洋七八元。家中疑懼頗甚，不能成寐，十二點鐘始寢。聞城門船隻放行，納洋一元，九城門合計總有千餘元云。

「廿三日，謠言益夥，人心搖搖。謙嬸家擬逃避城外，予家亦有逃避之意，後聞信息稍平，因此不果，然對門傅澄記（米店）間壁張永興（壽材鋪）均已逃去矣。

「廿四日，聞本府出示，禁止訛言，云並無其事，百姓安業，不得驚慌，人心稍定。傅張二姓逃出在外，下午逡巡自歸，聞之不覺發噱。」

日記裡關於義和拳的事只有這些，這卻已經夠了。它表示是贊成義和拳的「滅洋」的，就是主張排外，這壞的方面是「沙文主義」，但也有好的方面，便是民族革命與反帝國主義的，但它又懷疑乃是「頑民」，恐它的「扶清」不真實，則又是保皇思想了。這兩重的思想實在糊塗得很，但是照眉批的話看來，它的根源是從書本上來的，所以結果須得再從書本增加力量，這便是後來《民報》一派的革命宣傳了。

二四　幾乎成為小流氓

我說小流氓，意思是說他地位的大小，並不專指年紀，雖然年齡的大小也自然包括在內，因為年輕的人就不可能成為大腳色。在我們的鄉下，方言稱流氓為「破腳骨」，這個名詞的本意不甚明瞭，但望文生義的看去，大約因為他們要被打破腳骨，所以這樣稱的吧。

一個人要做流氓，須有相當的訓練，與古代的武士修行一樣，不是很容易的事。流氓的生活裡最重要的事件是挨打，所以非有十足的忍苦忍辱的勇氣，不能成為一個像樣的「破腳骨」。大流氓與人爭鬥，並不打人，他只拔出尖刀來，自己指他的大腿道：「戳吧！」敵人或如命而戳一下，則再命令道：「再戳！」如戳至再至三而毫不呼痛，刺者卻不敢照樣奉陪，那便算大敗，要吃虧賠償，若是同行的流氓，也就從此失了名譽了。

能禁得起毆打，術語曰「受路足」，乃是流氓修養的最要之一。此外官司的經驗也很重要，他們往往大言於茶館中云：「屁股也打過，大枷也戴過」，亦屬流氓履歷中很出色的項目。

有些大家子弟轉入流氓者，因門第的餘蔭，無被官刑之慮，這兩項的修煉或可無須，唯挨打仍屬必要。我有一個同族的長輩，通文，能寫二尺見方的大字，做了流氓，一年的春分日在宗祠中聽見他自伐其戰功，「打翻又爬起，爬起又打翻」，這兩句話實在足以代表「流氓道」

之精義了。

法律上流氓的行為是違法的，在社會上也不見得有名譽，可是有一點可取的地方，即是崇尚義氣與勇氣，頗有古代遊俠的意思，即使並非同幫，只要在酒樓茶館會見過一兩面，他們便算有交情，不再來暗算，而且有時還肯幫助保護。

當時我是愛讀《七劍十三俠》的時代，對於他們並不嫌忌，而且碰巧遇見一個人，年紀比我們要大幾歲，正好做嬉遊的伴侶，這人卻是本地方的一個小流氓。他說是跟我們讀書，大約我那時沒有到三味書屋去，便在祖父住過的一間屋佈置為書房，他讀他的《幼學瓊林》，我號稱做文章預備應考，實際上還是遊蕩居多。

他自稱為姜太公的後人，因為姓姜所以名字便叫作「渭河」，不過他在社會上為人所知的名字乃是「阿九」。他的母親是做「賣婆」的，這種職業是三姑六婆之一種，普通規矩的大家是不輕易讓進門裡來的，因為她們以賣買首飾為名，容易做些壞事，不過阿九的母親乃是例外的一個，還是老實的人。她也做那所謂「貰花」的勾當，這是一種變相的「高利貸」，卻更為兇惡，便是把珠花首飾租賃給人，按日收錢，租賃的人拿去典當，結果須得拿出當鋪，貰主與經手人三方面的利錢，而且期間很短，催促得很兇，所以不是尋常婦女所能經手辦理的。

阿九和他的姊姊時常代表他們的母親，來我們的同門居住的本家裡來催促，可是他卻不大以為然，只是輕描淡寫的去到債主家裡一轉，說我母親叫我催錢來了，說了就走到這邊來和我們出去玩耍去了。

說是玩耍，也就是在城內外閒走，並不真去惹事，總計庚子那一年裡所遊過的地方實在不少，街坊上的事情知道的也是很多。遊蕩到了晚上，就到近地吃點東西。

我們隔壁的張永興是一家壽材店，可是他們在東昌坊口的南邊都亭橋下開了一爿「葷粥店」，兼賣餛飩切麵，都做得很好。葷粥乃是用肉骨頭煮粥，外加好醬油和蝦皮紫菜，每碗八文錢，真可以算得價廉物美。我們也就時常去光顧，有一回正在吃粥，阿九忽然正色問道：

「這裡邊你們下了什麼沒有？」

店主愕然不知所對。

阿九慢慢的笑說道：「我想起你們的本行來，生怕這裡弄點花樣。」

棺材店的主人聽他這說明，不禁失笑，這就是小流氓的一點把戲了。

這樣的事是常見的，例如小流氓尋事，在街上與人相撞，那人如生了氣，小流氓反詰問說：「倒還碰患帶者？」這裡我們只好用方言來寫，否則不能表現他的神氣出來，意思則云：「難道撞了倒反不好了麼」，這是一種詭辯，便是無理取鬧的表示。

同樣的事情，阿九也曾有過。其時我已經不在家，我的兄弟同母親往南街看戲，那時還沒有什麼戲館，只在廟臺上演戲敬神，近地的人在兩旁搭蓋看臺，租給人家使用，我們便也租了兩個坐位。後來臺主不知為何忽下逐客令，大約要租給闊人了，坐客大窘，恰巧阿九正在那裡看戲，於是便去找來，他也並不怎麼蠻來，只對臺主說道：

「你這臺不租了麼？那麼由我出租給他們了。」

臺主除收回成命之外，還對他賠了許多小心，這才了事。

在他這種不講道理的詭辯裡邊，實在含有很不少的詼諧與愛嬌。我從他的種種言行之中，著實學得了些流氓的手法。後來我離開紹興，便和他斷了聯繫，所以我的流氓修業也就此半途而廢了。到了宣統元年（一九〇九），這位姜太公的後人把潘姨太太拐跑了，不過這件事情，或者也不好專怪他們的，現在就不再談了。

二五　風暴的餘波

上面關於風暴講的很多，但是我個人只受到了一點，後來差不多就淡忘了。我在杭州的一年多，經常在祖父的身邊，也並不覺得怎麼嚴厲，生活過得還好，原想後來再去的。己亥年冬天，對於自己的遊蕩很不滿意，十月三十日日記有「學術無進，而馬齒將增，不覺恧然」的話，十一月十二日項下記云：

「忽作奇想，思明春往杭州去，擬大哥歸後再議。」

次年三月廿一日阮元甫來，云欲往杭，予以河水漲暫不去。至四月初二日發杭州信，使阮元甫初六來接，至期已收拾行李什物，而等候阮元甫不至，事遂中止。不料事情才隔半年，家中情形又復發生極大變化。介甫公自癸巳入獄，關在杭州八年，終於辛丑年（一九〇一）正月裡奉旨准其釋放，回到家裡來了。

這件事是由刑部尚書薛允升附片奏明，因拳匪鬧事時，在刑部獄中的犯人都已逃了出來，可是到事平的時候又自去投首，刑部遂奏請悉予免罪，薛公乃援例推廣，把在杭州的介甫公也拉了進去，請准一律釋放，這裡明係有人情關係，雖然介甫公不曾自去活動，或者薛公因為是秦人，性情厚道的緣故，顧念年誼，所以肯這樣的援手的吧。雖然後來介甫公偶爾談到薛允升，仍然說他乃是糊塗人，他平常總說「呆皇帝，昏太后」的，那麼那種批評也是難怪的，不過薛公的「出力不討好」的做事精神，總是值得佩服的吧。

正月廿七日得到杭州的信，知道釋放的消息，二月十三日信裡說，部文已到杭州府，即可回家，十九日云已定廿一晨動身，可雇舟至西興來接。現在便把有關這事的幾天日記抄錄於後：「二十日，晴。晚下舟放至西郭，已將初鼓，門閉不得出，予以錢二十，啟焉。行里許，予始就寢，春雨瀟瀟，打篷甚厲，且行舟甚多，摩舷作聲，久之不能成睡。披衣起閱湯氏《危言》一篇，坐少刻，就枕即入寐矣。少選，又為舟觸岸驚醒，約已四下鐘，遂不復睡，挑燈伏枕，作是日日記，書訖推篷一望，曙色朗然，見四岸菜花，色黃如金，縱觀久之，怡然自得，問舟子已至何處，則已到迎龍閘左近矣。大雨。

「廿一日，晴。晨過蕭山，巳刻至西興，停泊盛七房門首，見祖父已在，候少頃行李始至。午開船，晚至柯亭，就寢，二鼓至西郭門，夜深門已扃，至晨始得入。

「廿二日，晴。晨至家。」

祖父在離家八年之後回來，當然是一件大可喜事，但是這中間只隔了十二三日，到了二月初五日，家裡的大風暴卻又即開始了。是日記載道：

「初五日，雨。上午同伯文叔往舒家墺上墳，未刻歸家。祖父信衍生讒言，怒詈。」

「初七日，雨。下午，祖父信衍讒，罵玉田叔祖母，大鬧。」

關於這事件，須得來說明一下緣因。自從戊戌冬四弟病故，母親甚為悲傷，改變住房格式，繪畫小影，上邊已曾說及，其時本家妯娌中有一個人，特別關切，時常走來勸慰。這人便是玉田叔祖母的兒媳，也即是上文預備逃難的謙嬸。其人係出觀音橋趙氏，是很漂亮的善於交際的一位太太，她同魯太夫人特別說得來，因此拉她到她那邊去玩。

湊巧的是，魯太夫人的住房和那裡堂屋只隔著一個院子，雖然當初分家，在院子中央砌了一堵牆，將兩邊分開了，但是那邊如高呼一聲，這邊還是聽得見的。在晚飯後，常聽見「請來玩吧」的呼聲，這邊也就點燈走了過去，因為中間牆壁隔著，所以須得由外邊繞了過去，而這條路又一定要經過「衍太太」的門口，因此看在眼裡，以為她們必然得到許多好處，得有機會焉能不施報復呢？

其實那裡也只是打馬將消遣，沒有什麼輸贏，只醵出幾角錢來，作為吃炒麵及供油火費之用，乃一經點染，遂為大鬧的資料。讒人的手段便是那麼高明的，後來衍生病死，祖母於無意中念了一句阿彌陀佛，可見他影響之多麼深遠了。

祖父對於兒媳不好當面斥罵，便借我來做個過渡。他叫我出去教訓，倒也不什麼的疾言厲色，只是講故事給我聽，說某家子媳怎樣不孝公婆，賭錢看戲，後來如何下場，流落成為乞丐，饑寒至死，或是遇見兵亂全家被難。這裡明示暗喻，備極刻薄，說到憤極處，咬嚼指甲戛戛作響，仍是常有的事情。

至於對祖母，則是毫不客氣的破口大罵了，有一回聽他說出了「長毛嫂嫂」，還含糊的說了一句房幃隱語，那時見祖母哭了起來，說「你這成什麼話呢？」就走進她的臥房去了。我當初不很懂，後來知道蔣老太太的家曾經一度陷入太平軍中，祖父所說的即是那事，自此以後，我對於說這樣的話的祖父，便覺得毫無什麼的威信了。

二六　脫逃

魯迅在《朝花夕拾》的一篇《瑣記》裡，說他的想離開紹興，乃是「衍太太」所逼成的，因為她最初勸導他偷家裡的東西，後來又造他的謠言，使他覺得家裡不能再蹲下去。但是我卻是衍生所間接促成的。

本來衍生和衍太太的不正當的結合，雖然由曠達的人看去，原算不得一回什麼事，因為本家的房分遠了，與路人相差無幾，但到底是「有乖倫常」，至少也是可笑的。

介甫公對於這事很是不滿，不過因為事屬曖昧，也只好用他暗喻的方法，加以諷刺，於是有在堂前講《西遊記》的事情，據族叔官五（別號觀魚）所記，所講的是豬八戒遊盤絲洞這一節，這故事如何活用，我因為沒有聽到過，無從確說，但總之是諷刺他們兩個人的。雖然明知他們是怎樣的人，而獨深信他們的說話，這實在是不可理解的一個矛盾。

但是我想從家裡脫逃的原因，這還只是一半，其他一半乃是每天上街買菜，變成了一個不可堪的苦事。每天早起，這在我並不難，就是換取了九十幾文大小不一的銅錢，須得摻雜使用，討價還價的買東西，什麼四兩蝦，一塊胖頭魚，一把茭白，兩方豆腐，這個我也幹得來，雖然不免吃虧，但是買了回來祖父看了，總還說是要比用人買的更是便易，所以在這些上面都沒有什麼困難。

其最為難的是，上街去時一定要穿長衫。早市是在大雲橋地方，離東昌坊口雖不很遠，也大約有二里左右的路吧，時候又在夏天，這時上市的人都是短衣，只有我個人穿著白色夏布長衫，帶著幾個裝菜的「苗籃」，擠在魚攤菜擔中間，這是什麼一種況味，是可想而知了。我想脫去長衫，只穿短衣也覺得涼快點，可是祖父堅決不許，這雖是無形的虐待，卻也是忍受不下去的。

我想脫逃的意思是四月裡發生的，在祖父回家後剛兩個月的時候，我就寫私信給大哥，「托另圖機會，學堂各處乞留意」，這是四月初四日的事情。本來祖父是贊成各種職業，他認為讀書不成，倒不如去學做豆腐，還可以自立，見於他所著的《恆訓》。他在己亥年十二月十八日給我的信，有過這樣的話：

「杭省將有求是書院，兼習中西學，各延教習，在院諸童日一粥兩飯，菜亦豐。得考列上等，每月有三四元之獎，且可兼考各書院。明正二十日開考，招儒童六十人，如有志上進，盡可來考。」

可見他對於學堂也是贊成的，他的愛子長孫都已在南京，而且認為考求是書院，亦是有志上進的表示呢。儘管如此，不過當時我如提出此種要求，倘或他覺察了我想脫逃的意思，那也可能不許可的，因此我不敢來直接請求，寧可轉彎抹角的去想辦法，叫南京方面替我說話，那就可以保險了。

過了兩個月的光景，南京的消息來了，最初乃是伯升來的信。五月廿六日記項下云：

「廿六日，小雨。下午升叔來函云，已稟叔祖，使予往充當額外學生，又允代繳飯金，其意頗佳。」

伯升已在水師學堂四年，現為二班學生，其三班則稱額外生，最初一年須自備伙食，其時有同族叔祖在那裡當國文教習兼管輪堂監督，信中所說的便是這人。再過了半個月，得到大哥來信，事情更是具體化了。日記裡說：

「十二日，晴。下午接大哥初六日函，云已稟明叔祖，使予往南京充額外生，並屬予八月中同封燮臣出去。又附叔祖致封君信，使予持函往直樂施（地名）一會，托其臨行關會。」脫逃的計畫既已成功，現在只等實行罷了。

二七　夜航船

有一個號叫作鳴山的，是我們同高祖的族叔，曾經在水師學堂當過一時的學生，記得幾句「喝茶抽煙」的英語，與封燮臣或者還是同年，其時在宋家漊的北鄉義塾改作學堂，請他去當教習，我便請他給我與封君連絡。七月十八日下午同鳴山至昌安門外趁陶家埭埠船，傍晚至宋家漊，次日往直樂施會見封燮臣，約定廿九日一同啟行。

封君是水師學堂管輪班學生，於今年畢業，所以搬家前往南京，同去的有封君母親，封君的兩個兄弟，此外還有一位女客，彷彿說是表姉，大約是個寡婦，也隨同前去。廿八日仍同鳴山至宋家漊，次日上午至直樂施封宅，下午趁姚家埭往西興的航船，日記裡記著傍晚至東浦，黃昏至柯橋，夜半至錢清看夜會，天氣甚冷遂睡。

在這裡，我須得來把埠船與航船的區別講一講。

紹興和江浙一帶都是水鄉，交通以船為主，城鄉各處水路四通八達，人們出門一步，就須靠仗它，而使船與坐船的本領也特別的高明，所謂南人使船如馬這句話也正是極為確當的。

鄉下不分遠近，都有公用的交通機關，這便是埠船，以白天開行者為限，若是夜裡行船的則稱為航船，雖不說夜航船而自包含夜航的意思。普通船隻，船篷用竹編成梅花眼，中間夾以竹箬，長方的一片，屈兩頭在船舷定住，都用黑色油漆，所以通稱為烏篷船，若是埠船則用白篷，航船自然也是事同一律。

此外有戲班所用的「班船」，也是如此，因為戲班有行頭傢伙甚多，需要大量的輸送地方，便把船艙做得特別的大，以便存放「班箱」，艙面鋪板，上蓋矮矮的船篷，高低只容得一人的坐臥，所以乘客在內非相當局促的，但若是夜航則正是高臥的時候，也就無所謂了。

紹興主要的水路，西邊自西郭門外到杭州去的西興，東邊自都泗門外到寧波去的曹娥，沿路都有石鋪的塘路，可以供舟夫拉縴之用，因此夜裡航行的船便都以塘路為標準，遇見對面的來船，輒高呼曰「靠塘來」，或「靠下去」，以相指揮，大抵以輕船讓重船，小船讓大船為原則。旅客的船錢，以那時的價格來說，由城內至西興至多不過百錢，若要舒服一點，可以「開鋪」，即攤開鋪蓋，要占兩個人的地位，也就只要二百文好了。

航船中乘客眾多，三教九流無所不有，而且夜長岑寂，大家便以談天消遣，就是自己不曾插嘴，單是聽聽也是很有興趣的。十多年前做過《往昔三十首》，裡邊有一篇《夜航船》，即是紀念當年的情形的，今抄錄於後：

「往昔常行旅，吾愛夜航船。船身長丈許，白篷竹葉苫。旅客顛倒臥，開鋪費百錢。來船靠塘下，呼聲到枕邊。火艙明殘燭，鄰坐各笑言。秀才與和尚，共語亦有緣。堯舜本一人，澹台乃二賢。小僧容伸腳，一覺得安眠。晨泊西陵渡，朝日未上簷。徐步出鎮口，錢塘在眼前。」

我這裡又來引一段古人的文章，來做注腳。這是出在張宗子的《瑯嬛文集》卷一的《夜航船序》裡，文云：

「昔有僧人與士子同宿夜航船，士人高談闊論，僧畏懾，拳足而寢。僧聽其語有破綻，乃曰，請問相公，澹台滅明是一個人，是兩個人？士子曰，是兩個人。僧人曰，這等，堯舜是一個人，是兩個人？士子曰，自然是一個人。僧人乃笑曰，這等說起來，且待小僧伸伸腳。」

二八　西興渡江

「七月三十日，晴。晨至西興，落俞天德行。上午過江，午至斗富三橋沈宏遠行，下午下駁船，至拱辰橋，下大東小火輪拖船。」日記上簡單的記載如此，現在來說得稍為詳細一點吧。

西興是蕭山縣的一個市鎮，也即是由紹興西郭北海橋到杭州的第一個驛站，計程是水路九十裡。這雖是一個小鎮，可是因為是通達杭滬寧漢各大商埠，出入必由之路，所以著實繁盛，比那東路通達寧波的曹娥站，要熱鬧得多了。

講到市面來，也只是平常的一個市鎮罷了，卻自有一種驛站的特色，這便是有許多的「過塘行」，專門管理客貨，上邊所說的俞天德行就是其一，又在第二十五節裡我提到盛七房，那也是一家過塘行，不過不稱什麼行而已。

過塘行的隔壁或對門，照例是一家小飯店，那裡的店主兼夥計十分有禮貌，看見客人落行洗過了臉，便過來招呼，請在他那裡吃便飯。客人反正是要吃飯的，而且盛情難卻，也便欣然應命，自己命駕前去，或者懶得行動，要叫送過來吃，也無不可。

店主人又很是殷勤的推薦「下飯」的小菜，總是些紹興的家常菜蔬，無非那些煎魚烤蝦醃鴨子之類，吃得很是舒服而並不怎麼耗費的。這裡主客歡然作別，隨後是過塘行了，要挑行李過江反正是有定價的，而且東西也一件都不會失落，若是要坐轎，也可以代雇，這要看潮水漲落移動，沙灘路程長短而定時價，但總也定得公道，不大會得超出一元錢的。你同過塘行的主人也歡然別過之後，便可以準備過那錢塘江了。

過錢塘江是一件危險的事，恐怕要比渡黃河更為危險，因為在錢塘江裡特別有潮汛，在沒有橋也沒有輪渡的時候這實在是非常可怕的。但是這在我們水鄉的居民這算得什麼事呢？實在是，也哪裡顧得這許多呢？

身邊四面都是河港，出門一步都是用船，一層薄板底下，便是沒有空氣的水。我們暫時稱強便只在水上的一刻，而一生中卻是時時刻刻都可以落到水中去，若要怕它豈不是沒有工夫做別的事情了嗎？但從積極的方面去想，那些渡船上的「老大」，都是飽經風險過來的，我們倚靠著他，是決不會出什麼危險的。

過渡雖是安全了，可是上船的這一幕，卻仍不免有多少危險。那些坐轎的君子是可以不必愁的，只有徒步的人，看見那很長的許多「跳板」，難免要心驚肉跳了。特別是沙灘淺而遠，渡船不能靠近的時候，需要跳板接出來，而這跳板長而且軟，前面有人走著，兩條板一高一低，後邊走的著實困難，差不多要被下水去的樣子。等到上了船，這才可以安心了，因為沙灘只在西興這邊才有，杭州那面的松毛場是渡船可以靠岸停泊的。

上了渡船之後，還得要看那天的風色，這並不是占卜天候如何，乃是這裡是不是順風，或雖是偏風而可以利用風篷的。如若可以利用，那麼百事大吉，只消掛上布帆，便一直前去了。萬一全然不能利用，則乘客就大倒其楣，要洗耳恭聽船夫的各種惡罵了。一隻渡船的船夫本來就只是三四個人，不使帆時須憑搖櫓是不夠用的，所以須得由乘客義務的幫著去搖。據渡船不文律的規定，凡坐轎的和徒步而穿長衫的都照例得免，其抬轎挑腳，及一切短衣人等則均有幫搖的義務。有些乖覺的人看見風帆空懸著的時候，便自動的去搖櫓，到了適當時節就可以退了下來，但懶人到底居多，船夫看搖櫓的人不夠，就開始說話，起初是一般的要請，其次則指名，如說那位戴涼帽的，那個抽旱煙的，最後則破口大罵了。

紹興船夫的善於罵人，是向來很著名的，似乎別處也是一樣，辱及祖先，並及內外姻親，很是惡毒難聽，可是有一點很是奇怪，它決不侵犯對方的配偶方面的。因此我頗疑心，此乃是詛咒而非是罵詈，蓋詛咒對方為是亂倫的事，若是牽涉其配偶，那麼便是夫婦的「敦倫」，不成其為咒罵了。可是罵的雖是厲害，也有聽的恬然毫不為意的，終於不去搖櫓，這時候渡船也就快到埠頭，大家不一會兒一哄而散了。

二九　拱辰橋

斗富三橋的沈宏遠行也是與俞天德行同性質的一家過塘行，旅客借他的地方略為休息之後，便下駁船，往拱辰橋，船錢大約是一角吧。不知道有多少里路，坐在船上總要花費三四小時，這是在狹窄的內河裡行走，須用竹篙來撐，所以花的時候很多。

在將近拱辰橋的地方，須得過一個「壩」，這乃是一個土坡，介在內河外江的中間，船隻經過這坡，須用繩索絡在船首，用絞盤倒拖上去，普通總是外江水漲，所以出去很是費力，進來便只是順流而下罷了。有些地方內外河距離頗遠，所以過壩費事得很，須得把船抬著走一段路，像拱辰橋的要算是最便利的了。

拱辰橋是杭滬運河的盡頭，在那裡開闢商埠，設有租界，像上海似的，論理是應該很繁華熱鬧，但在那裡設有租界的只有日本，諸事苟簡，很不像個樣子，可是既名夷場，總有些玩藝兒，足夠使得鄉下有幾個錢的人迷魂失魄的了。

我從南京回家，一共有過四五次，那麼總也有八九回要走過拱辰橋，卻不曾下去細細觀察過，總只是從駁船跳到拖船上，所見到感到的只有那渾濁汙黑的河水，煙霧昏沉的天空，和喧囂雜亂的人聲而已。

有一回，我卻終於上岸去了，這也不記得哪一年，總之是在夏天，平常小火輪要走上兩夜一天才到，這時不知是什麼緣故，只走了一晝夜就到了。前天下午四時上海開的船，到第二天的傍晚已到了拱辰橋，想要進城已經來不及，而船到了埠便不讓客人在船上過夜，所以唯一的辦法只有上陸去。

這是我第一次瞻仰拱辰橋商埠，結果乃使我大大的吃驚，以後便不敢賜顧了。我住在一家客棧裡，隔壁便是一個「野雞」的住房，剛才要了一碗湯麵來吃，茶房就來勸駕去「白相」，接著那「小姐」和她的「大姐」（大應照方音讀若渡或陀）也親自過來，苦口婆心的勸說。好容易總算打發走了，預備睡覺，則帳子裡的臭蟲實在厲害，走出外邊則蚊蟲又多得很，而且白相也似乎沒有生意，隔壁的主僕喁喁的說閒話，雖是低聲卻也聽了實在心煩。混過了半夜，到了天濛亮的時候趕緊下樓去找茶房，搬行李下駁船進城去了。拱辰橋就只這一回上去過，以後沒有再上去的勇氣了。

由拱辰橋開往上海的小火輪，那時計有兩家公司，即戴生昌與大東。戴生昌首先開始，大東是日本人開的，繼之而起，又加以改良，戴生昌係是舊式，散艙用的是航船式的，艙下放行李，上面住人，大東則是各人一個床鋪，好像是分散的房艙，所以旅客多喜歡乘坐大東。價錢則是一樣的一元五角，另外還有一種便宜的，號稱「煙篷」，係在船頂上面搭蓋帳幕而成，若遇風雨則四面遮住，殊為氣悶，但價錢也便宜得多，只要八角錢就好了。普通在下午四時左右開船，次日走一天，經過嘉興嘉善等處，至第三天早晨，那就一早到了上海碼頭了。

三〇 青蓮閣

我們於辛丑（一九〇一）八月初二日到上海，在那裡耽擱三天，初四日乘輪船出發，至初六日上午到南京。據日記上所載如下：

「初二日，晴。晨至上海，寓寶善街老椿記客棧。上午至青蓮閣，啜茶一盞。夜至四馬路春仙茶園看戲，演《天水關》《蝴蝶杯》二劇，歸寢。

初三日，晴，在上海。

初四日，晴。下午，下江永輪船。夜沈子香失去包裹一個，陳文玲亦來。夜半開船，至吳淞口，已五更矣。舟行震動，甚覺不安。

初五日，晴，在舟中。

初六日，晨小雨，至江陰雨止，到鎮江，上午至南京下關。」

當時上海洋場上所特有的東西，第一是洋房和紅頭巡捕。但這與過客無緣，住的客棧是中國舊式房子，平常出去只要不在馬路邊上小便，也不會碰見印度巡捕的麻煩，若是在小巷裡那是照例可以的。

其次多的便是「野雞」。她們散居在各處衖堂裡，但聚集最多的地方乃是四馬路一帶，而以青蓮閣茶樓為總匯。所以凡往上海觀光的鄉下人，必定首先到那裡去，我們也不是例外。那裡茶也本來頗好，不過「醉翁之意不在酒」，目的乃是看女人，你坐了下來，便見周圍走著的全都是做生意的女人，只等你一句話或者示意，便兜搭著坐下了。

樓上內部是售賣鴉片煙的，放著一張張的精巧的臥榻，可以容得兩個人對抽，五光十色的尤其可觀。

青蓮閣外邊有一個很特別的書攤，擺攤的姓徐，綽號叫作「野雞大王」，除普通書報以外，還帶賣各種革命刊物，那時還沒有什麼東西出版，後來我看見的那些《新廣東》和《革命軍》，便都是從他那裡得來的。這也可以說是青蓮閣外的一個奇人吧。

上海的「茶園」那時由我們看來也是頗特別的。在紹興還只有「社戲」，是地方上出分子，會首去招戲班來，在廟臺上或是搭台開演，各人可以自由站立著看，不費一文。我上文講的「杏花寺」演戲，便是那一種類，其在鄉間把戲臺搭在半河的，便於在船上觀看，尤其方便。社戲的戲班不是「高調」，就是「亂彈」，後來有所謂「徽班」者出現，但演的仍舊是紹興府下的人，總之不是京戲。

上海的「茶園」，蓋是仿北京的什麼茶樓而起，以吃茶為名，附帶的看戲，但也似乎不是京戲，因為記憶起來，雖是十分模糊了，不記得有嗳嗳嗳的力竭聲嘶的叫喚模樣。地方戲我都看得，就只是那京戲裡老生的唱法，在一個字的母音上拉長了變把戲，這和中醫的醫理一樣，我是至今不敢領教的。

紹興城內有新式戲園，可以買票去聽的，還是始於布業會館，是一個姓陶的賣布商人仿照上海開辦，時間已經在民國初年了。那時演的是所謂坤伶，民間稱髦兒戲，又稱「的篤班」，乃是現今越劇的前身，一經蛻化，真是光輝萬丈了。

從前有個同鄉的人曾經說笑話道：現今紹興酒不好吃了，善釀酒尤其甜俗得可以，以後替紹興揚名的恐怕要推越劇了吧。雖然說的是笑話，事情倒是實在的。

三一 長江輪船

這裡所要說的是上海地方的流氓以及「扒手」，他們對於旅客的惡事計分明暗兩種做法，暗的是偷竊行李，明的則是訛詐敲竹槓。他們並不全是本地人，乃係來自各處，以蘇北一帶為最多，因為接近淮河，地方十年九荒，流亡者多，以致「江北人」這一個名詞，在江南人心目中，含有特別的一種意義。他們分佈在長江一帶，以沿江碼頭及輪船為其活動地區，而以上海和漢口為總匯。他們有嚴密的組織，屬於什麼幫會，不過這些事情並非我們外人所能得知就是了。現在只就我個人所見所知，約略記述一二，以見一斑。

日記裡說封君的同班畢業生沈子香失掉了包裹一個，這就是著了扒手的道兒了。沈君乃是上海本地人，尚且不能預防，從別處地方來的自然更是難免了。大抵在船停著還未開行，或者中途停泊，都是他們最為活動的時節，你就是熬夜睜著眼睛看著，它也會從你的鼻子底下拿走的。但是他們很有規矩，對於自家人是決不侵犯的。關於這件事，我有過一個經驗，因為是親身經歷的，雖然事情並不關聯我自己。

有一回我從上海往南京，坐在長江輪船裡，可能是招商局的，也可能是太古或怡和公司的，因為長江裡的這三家的船都差不多，通常稱作「三公司」的船，碰著誰家就坐誰，雖然招商局是中國官督商辦，而太古怡和乃是外國商人所辦的。他們的船在各埠大抵都有「躉船」，讀若「頓船」，這乃是一種浮著的碼頭，可以隨著水位高下而升降，隨後再用橋樑似的東西與陸地相聯接，所以是頗為便利。

此外還有一家日本公司，因為開辦得遲，不但沒有躉船，沿路要停泊在江心，用擺渡上岸，而且上海的碼頭又在對岸浦東，也須得過渡，更多有流氓活動的餘地，因此旅客對於這一家的船特別懷有戒心，不敢輕易搭乘的。

總之我趁的是三公司船，老早就已上去，雖然占不到十分好的位置，也還是適中的得到一個中層的散艙鋪位，看看時間漸晚，來者愈多，後來不但是沒有床位，連床位中間的空隙也有人打開鋪蓋來了。

我的床位前面，卻來了一位衣服華麗的旅客，穿的大概是寧綢吧，約在四十以上年紀，看情形也似乎是上等人，在攤開被鋪之後，開始抽起鴉片煙來。沒有什麼值得特別注意，我便不去看他了，這時大約船已開行，我也朦朧的假寐一會兒，再睜眼看時已近半夜，那位闊客卻還是不睡，點著煙燈，不知是在抽煙，還是幹什麼。

那時忽然聽見有人走來，口裡一面罵著，一面四顧尋覓，好像要找一個人的樣子，嘴裡說著寧波話，意思是說「怎麼對我也開起玩笑來了」。那人走到闊客面前，便停了下來，也不說別的話，逕自屈身向他懷中掏摸，便嘰哩咕嚕的拉出一連串的東西來，乃是一隻表和它的索子。拉出表來之後，看也不一看，裝進自己的口袋裡，嘴裡還是嘮叨著，仍走原路回去，這邊的闊客則不作一聲，任他掏了表去，若無其事的樣子。

我看了心裡正自納悶，不曉得是怎麼一回事，及至回頭再來注意闊客時，則不知在什麼時候已經收拾了煙盤和鋪蓋，搬到別處去了。這時才瞭解這是他錯拿了同幫的人的東西，所以弄得當眾出醜，露出了馬腳，只好偷偷的躲避過了。

另外一件事，乃是當事人告訴我的，所以也是的確可靠。此人我們姑且叫他小土，乃是北大校長蔣夢麟的得力的秘書，在張作霖進京做大元帥的時節，逃出北京，由天津南歸，是一九二七年的事。

當時他率領妻子，並且帶有若干件行李，生怕在上海碼頭上遇著流氓要敲他的竹槓，所以他預先寫信，通知北新書局的李老闆，請求照顧一下。李小峰雖是他住同安公寓時節的老友，應當給他幫忙的，但李老闆乃是有名的忠厚老實人，恐怕沒有什麼力量，不過久在上海，總可以代找一個「場面上人」替他出一臂之力吧。

及至輪船到了「金利源碼頭」，看不見救兵的來，只見黑壓壓兒站滿了腳夫流氓，小土這才著了忙，眼看那些行李都被運到碼頭，東一件西兩件的分散放著，這是流氓的照例的做法，教人不好照管，以便從中做些手腳。其時才見李老闆到場了，仍然咧著嘴笑，隨帶著一個人，卻是衣裳楚楚的白面書生，不像是個虯髯著短後衣保鑣人的模樣。

小土這時心想百事休矣，行李準定要失少一半了，可是那書生不動聲色，和主人招呼過後，便回轉來對腳夫罵了一句，這是極普通的罵法，因為用的太廣泛了，有點失去了原來惡意，猶如紹興的「仰東碩殺」——見於《雜纂四種》序中所引用的魯迅書簡中，算不得什麼罵了。原語當然是句上海話，彷彿是什麼「觸傢娘」之類，可是這句話一說，恍如五雷真訣一樣的有靈，聽的人聳然震動，立刻把分散的行李歸在一處，立在旁邊聽候吩咐。

書生乃問明行李件數，再查問流氓頭兒的姓名，叫留下幾名挑夫，責成頭子阿什麼負責送到什麼地方。吩咐既畢，便對主人說道：「我們走吧。」各自分路而去，小土到了地點，果然見行李隨到，一件都不短少，挑夫各受應得的工資而去。

小土隨後告訴我這件經過，他說他還清清楚楚的記得那句真言，後來遇著機會很想依樣壺盧的來試它一試，可是也就害怕，生怕真如五雷真訣一樣，萬一念的不很準確，不但不見靈驗，還會惹得雷火燒身，所以不敢照樣的做。但是傳到了我的手裡，這句真言只存了大意，已經把原語也已失傳了。

三二　路上的吃食

從前大凡旅行，路上的吃食概歸自備，家裡如有人出外，幾天之前就得準備「路菜」。最重要的是所謂「湯料」，這都好吃的東西配合而成，如香菇，蝦米，玉堂菜就是京冬菜，還有一種叫做「麻雀腳」的，乃是淡竹筍上嫩枝的筍乾，曬乾了好像鳥爪似的。它的用處是用開水沖湯，此外當然還有火腿家鄉肉，這是特製的一種醃肉，醬雞臘鴨之類，是足夠豐美的。後來上海有了陸稿薦紫陽觀，有肉鬆薰魚，及各種小菜可買，那就可以不必那麼預備了。

由杭州到上海的路上，船上供給旅客的飯食，而且菜蔬也相當的好。房艙二十個人一間，分作前後兩截，上下兩層床鋪各占一人，飯時便五個一桌，第一天供應晚餐一頓，次日整天兩頓，都在船價一元五角之內，這實在要算便宜的。

滬寧道中船票也是一元五角，供應餐數大略相同，可是它只管三頓白飯，至於下飯的小菜，因為人數太多，也實在是照管不來了。這且不談也罷，那輪船裡茶房對客人的態度也比較的差，譬如送飯來的時候，將裝飯的大木桶在地上一放，大聲喊道：「來吃吧！」這句話意思是如此，可是口調還有不同，彷彿有古文裡所謂「嗟，來食」之意，而且他用寧波話說，讀作「來曲」，這自然更不好聽了。不過那時候誰也計較不得這些，只等到「來曲」一聲招呼，便蜂擁的奔過去，用了臉盆及各種合用的器具，儘量的盛飯，隨後退回原處，靜靜的去享用。這是杭滬以及滬寧兩條路上，不同的吃飯的情形。

路過各處碼頭，輪船必要停泊下來，上下客貨，那時有各種商人攜百貨兜售，這也是很有趣味的事。不過所記得的大抵以食物為多，即如杭滬道上的糕團，實在頂不能忘記的了。這種糕團乃是一種濕點心，是用糯米或粳米粉蒸成，與用麥粉所做的饅頭燒賣相對，似乎是南方特有的東西，我說南方還應修正，因為我在嘉興和蘇州看見過它，在南京便沒有了，北京所謂餑餑，乃全是乾點心而已。

大概因為兒時吃慣了「炙糕擔」上的東西，所以對於糕團覺得很有情分。魯迅也是熱愛糕團，因此在嘉興曾鬧過一個小小的笑話。他看見一種糕，塊兒很不小，樣子似乎很好吃，便問幾錢一塊，賣糕的答說「半錢。」他聞之大為驚異，心想怎麼這樣的便宜，便再問一遍，結果仍是「半錢」。他於是拿了四塊糕，付給他兩文制錢，不料賣糕的大不答應，吵了起來。仔細一問，原來是說「八錢一塊」，只因方言八半二音相近，以致造成這個誤會，這也是很有意思的一件事。

此外在滬寧路上，覺得特別記得的，是在鎮江碼頭停泊的時節，大約是以「下水」便是船向著長江下游走的時候居多，總在夜晚，而且因為貨多，所以停船的時間也就很長。那時便有一種行販，曼聲的說「晚米稀飯，阿要吃晚米稀飯。」說也奇怪，我沒有一回吃過它，因此終於不知道這晚米稀飯是怎麼一個味道，但想像它總不會得壞，而且也就永遠的記住了它。怕得稀飯裡會放進「迷子」這一類東西去，所以不敢去請教的麼？這未必是為此，只是偶然失掉了這機會罷了。

江湖上雖然盡多風險，但是長江上還沒有像《水滸》上的山東道上一樣，有這樣的危難。

可是後來有一年，我在禮拜天同伯升到城南去，在夫子廟得月臺喝茶，遇著一位巡城的「總爺」。他穿著長衫馬褂，頭戴遮陽的大草帽，手裡拿著一支藤條，雖是個老粗，卻甚是健談，與伯升很是說得來。

據他說，騙子手裡的迷藥確是有的，他曾經抓住過這樣的一個人，還從他問得配合迷藥的藥方。伯升沒有請教他這個方子，想來他也未必肯告訴我們，那麼何必去碰這個釘子。——而且或者他這番的話本來全是他編造的，拿來騙我們的也未可知呢。

三三　南京下關

到了南京下關，再走一步路，便是江南水師學堂，是我們此次旅行的目的地了。

南京也是長江上一個大碼頭，照例有些流氓，旅客上下也是很有些不方便的。下關是學堂的大門口，不能眼看受人家的欺負，所以非想個法子來抵制不可。好在那時學堂還算是歪路，當學生的也是一種「吃糧」的朋友，借了那一套紅青羽緞的操衣，一雙馬靴的裝備，穿起來像個「丘八」的樣子，也就可以混進去了。

這是「自力更生」的辦法，還有一種是「他力」的，便是利用學堂裡的「聽差」，叫他去碼頭上接送。這些名叫王福徐貴的人，在學堂裡當聽差，伺候諸位「少爺」，但是他們卻自有地位，多是什麼幫會裡的人物，那時最有勢力的是青幫，其次是洪幫（當初還以為是紅幫，是顏色的區別呢），和所謂「安清道友」。叫他隨從著，不希望怎麼幫忙，但已足夠阻止他們的進攻，這就盡夠好了。

說起校役中多有幫會的人，真是周知的事情，誰也用不著怎麼驚怪的。從前我在學堂裡的時候，漢文講堂有一個聽差，名字也無非王福劉貴之類，只是模樣很是奇異，所以特別記得。他的辮髮異常粗大，而且編得很鬆，所以腦後至少有一尺頭髮，散拖著不曾編辮，這怪樣子是足夠驚人的。那時有革命思想的人，很討厭這辮髮，卻不好公開反對，只好將頭髮的「頂搭」剃得很小，在頭頂上梳起一根細小的辮子來，拖放在背後，當時看見徐錫麟便是那個模樣的。如今所說鬆編的大辮子卻正是相反，雖然未必含有反革命的意義，總之不失為奇裝異服的一種，有些風厲的地方官，看見了就要懲辦的。

我們上漢文講堂，因為暫時不曾看見那副怪相，有一天便問那後任的聽差，說那人哪裡去了，他的後任若無其事似的坦然回答道：「他麼，被他們幫裡做掉了。」我們知道他們幫裡的「行話」，所謂做掉，就是說他違反幫規，依照最高的法律，將他消滅了，其執行辦法，則據傳說是辦一桌酒，請他吃了，隨後傳達命令，請他自裁，若是不能辦到，便裝入一個口袋內，扔到長江裡去了事。這是傳說如此，究竟事實若何，那就不能知道，但總之那大辮子之被做掉，乃是確實的事情，而且眾人皆知，毫無隱諱，在此活生生的事實前面，足證幫會勢力在南京是如何的活躍了。

江南水師學堂靠近下關，下關乃是輪船碼頭，有相當的店鋪市街，所以是頗為方便的。我們說是靠近，其實還隔著一座城，也有幾里路，不過比往南走，到北門橋去要近得多，而且輪船開行時放汽的聲音也聽得見，所以感覺得很近就是了。

江邊因為洋船上下，所以特別設了幾家「辦館」，這是一種簡單的洋貨店，但其重要職務則是在給洋人代辦食物，所以有此名稱，不過我們也可以買到些東西，如「摩爾登糖」和一種成聽的普通方塊餅乾，價廉而物美，所以也是很方便的。

再過來便是新開的郵政局，以上是在江幹的一塊地方，也就是惠民橋的那邊，其普通市街則是在橋的這一邊。惠民橋下因為要通船隻，都是豎有很高的桅竿的，而橋上面又要通車馬，所以橋是做得可以開關的，一不湊巧遇著開橋的時候，便須等候著，要花費個把時辰。

橋的這邊有一道橫街，道路很狹，有各種街鋪，最後至江天閣，可以吃茶遠眺，顧名思義當是可以望見長江，其實也只是一句話而已。由惠民橋沿著馬路進城，走上一個頗長的高坡，就是儀鳳門，門的左手是獅子山，上邊設有炮臺，但是沒有上去過，那裡駐守的官兵是不准閒人去看的，本來炮臺哪裡可以隨便看得呢？可是那裡洋人卻可以上去「遊覽」的。過了儀鳳門走不多遠，就可以望得見機器廠的大煙通了，雖然是煙通終年到頭不冒煙，但總之煙通是在那裡，那即是我們的水師學堂了。

三四　入學考試

等考學堂，平常必須暫住客棧，而且時間久暫不能預定，花費也就不小，幸而我有本家的叔祖在學堂裡當管輪堂的監督，可以寄寓在他那裡，只要每月貼三塊錢的飯錢給廚房就行了。

我於八月初六日到來，初九日即考試額外生，據當日舊日記說是共有五十九人，難道真是有那麼多嗎，現在卻也記不清了。考的是作論一篇，題云：

「雲從龍風從虎論。」一上午做了，日記上說有二百七十字，不知是怎麼說的，至今想起來也覺得奇怪。

十一日的項下說：

「下午聞叔祖說，予卷係朱穎叔先生延祺所看，批曰文氣近順，計二十本，予列第二，但未知總辦如何安排耳。」

朱穎叔係杭州人，亦是水師學堂的漢文教習，其批語很有意思，文氣只是「近」順，可見也還不是真正順了。但是十六日出榜，取了三名，正取胡鼎，我是備取第一，第二是誰不記得了。我頗懷疑我這列了備取第一，是很有情面關係的，論理恐怕還應名落孫山才是呢。

十七日覆試，更是難了，因為題目乃是十足的八股題：「雖百世可知也論。」以後不曾放榜，大概這樣就算都已考取了吧，到了九月初一日通知到校上課。

這兩回的論題真是難的很，非是能運用試帖詩八股文的作法者都不能做得好，初試時五十幾個人一齊下了第，就是我們三人也不知怎樣逃過第二難關的，因為那要比第一個題目更是空洞了。

覆試的結果雖是不曾發表，據說也是胡鼎的卷子做得最好，因為他在末後說西洋有一種新的學問，叫做哲學，彷彿說憑了這個，就可以推知百世以後的事情。在那時候國文教員聽見了這個新名詞，的確要大吃一驚的。——可是且慢，難的還在後頭，我們上課一個月之後，遇著全校學生漢文分班考試，策論的題目如下：

「問孟子曰，我四十不動心，又曰，我善養吾浩然之氣，平時用功，此心此氣究如何分別，如何相通，試詳言之。」

列位看了這個題目，有不對我們這班苦學生表示同情的麼？

一星期後榜出來了，計頭班二十四名，二班二十名，其餘都是三班，總有五六十吧，大抵什九是老班學生，大家遇到此心此氣，簡直是一敗塗地了。

這入學考試的兩個題目乃是總辦方碩輔自己所出，就只是難做而已，還可以從字面來敷衍，後來請來了一位桐城派大家，又是講道學的，向我們講話，首先提出須得每人備一部《古文詞類纂》，及至考問「平時用功」，就叫做那條策問，這便是那題目的來源。

那一次漢文分班考試我也混過去了，結果還考列頭班的二十名，現在想起來還要出冷汗，不知道那裡是怎麼樣的胡說八道的，當時考卷如能找得到，倒的確想要看它一看呢。

三五　學堂大概情形

江南水師學堂本來內分三科，即是駕駛，管輪和魚雷，但是在一九〇一年時魚雷班已經停辦，駕駛與管輪原設有頭二三班，預定每班三年，那時候三班也已裁去，事實上又不能招收新生直接加入二班，所以又改頭換面的添了一種副額，作為三班的替代。

招生時稱為額外生，考取入堂試讀三個月，甄別一次，只要學科成績平均有五成，就算及格，比後來的六十分還要寬大，這之後就補了副額學生了。各班學生除膳宿，衣靴，書籍儀器，悉由公家供給外，每月各給津貼，稱為贍銀，副額是起碼的一級，月給銀一兩，照例折發銀洋一元，制錢三百六十一文。

我自九月初一日進堂上課，至十二月十三日掛牌准補副額，凡十二人，遂成為正式學生，洋漢功課照常進行，兵操打靶等則等到了次年壬寅（一九〇二）年三月，發下操衣馬靴來，這才開始。

我這裡說「洋漢功課」，用的係是原來的術語，因為那裡的學科總分為洋文漢文兩大類，一星期中五天上洋文課，一天上漢文課。洋文中間包括英語，數學，物理，化學等中學課程，以至駕駛管輪各該專門知識，因為都用的是英文，所以總名如此。各班由一個教習專任，從早上八時到午後四時，接連五天，漢文則另行分班，也由各教習專教一班，不過每週只有一天，就要省力得多了。就那時計算，校內教習計洋文六人，漢文四人，兵操體操各一人，學生總數說不清，大概是在一百至一百二十人之間吧。

講到學堂的大概情形，須得先把房屋來說明一下才行。

從朝東的大門進去，一條闊長的甬道，二門朝南，偏在西頭，中間照例是中堂簽押房等，附屬有文書會計處。後邊乃是學生的飯廳，隔著院子南北各三大間，再往北是風雨操場，後面一片廣場，豎立著一根桅竿，因為底下張著粗索的網，所以占著不小的面積。以上算是中路。

東面靠近大門，有一所小洋房，是給兩個頭班教習住的，那時駕駛的是何利得，管輪的是彭耐爾，都是英國人，大概不過是海軍的尉官吧。隔牆一長埭是駕駛堂，向西開門，其迤北一部與操場相並，北邊並排著機器廠與魚雷廠，又一個廠分作兩部，乃是翻沙廠與木工廠。到這裡東路就完了。

西路南頭是一個小院子，接著是洋文講堂，係東西兩面各獨立四間，中為磚路甬道，小院有門通外邊，容洋教習出入，頭班講堂即在南頭，其次為二三班，北頭靠東一間原為魚雷講堂，靠西的是洋槍庫。漢文講堂在其東偏，係東向的一帶廂房，介於中路與東路之間。洋文講堂之北是一小塊空地，西邊有門，出去是兵操和打靶的地方，乃是學堂的外邊了。

管輪堂即在此空地之北，招牌掛在向東的牆外，也是一長埭，構造與駕駛堂一樣。後面西北角舊有魚雷堂，只有十幾間房屋，東鄰是一所關帝廟。這裡本來是一個水池，據說是給學生學游泳用的，因為曾經淹死過兩個年幼的學生，所以不但填平了，而且還造了一所「伏魔大帝」的廟。廟裡住著打更的老頭子，他在清朝打過太平軍，是個不大不小的「都司」，我在將來還要說到他，現在只是講房屋，所以只能至此為止了。

三六　管輪堂

管輪堂坐北朝南，長方一塊。外院南屋一排九間，中間是走向洋文講堂等處的通路，其餘是教習的聽差和吹號人等所住的房間。北屋也有九間，中間通往宿舍，左右住著教習們，中央靠東的一間是監督所住。

院子的東牆開一頭門，外掛管輪堂三字的木板，接著是一條由西北往東南的曲折的走廊，走到飯廳，穿過那院子，再往南折，便是出門去的路。內院即是學生的宿舍，這建築在光緒初年，與後來北大清華的新宿舍迥不相同，或者多分近似舊書院的制度也未可知。那是一個大院子，東西相對各是十六間的平房，門外有廊，其第八間外面中蓋有過廊，所以不能使用，空著不算，號舍共總算是三十間，這大概總占地面五分之四吧，還有西邊五分之一，則是聽差的住處，由那空間的通路走到宿舍裡來，那裡的一條長衖往北去可以通到便所，往南則是茶爐，再出去就是監督的門口了。

宿舍定規每間住兩個人，照例一人發給床板一副，床架有柱，可掛帳子，兩抽屜半桌一張，凳子一個，大書架，箱子架和面盆架各一個，可以夠用。又油燈一盞，油錢二百文，交給聽差辦理，若是要點洋油燈，則須自己加添一百文，那玻璃油壺的洋燈也須得自己置辦。大抵當副額時只好用香油燈對付，到得升了二班，便可換用洋燈，但這只是說那窮學生，後來有些帶錢到學堂裡來用的人，那也就並不是那麼寒酸的了。

宿舍南北兩邊都是板壁，東西一面開門，旁邊是兩扇格子糊紙的和合窗，對面中間開窗，是直開的玻璃門，外邊有鐵柵欄。房間裡佈置沒有一定，可以隨各人的意思，但是歸結起來，大抵也只有三類。甲式是床鋪南北對放，稍偏近入口，桌子也拼合放在玻璃窗下，兩人對坐，書架衣箱分列坐後。這種擺法房內明朗，空氣流通，享用平等，算是最好，但這須二人平日要好，才能實行。

乙式是床鋪一橫一直，直的靠板壁一面，橫的背門靠對面的板壁，空間留得稍大，桌子可以拼合，也可一人靠近窗下，一人在橫放的床前壁下，便於各做各人的事。

丙式是最差的一種辦法，床鋪也是一橫一直，不過橫的在裡邊，如乙式而略向前，約占房間的大半，而直的則靠近門口放在窗下，本來也只一小半，又空出門口一段，實際上他所有的才是全部三分之一罷了。

新生入堂，被監督分配在有空位的那一號裡去住，不但人情不免要欺生，而且性情習慣全不瞭解，初步隔離的辦法也不算壞，雖然在待遇上要吃些虧。日久有朋友，再來請求還居別號，或者與居停主人意氣投合，也會得協議移動床位。其有長久那麼株守門口的人，大抵總有什麼緣故，與人合作不來，只好蟄居方丈（實在還不到一方丈）的斗室中了。三者之中，以甲式最為大方，因為至少總沒有打馬將什麼這種違法的企圖也。

三七　上飯廳

學生每天的生活是，早晨六點鐘聽吹號起床，過一會兒吹號吃早飯，午飯與晚飯都是如此。說到吃飯，這在新生和低年級生是一件難事，不過早飯可以除外，因為老班學生那時大都是不來吃的。他們聽著這兩遍號聲，還在高臥，廚房按時自會有人托著長方的木盤，把稀飯和一碟醃蘿蔔或醬萵苣送上門來，他們是熟悉了哪幾位老爺（雖然法定的稱號是少爺）是要送的，由各該聽差收下，等起床後慢慢的吃。

這時候飯廳裡的坐位是很寬裕的，吃稀飯的人可以隨便坐下來，從容的喝了一碗又一碗，但是等到午飯或是晚飯，那就沒有這樣的舒服了。飯廳裡用的是方桌，一桌可以坐八個人，在高班的桌上卻是例外，他們至多不過坐六人，坐位都有一定，只是同班至好或是低級裡附和他們的小友，才可以參加，此外閒人不能闌入。

年級低的學生，一切都沒有組織，他們一聽吃飯的號聲，便須直奔向飯廳裡去，在非頭班所佔據的桌上見到一個空位，趕緊坐下，這一頓飯才算安穩的到了手。在這大眾奔竄之中，頭班卻比平常更安詳的，張開兩隻臂膊，像是螃蟹似的，在曲折的走廊中央大搖大擺的踱方步。走在他後面的人，不敢繞越僭先，只能也跟他踱，到得飯廳裡，急忙的各處亂鑽，好像是晚上尋不著窠的雞，好容易找到位置，一碗雪裡蕻上面的幾薄片肥肉也早已不見，只好吃餐素飯罷了。

學堂裡上課的時間，似乎是在沿用書房的辦法，一天中間並不分作若干小時，每小時一堂課，它只分上下午兩大段，午前八點至十二點，午後一點半至四點，但於上午十點時休息十分鐘，打鐘為號，也算是吃點心的時間。關於這事，汪仲賢先生在《十五年前的回憶》（還是一九二二年所寫，所以距今已經是五十五年前了）裡有幾句話，說的很有意思：

「早晨吃了兩碗稀飯，到十點下課，往往肚裡餓得咕嚕嚕的叫，叫聽差到學堂門口買兩個銅元山東燒餅，一個銅元麻油辣醬和醋，拿燒餅蘸著吃，吃得又香又辣，又酸又點饑，真比山珍海味還鮮。」

這裡我只須補充說一句，那種燒餅在當時通稱為「侉餅」，意思也原是說山東燒餅，不過這裡用了一個雅號，彷彿對於山東人有點不敬，其實南京人稱侉子只是略開玩笑，並無別的意思，山東朋友也並不介意的。

這是兩塊大約三寸見方的燒餅連在一起，中間勒上一刀，拗開來就是兩塊，其實看它的做法也只是尋常的燒餅罷了，但是實在特別的好吃，這未必全是由於那時候餓極了的緣故吧？

但是這做侉餅的人，卻有一種特別的習慣，很是要不得的，即是每逢落雨落雪，便即停工，在茅篷裡打起紙牌來，因為茅篷狹小而打牌的人多，所以坐在門口的就把背脊露出在外邊。這於吃慣辣醬蘸侉餅的人非常覺得不方便，去問他為什麼今天不做侉餅，他就會反問道：「今天不是下雨麼？」為什麼下雨就做不成侉餅，這理由當初覺得不容易懂，但是查考下去，這也就明白了。下雨天沒有柴火，因為賣蘆柴的人不能來的緣故。

後來我問南京的人，已經不知有侉餅的名稱，似乎是沒有這東西買了，但是那麻油辣醬還有，其味道厚實非北京的所能及，使我至今不能忘記。

那十點鐘時候所吃的點心當然不止這一種，有更闊氣的人，吃十二文一件的廣東點心，一口氣吃上四個，也抵不過一隻侉餅，我覺得殊無足取，還不如大餅油條的實惠了。汪仲賢先生所說是一九〇一年左右的事，大概那種情形繼續到清朝末年為止，一直沒有變為每一小時上一堂的制度吧。

三八　講堂功課

洋文功課是沒有什麼值得說的，頭幾年反正教的都是普通的外國語和自然科學，頭班以後才弄航海或機械等專門一點的東西，倒是講堂的情形可以一講，因為那是有點特別的。

洋文講堂是隔著甬道，東西對立，南北兩面都是玻璃窗，及閘相對的牆上掛著黑板，前面是教習的桌椅，室內放著學生的坐位四排，按著名次坐。南京的冬天本不很冷，但在黑板左近總裝起一個小火爐來，上下午生一點爐火，我想大概原來是對付洋教習的吧，我們卻並不覺得它有什麼好處，特別如有一時期代理二班教習的奚清如老師，他還把桌子挪到門口那邊去，有點避之若浼的意思。

到了夏天，從天井上掛下一大塊白布做的風扇，由繩子從壁間通出去，有聽差坐在屋後小弄堂裡拉著，這也是毫無用處的東西，只是裝個樣子，後來學堂也作興放暑假若干天，那時候或者這也就取消了吧。

漢文講堂只是舊式的廂房，朝東全部是門，下半是板，上部格子上糊紙，地面砌磚，與洋文講堂比較起來差得多了，那些火爐風扇也並沒有，好在每星期只有一天，也就敷衍過去，誰都沒有什麼不平。還有一層漢文簡直沒有什麼功課，雖說上課實際等於休息，而且午後溜了出來，回到宿舍泡一壺茶喝，閒坐一會兒也無妨礙，所以這一天上課覺得輕鬆，不過那時要走間道，通過文書房到宿舍裡去，不是新生所能夠做到的罷了。

我說漢文功課覺得輕鬆，那是因為容易敷衍之故，其實原來也是很難的，但是誰都無力擔負，所以只好應付了事了。那時漢文教習共有四人，一位姓江，一位姓張，都是本地的舉人，又兩位是由駕駛堂監督朱，管輪堂監督周兼任，也是舉人，但兩個是浙江的人。總辦方碩輔是候補道，大概也是秀才出身吧，他的道學氣與鴉片煙氣一樣的重，彷彿還超過舉人們，這只要看入學考試和漢文分班的那些題目就可知道。

我的國文教員是張然明老師，辛丑十月的日記上記有幾個作文題目，今舉出二十日一個來為例：「問秦易封建為郡縣，衰世之制也，何以後世沿之，至今不改，試申其義。」

這固然比那「浩然之氣」要好一點，但沒法辦還是一樣的，結果只能一味的敷衍，不是演義便是翻案，務必簡要，不可枝蔓，先生一半因為改卷省力，便順水推舟，圈點了事，一天功課就混過去了。

這種事情很是可笑，但在八股空氣之下，怎麼做得出別的文章來呢。汪仲賢先生說：「有一位教漢文的老夫子說，地球有兩個，一個自動，一個被動，一個叫東半球，一個叫西半球。」

這不知道是哪一位所說的，我們那時代的教員還只是舊的一套，譬如文中說到「社會」，他誤認為說古代的結社講學，刪改得牛頭不對馬嘴，卻還不來摻講新學，汪先生所遇見的已經是他們的後輩，所以不免有每下愈況之感了。

三九　打靶與出操

吃過早飯後，在八點鐘上課之前，每天的功課是打靶，但是或者因為子彈費錢的緣故罷，後來大抵是隔日打一次了。

打靶是歸兵操的徐老師指揮的，那時管輪堂監督暫兼提調，所以每回總是由他越俎經管，在一本名冊上簽注某人全中，某人中一兩槍，或是不中。後來兵操換了軍隊出身的梅老師，打靶也要先排好了隊出去，末了整隊回來，規矩很嚴了，最初卻很是自由，大家零零落落的走去，排班站著，輪到打靶之後，也就提了槍先回來了，看去倒很有點像綠營的兵，雖然號衣不是一樣。

老學生還是高臥著聽人家的槍聲，等到聽差一再的來叫，打靶回來的人也說，站著的人只有兩三個了，老爺們於是蹶然而起，操衣褲腳散罩在馬靴外邊，蓬頭垢面的走去，不管三七二十一的開上三槍，跑回宿舍來吃冷稀飯，上課的鐘聲也接著響了起來了。

學堂以前打靶只是跪著放槍，梅老師來後又要大家臥放立放，這比較不容易，不免有些怨言，但是他自己先來，也不管草裡泥裡，隨便躺倒，拿起槍來打個全紅，學生們也就無話可說，古人云「以身教者從」，這話的確是不錯的。梅老師年紀很輕，言動上有些粗魯的地方，但也很有直爽，因此漸漸得到學生的佩服，雖然我因為武功很差，在他所擔任的教科中各項成績都不好，和他不接近，但是在許多教習中，我對於他的印象倒要算是頂好的。

午飯吹號召集體操，這有點不大合於衛生，但這些都沒有排在上課時間裡，因為那時間是整個的被洋文漢文所占去了，所以只好分配到上課的前後去了。新生只舞弄啞鈴，隨後改玩那像酒瓶似的木製棍棒，有點本事的人則玩木馬，雲梯及槓桿等，翻跟斗，豎蜻蜓的把戲，雖然平日功課不大好，但在大考時節兩江總督會得親自出馬，這些人便很有用處，因此學校裡對於他們也是相當的看重的。

每星期中爬桅一次，這算是最省事，按著名次兩個人一班，爬上爬下，只要五分鐘了事，大考時要爬到頂上，有些好手還要蝦蟆似的平伏在桅尖上，平常卻只到一半，便從左邊轉至右邊，走了下來了。

最初的教習是林老師，乃是本校老畢業生，年紀並不大，因為吃鴉片煙，很是黑瘦，他只是來喊幾句英語號令，他的本領大概也只能玩那種棍棒而已。後來更換來了新軍出身的梅老師，那是一位很有工夫的人，諸事都整頓起來了，但是爬桅也歸了他指導，這於他多少是覺得有點彆扭的。

兵操在晚飯以前，雖然不是天天有，但一星期總有四次以上吧。梅老師之前教操的是一位徐老師，不知道他的履歷，彷彿聽說也是陸軍出身，平時下操場他自己總還是穿著長袍，所以空氣很是散漫，只是敷衍了事。到得考試時候，照例有什麼官來監考，多是什麼「船主」之類，那一天裡他這才穿起他的公服來，水晶頂的大帽，身穿馬褂，底下是戰裙似的什麼東西，看去有點滑稽，彷彿像是戲臺上的人物。

四〇　點名以後

出操回來，吃過晚飯之後，都是學生自己所有的時間了。用功的可以在燈下埋頭做功課，否則也可以看閒書，或者找朋友談天，有點零錢的時候，買點白酒和花生米或是牛肉，吃喝一頓，也是一種快樂。

到了九點三刻，照例點名，吹號不久，即由監督同著提了風雨燈的聽差進來，按著號舍次序走過去，只看各號門口站著兩個人便好，並不真是點呼，這樣就算完了。十點鐘在風雨操場上吹就眠的號，那裡有廚房裡所養的兩隻狗，聽了那一套號聲，必定要長嗥相和，就是發出那做狼時代的叫聲，數年來如一日，可是學生們聽了卻毫不關心，要用功或談天到十二點一點都無所不可，問題只是燈油不夠，要另外給錢叫聽差臨時增加，因為一個月三百文的洋油，每天一定的分量是不大多的。

兩堂宿舍中以管輪堂第十六至三十號這一排為最好，因為坐東朝西，西面是門，有走廊擋住太陽，東窗外是空地，種著些雜樹，夏天開窗坐到午夜，聽打更的梆聲自遠而近，從窗下走過，很有點鄉村的感覺。後來回想起來，曾寫過一首打油詩以為紀念，其詞云：

「昔日南京住，匆匆過五年。炎威雖可畏，佳趣卻堪傳。喜得空庭寂，難消永日閒。舉杯傾白酒，買肉費青錢。記日無餘事，繙書盡一編。夕涼坐廊下，夜雨溺門前。板榻不覺熱，油燈空自煎。時逢擊柝叟，隔牖問安眠。」題目乃是「夏日懷舊」，原是說暑假中的事情的。所說打更的人，便是那位都司君，那時已有六十多歲的光景，一個人住在關帝廟裡，養著幾隻母雞，有時隔著窗門來兜售他的雞蛋，我因為住在路東的第二十三號宿舍，所以多有機會，和他打這種交道的。

星期日照例是宿舍一空，凡是家住城南的學生都回家去了，一部分手頭寬裕的也上夫子廟去遊玩，其次也於午後出城到下關去，只有真是窮得連一兩毛錢都沒有的才留在學堂裡閒坐。

這所謂週末空氣，在星期六下午便已出現，出操回來之後，本城學生便紛紛告假回去，大抵要到星期日點名前才回校來，但也有少數的節儉家特別要吃了星期六的晚飯後才去，次日也於飯前趕回學堂，魯迅曾很挖苦他們，說在陰間七月半開放地獄門，有些鬼魂於飯後出來，到了十六那天跑回地獄去吃晚飯，可以說是刻畫盡致了。

往城南去大抵是步行到鼓樓，吃過小點心，雇車到夫子廟，在得月臺吃茶和代午飯的饅頭面，遊玩一番之後，迤走到北門橋，買了油雞鹹水鴨各一角之譜，坐車回學堂時，飯已開過，聽差各給留下一大碗白飯，開水一泡，如同遊是兩個人，剛好吃得很飽很香。若是下關，那很可以步行來回，到江邊一轉，看上下水輪船的熱鬧之後，在一家鎮江揚州茶館坐下，吃幾個素包子，確是價廉物美，不過這須是在上午才行罷了。

學生告假出去，新生和低班學生總喜歡穿著操衣，有點誇示的意思，老班則往往相反，大都改穿了長衣，這原因很有點複雜，有的以老賣老，有的世故漸深，覺得和光同塵，行動稍為方便，但有的也由於要躲避人家的耳目，有如抽兩口鴉片煙，在每班裡這種仁兄也總是會有個把人的。

四一 老師（一）

在學堂裡老師不算少，計算起來共有八位，但是真是師父似的傳授給一種本事的卻並沒有。即如說英文吧，從副額時由趙老師奚老師教起，二班是湯老師，頭班是鄭老師，對於這幾位我仍有相當敬意，可是老實說，他們並沒有教我怎麼看英文，正如我們能讀或寫國文也不是哪一個先生教會的一樣，因為學堂裡教英文也正是那麼麻胡的。

我們讀的是印度讀本，不過發到第四集為止，無從領解那些「太陽去休息，蜜蜂離花叢」的詩句，文法還不是什麼納思菲耳，雖然同樣的是為印度人而編的，有如讀《四書章句》，等讀得久了自己瞭解，我們同學大都受的這一種訓練。

於我們讀英文有點用處的，只是一冊商務印書館的《華英字典》，本是英語用漢文注釋，名字卻叫作「華英」，意思是為國家爭體面，華字不能居於英字的底下，我們所領到的大約還是初版所印，用薄紙單面印刷，有些譯語也非常的純樸，一個極少見的字，用學堂的方言用語可以叫做「契弟」的，字典上卻解作「賣屁股者」，這也是特別有意思的。

可是比我們低一級的人，後來所領來的書裡已經沒有這一項，書名也不久改正為「英華字典」了。本來學堂裡學洋文完全是敲門磚，畢業之後不管學問的門有沒有敲開，大家都把它丟開，再也不去讀它了，雖然口頭話還是要說幾句的。我是偶然得到了一冊英文本的《天方夜談》，引起了對於外國文的興趣，做了我的無言的老師，假如沒有它，大概是出了學堂，我也把那些洋文書一股腦兒的丟掉了吧。

有些在兵船上的老前輩，照例是沒有書了，看見了我的這本《天方夜談》，也都愛好起來，雖然這一冊書被輾轉借看而終於遺失了，但這也還是愉快的事情，因為它能夠教給我們好些人讀書的趣味。

我的這一冊《天方夜談》乃是倫敦紐恩士公司發行的三先令六便士的插畫本，原來是贈送小孩的書，所以裝訂頗是華麗，其中有阿拉廷拿著神燈，和阿利巴巴的女奴揮著短刀跳舞的圖，我都還約略記得。其中的故事都非常怪異可喜，正如普通常說的，從八歲至八十歲的老小孩子大概都不會忘記，只要讀過它的幾篇。中間篇幅頂長的有水手辛八自講的故事，其大蛇吞人，纏身樹上，把人骨頭絞碎，和那海邊的怪老人，騎在頸項上，兩手搭著脖子，說得很是怕人，中國最早有了譯本，記得叫作《航海述奇》的便是。

我看了不禁覺得「技癢」，便拿了《阿利巴巴和四十個強盜》來做試驗，這是世界上有名的故事，我看了覺得很有趣味，陸續把它譯了出來。雖說是譯當然是用古文，而且帶著許多誤譯與刪節，第一是阿利巴巴死後，他的兄弟凱辛娶了他的寡婦，這本是古代傳下來的閃姆族的習慣，卻認為不合禮教，所以把它刪除了，其次是那個女奴，本來凱辛將她作為兒媳，譯文裡卻故意的改變得行蹤奇異，說是「不知所終」。

當時我的一個同班朋友陳作恭君定閱蘇州出版的《女子世界》，我就將譯文寄到那裡去，題上一個「萍雲」的女子名字，不久居然分期登出，而且後來又印成單行本，書名是「俠女奴」。譯本雖然不成東西，但這乃是我最初的翻譯的嘗試，時為乙巳（一九〇五）年的初頭，是很有意義的事，而這卻是由於《天方夜談》所引起，換句話說，也就是我在學堂裡學了英文的成績，這就很值得紀念的了。

四二　老師（二）

漢文老師我在學堂裡只有一個，張然明名培恆，是本地舉人，說的滿口南京土話，又年老口齒不清，更是難懂得很，但是他對於所教漢文頭班學生很是客氣，那些漢文列在三等，雖然洋文是頭班，即是那螃蟹似的那麼走路的仁兄，在他班裡卻毫不假以詞色，只為他是只以漢文為標準來看的。說到教法自然別無什麼新意，只是看史記古文，做史論，寫筆記，都是容易對付的，雖然用的也無非是八股作法。

辛丑十一月初四日課題是：「問漢事大定，論功行賞，紀信追贈之典闕如，後儒謂漢真少恩，其說然歟？」我寫了一篇很短的論，起頭云：「史稱漢高帝豁達大度，竊以為非也，帝蓋刻薄寡恩人也。」張老師加了許多圈，發還時還誇獎說好，便是一例。

那時所使用的，於正做之外還有反做一法，即是翻案，更容易見好，其實說到底都是八股，大家多知道，我也並不是從張老師學來的，不過在他那裡應用得頗有成效罷了。

所以我在學堂這幾年，漢文這一方面未曾學會什麼東西，只是時時要點拳頭給老師看，騙到分數，一年兩次考試列在全堂前五名的時候，可以得到不少獎賞，要回家去夠做一趟旅費，住在校裡大可吃喝受用。所看漢文書籍於後來有點影響的，乃是當時書報，如《新民叢報》，《新小說》，梁任公的著作，以及嚴幾道林琴南的譯書，這些東西那時如不在學堂也難得看到，所以與學堂也可以說是間接的有點兒關係的。

我說在學堂裡不曾學到什麼漢文，那麼我所有的這一點知識是從哪裡來的，難道是在書房裡學的麼？

書房裡的授業師，有三味書屋的壽鑒吾先生和洙鄰先生父子兩位，那是很好的先生，我相當的尊敬他們，但是實在也沒有傳授給我什麼。老實說，我的對於漢文懂得一點，這乃是從祖父那裡得來的。

他是個翰林出身的京官，只懂得做八股文章，而且性情乖僻，喜歡罵人，那種明比暗喻，指桑罵槐的說法，我至今還很是厭惡，但是他對於教育卻有特殊的一種意見，平常不禁止小孩去看小說，而且有點獎勵，以為這很能使人思路通順，是讀書入門的最好方法。

他時常同我講《西遊記》，說是小說中頂好的作品。豬八戒怎樣的傻，孫行者怎樣的調皮，有一次戰敗逃走，搖身一變，變做一座古廟，就只有一根尾巴無處安放，乃把它變成一支旗竿，豎在廟後面。哪裡有光是一支旗竿，而且豎在廟後面的呢，他又被人所識破了。

講這故事時似乎是很好笑的樣子，他便自己呵呵的笑了起來了。不過在杭州寓裡，他只有一部鉛印的《儒林外史》，我們所常拿來看的。等到戊戌秋間回到家裡，我就找各種小說來亂看，在母親的大廚角落裡，發見一部《綠野仙蹤》，這就同《七劍十三俠》一起的看。及到南京時差不多大旨已經畢業，只有《野叟曝言》未曾寓目，但從同學借來石印的半部，沒有看完，卻還了他了。

我的讀書的經驗即是這樣的從看小說入門的，這個教會我讀書的老師乃是祖父，雖然當初他所希望的「把思想弄通」，到底是怎樣一個情形，而且我的思想算不算通，在他看來或者也還是個疑問，不過我總覺得有如朱穎叔批的考卷，所謂「文氣近順」罷了。

一九二六年我曾寫過一篇《我學國文的經驗》，敘說這一段情形，裡邊說道：「我在南京的五年，簡直除了讀新小說以外，別無什麼可以說是國文的修養。」這便是繼承了上邊的經驗，由舊小說轉入新小說的一個段落了。

四三　風潮（一）

學堂裡的生活照上邊所說的看來，倒是相當的寫意的，但是那裡的毛病也漸漸的顯現出來，在我們做了二班學生的時候，有好些同學不約而同的表出不滿意來了。其一是覺得功課麻胡，進步遲緩，往往過了一年半載不曾學得什麼東西。因此大家都想改良環境，來做這個運動。王寅冬天總辦換黎錦彝，也是候補道，卻比較年輕，兩江總督又叫他先去日本考察三個月，校務令格致書院的吳可園兼代。聽說他要帶四名學生同去，覺得這是一條出路，我便同了胡鼎，張鵬，李昭文四人，往找新舊總辦，上書請求，結果說是帶了畢業生去，這計畫也完全失敗了。

胡鼎又對江督及黎氏上條陳，要怎樣改革學堂，才能面目一新，大概因為理想太高，官僚也於改革缺少興趣，自然都如石沉大海，沒有一點影響。

其二是烏煙瘴氣的官僚作風，好幾年都是如此，以我進去的頭兩年為最甚。魯迅在《朝花夕拾》裡，說他在水師學堂過了幾個月，覺得住不下去，說明理由道：

「總覺得不大合適，可是無法形容出這不合適來。現在是發見了大致相近的字眼了，烏煙瘴氣，庶幾乎其可也。」

這烏煙瘴氣的具體的例，可以我的壬寅（一九〇二）年中所記的兩件事作為說明，都是在方碩輔做總辦時代的事情。

正月廿八日，下午掛牌革除駕駛堂學生陳保康一名，因為文中有「老師」二字，意存譏刺云。又七月廿八日，下午發贍銀，聞駕駛堂吳生扣發，並停止其春間所加給的銀一兩，以穿響鞋故，響鞋者上海新出紅皮底圓頭鞋，行走時吱吱有聲，故名。

在這種空氣之中，有些人便覺得不能安居，如趙伯先，楊曾誥，秦毓鎏等人，均自行退學，轉到陸師或日本去了。可是這不但總辦有這樣威勢，就是監督也是著實厲害，或者因為是本家的緣故，所以更加關心也說不定。《朝花夕拾》裡記有一段說：「你這孩子有點不對了，拿這篇文章去看去，抄下來去看去。一位本家的老輩嚴肅對我說，而且遞過一張報紙來。接來看時，臣許應騤跪奏，……那文章現在是一句也不記得了，總之是參康有為變法的，也不記得可曾抄了沒有。」

這位本家的老輩便是管輪堂的監督椒生公，他是道學家兼是道教的信徒，每天早上在吃過稀飯之後要去淨室裡朗誦幾遍《太上感應篇》的。他有一回看見我寄給魯迅的信，外面只寫著西元的年月，便大加申斥，說是「無君無父」，這就可以見一斑了。

但是不平和風潮的發現，並不是在方碩輔時代，而是在黎錦彝新接任的這一個月裡，這雖似乎是偶然的矛盾，卻是有時勢的因緣在裡面的。當時講維新，還只有看報，而那時最為流行的是《蘇報》，《蘇報》上最熱鬧的是學堂裡的風潮，幾乎是天天都有的。

風潮中最有名的是「南洋公學」的學生退學，以後接續的各地都發生了，彷彿是不鬧風潮，不鬧到退學便不成其為學堂的樣子，這是很有點可笑的，卻也是實在的事情。這時候新總辦到來，兩堂的監督都已換了人，駕駛堂的姓詹，管輪堂的姓唐，椒生公則退回去單做國文教習，雖然沒有新氣象，卻也並不怎麼樣壞。

我們四個人——即我和胡鼎，江際澄，李昭文的小組，可是覺得水師學堂是太寂寞了，想回應《蘇報》，辦法是報告內情，寫信給報館去。內容無非說學生的不滿意，也順便報告些學堂的情形，卻是很幼稚的說法，如說管輪堂監督姓唐的綽號「糖菩薩」，駕駛堂的姓詹，綽號就叫「沾不得」，這些都沒有什麼惡意，其重要的大約還是說班級間的不平，這事深為老班學生所痛恨。

這是四月中間的事，到了四月廿八日學堂遂迫令胡鼎退學，表面理由是因為他做「穎考叔茅焦論」，痛罵西太后，為大不敬，以稟制台相恫嚇，未幾胡君遂去水師，轉到陸師去了。

四四　風潮（二）

汪仲賢先生在一九二三年所寫的《十五年前的回憶》中，曾經說道：

「校中駕駛堂與管輪堂的同學隔膜得很厲害，平常不很通往來。據深悉水師學堂歷史的人說，從前兩堂的學生互相仇視，時常有決鬥的事情發生，有一次最大的械鬥，雙方都毆傷了許多人，總辦無法阻止，只對學生嘆了幾口氣。」

這一節話當出於傳聞之誤，我們那時候兩堂學生並無仇視的事情，雖然隔膜或未能免，倒是同屬一堂的學生因了班次高低很不平等，特別是頭班對於二班和副額，如不附和他們做小友，便一切都要被歧視，以至受到壓迫。例如學生房內用具，都向學堂領用，低級學生只可用一頂桌子，但頭班卻可以占兩頂以上，有時便利用了來打牌。

我的同班吳志馨君同頭班的翟宗藩同住，後來他遷住別的號舍，把自己固有的桌子以外，又分去了那裡所有的三頂之一，翟某大怒罵道：「你們即使講革命，也不能革到這個地步！」過了幾天，翟某的好友戈乃存向著吳君尋釁，說我便打你們這些康黨，幾乎大揮其老拳。又有高先澍也附和著鬧，撒潑罵街，大家知道這都是那桌子風潮的餘波。

查癸卯（一九〇三）年的舊日記，有好幾處記著高先澍的罵街的事：

「三月初三日，禮拜二，晴。夜看《蘇報》，隔巷寒犬，吠聲如豹，聞之令人髮指。」

「初五日，禮拜四，晴。夜看《夜雨秋燈錄》，讀將終卷，吠聲忽作，蛙鳴聒耳，如置身青草池塘，陶子縝詩云，春蛙逞煩吠，嗚呼，可憎也。古人雙柑鬥酒，聽兩部鼓吹，以為雅人深致，惜我身無雅骨，殊不耐也。一笑。」

這因為是高某的宿舍適在我的貼夾壁，所以他故意如此，是罵給我聽的，日記裡也就沒有明寫，只以隱喻出之，對於其人的品格倒亦是適合的。

但是後來事情也並不鬧大，只是這樣的僵持下去，直到甲辰（一九〇四）年頭班畢業離校為止。本來對於學生間的不平等，想要補救，空談是無用的，只能用實行來對抗，剝削役使一切不承受，也不再無理地謙遜，即如上文說過的上飯廳的時候，儘管老學生張開了螃蟹的臂膀在踱著方步，後邊的人就不客氣的越過去，他們的架子便只好擺給自己看了。

這種事情積累起來，時常引起衝突，老班只有謾罵恫嚇，使用無賴的手法，但是武力不能解決問題，經過一次爭鬧，他們的威風也就減低一層，到後來再也抖不起來了。而且他們也有很大的缺點，往往為學校所查獲，而我們卻沒有，這是於我們很有利的。如上邊記高某謾罵的第二天，就記著道：

「初七日，禮拜六。點名後炒麵一盆，沽白酒四兩，招升叔同吃，微醉遂睡。少頃監督來，有惡少數人聚賭為所獲，此輩平日怙惡不悛，賭博已二閱月矣，今已敗露，必不免矣。」這裡所謂惡少數人，蓋有高某在內。

那時候我們做二班的只注意於反抗頭班的壓迫，打破不平等，這事總算終於成功了。但這只是消極的一面，以後升了頭班，決不再去對別班擺架子，可是並沒有更進一步的做，去同他們親近交際，班次間的不平等是沒有了，但還存在著一種間隔，可以說是疏遠，這風氣不知道後來什麼時候才有轉變，——總不會因此而釀成那樣的大械鬥的吧？

四五　考先生

上邊所說差不多全是客觀的，集體的事情，沒有多少是我個人的事，但是我原是在這個集體之中，那麼這裡也可以有我的一份行動在內。現在卻要來說我個人的事情了。

我在學校裡前後六個年頭，自光緒辛丑（一九〇一）九月至丙午（一九〇六）七月，十足也只是五年罷了，告假在家的時候要占了一年有餘，有好幾次幾乎離脫學堂了，卻不知以何種關係，終於得以維繫住，想起來是極有意思的。現今就把這個來敘述它一下。

我到南京以後，第一次回家去，是在壬寅年的四月裡，初一日接家信，知母親患病，祖父諭令歸視，遂於初三日同了頭班的胡恩誥君離寧到滬，胡君原籍安徽，說到杭州分路，其實卻是家住上海，所以到了上海就不動了。我乃獨自旅行，於初七日到家，則母親病已快好了，遂於十四日離家，十九日重返學堂了。是年六月二十四日記項下有云：

「二十四日，禮拜，晴。下午接家信，促歸考，即作答歷陳利害，堅卻不赴。」

這是很嚴重的一個誘惑，可是勝利的拒絕了。

為什麼說是嚴重的呢？緣因是由於混過幾回的考場，對八股的應付辦法也相當的得到訓練，所以在庚子年的縣府考時，以「周珠」的名義應試，雖是在二三圖裡滾上滾下，最高也到過第二圖的第五名，即是總數第五十五名，縱使距及格的四十名還差得遠，但是比戊戌年的第十圖三十四即四百八十四名看起來，實在已經進步不少了。

當時家裡的人大概還覺得當水手不及做秀才的正路，或者由於本家文童的力勸，也未可知，而同時在學堂本身也存在著這樣的空氣，這是很奇妙的，雖然是辦著學堂，實際卻還是提倡科舉，即如我們同班丁東生告假去應院試，進了秀才，總辦還特別掛虎頭牌，褒獎他一番呢。

這事不記得這一年了，但總之這乃是方碩輔當總辦的時候的事，那是無可疑的，那麼這總當在癸卯以前吧。這樣裡外夾攻的誘惑可以說是很厲害了吧，但是它也乾脆的被擊退，因為這時我的反漢文的空氣也很嚴重。如十月二十四日項下云：

「今日漢文堂已收拾，即要進館，予甚不樂。人若有以讀書見詢者，予必曰否否，寧使人目予為武夫，勿使人謂作得好文章也。」

又十一月十六日項下云：

「上午作論，文機鈍塞，半日不成一字，飯後始亂寫得百餘字，草率了事。顧予甚喜，此予改良之發端，亦進步之實證也，今是昨非，我已深自懺悔，然欲心有所得，必當盡棄昔日章句之學方可，予之拼與八股尊神絕交者，其義蓋如此。」

癸卯年兩江師範學堂成立，秋天仍舉行鄉試，夫子廟前人山人海的，算是絕後的熱鬧，因為甲辰年以後科舉遂永遠停止了。那年暑假適值魯迅回來，我也回到家裡，於七月十六日偕至上海，魯迅往日本去，我則同了伍仲學坐長江輪船，一路與「考先生」為伍，直至南京。今抄錄當時的日記兩節於後：

「晚九下鐘始至招商輪船碼頭，人已滿無地可措足，尋找再三，始得一地才三四尺，不得已暫止其處。天熱甚，如處甑中，二人交代看守行李，而以一人至艙面少息。途中倦甚，蜷屈倚壁而睡，而間壁又適為機器房，壁熱如炙，煩燥欲死，至夜半尚無涼氣。四周皆江南之考先生，饒有酸氣，如入火炎地獄，見牛首阿旁，至南京埠，始少涼爽。」「江南考先生之情狀，既於《金陵賣書記》中見之，及親歷其境，更信不謬。考先生在船上者，皆行李累累，遍貼鄉試字樣，大約一人總要帶書百許斤，其餘家居用具靡不俱備，堆積如山，飯時則盤辮捋袖，疾走搶飯，不顧性命。及船至埠，則另有一副面目，至入場時，又寬袍大袖，項掛卷袋，手提洋鐵罐，而闊步夫子廟前矣。」其時對於「考先生」的印象既然十分惡劣，那麼自己之得以倖免，當然很是可以喜慶的事了。

四六　生病前

癸卯暑假的日記改了體例，不再是按日填注，改為紀事體，有事情的時候寫它一段，以詳實為主，因此這半年——實在只有一個月半裡的日記顯得比較實在。

起頭是記魯迅的從家出發，到上海上輪船的情形，第一節是七月十六日，題目為「冒雨之啟行及珠岩之泊」：

「予與自樹（魯迅當時的別號）既決定啟行，因於午後束裝登舟。雨下不止，傍晚至望江樓少霽，舟人就岸市物，予亦登，買包子三十枚，回舟與自樹大啖。少頃開舟，雨又大作。三更至珠岩壽拜耕家，往談良久，啜茗而返，攜得《國民日報》十數紙，爇燭讀之，至四更始睡。雨益厲，打篷背作大聲。次晨，至西興埠。」

這裡且來讓我作一點注解，是關於望江樓的包子的。所謂包子，實在用的乃是普通話，在紹興是不論有餡無餡，統稱饅頭的，其無餡的則特別稱為實心饅頭。這是紹興城內的名物，個子很小，只有核桃那麼大，名為「候口饅頭」，正好一口一個，分肉餡和糖餡兩種，都是兩文錢一個。

望江樓照那名字看來，一定是座高大洞橋，上有樓閣，因為否則哪能夠望得見江呢？豈知這地方是在大街正中，居水澄橋與江橋的中央，雖然是道橋，可是階層只有一級，底下通著河流，但是走過去的人不容易發見，因為這橋上有屋頂，兩面是有牆壁遮住的。為什麼是這樣的呢，誰也不能知道，向來就是這樣的嘛。

而這饅頭店又是特別得很，它只有一個攤，擺在橋上邊，帶著缸灶，鍋鑊蒸籠，一邊做著一邊蒸，生意十分興隆，但是買的人隨來隨買，也不用排隊，不曉得什麼緣故。因為饅頭個子很小，所以兩人吃三十個是綽有餘裕的，這也是值得說明的。

第二節是記十七日在杭州的事，題目是「白話報館之寄宿」：「大雨中雇轎渡江，至杭州旅行社，在白話報館中，見汪素民諸君。自樹已改裝，路人見者皆甚為詫異。飯後自樹往城頭巷醫療齒疾，予著外套冒雨往清和坊，為李復九購白菊，苦甚，中道迷路問行人，答甚詳，以予洋服故也。又得一老人，亦往清和坊者，同行始得達，途中彼問予是紅毛國人否，予告以係越人，似不信。回來已晚，夜宿樓上。次日伍仲學來訪，云今日往上海，因約定同行。下午予兩人乘舟至拱辰橋，彼已先在，包一小艙同住，舟中縱談甚歡。」

伍仲學是魯迅的路礦同班，當時也在東京留學，他是南京的人，回家去後隨復往日本去了。我到了學堂裡遇見許多的朋友，在城南聚會了一次，這就是日記的第七節紀事，題目是「三山街同人之談話」，是七月二十九日的事：

「前一日得鍔剛信，命予與復九至城南聚會，當日乃偕俠耕復九二人至承恩寺萬城酒樓，為張偉如邀午餐，會者十六人。食畢至劉壽昆處，共拍一照以為紀念，名氏列後，張蓂臣，孫竹丹，趙伯先，濮仲厚，張偉如，李復九，胡俠耕，方楚喬，王伯秋，孫楚白，吳鍔剛，張尊五，江彤侯，薛明甫，周起孟，劉壽昆。散後復至鐵湯池，晤張伯純，及回城北已晚。」

以後是「江幹兩次之話別」，係送張偉如往浙及李復九往日本去的，又一節是「明故宮之印象」，與王伯秋王毅軒鍾佛汰劉壽昆共「往吊明故宮」，裡邊含有民族革命的意思，則已是八月十四日的事了。從這上邊的事情看來，神氣非常旺盛，可是才過了一星期卻不意生了病，竟至纏綿四閱月之久，於是那日記也就中斷了。

四七　生病後

我到了南京才得一個月，卻不料就生起重病來。這一天是八月二十一日正逢禮拜，患了近似時症的病，當初昏不知人，樣子十分沉重。學堂裡的醫官照例是不高明的，所以醫藥毫無效驗，朋友們勸去住醫院，那時這只有外國教會所開的醫院，窮學生怎麼住得起呢，承蒙同班的柯采卿自動的借給我六七塊錢，俠畊從陸師趕來，雇車送我進了美國醫院。

這所醫院設在鼓樓，大概創辦人的名字是啤勃（Beebe）吧，一般的人都稱它作「啤啤醫院」。我是下午進院的，辦好手續，交了飯費，大約這所住的是免費的一種吧，所以不記得要收住院費用。

但是因此待遇也就特別的糟，我被放在一大間裡，住有十多個病人，那時我還發著高熱，睡在眾人中間，好像是在長江輪船的散艙裡，覺得騷擾不堪，這中間有一個腰腿不便的病人，在地上爬著行走，卻特別顯得活潑，一忽兒到這邊床前說些話，一忽兒又跑到那邊去了。這很令人想起多年不見的「孔乙己」來，但是孔乙己盤著腿在地上拖，兩隻手全是烏黑的泥，他的樣子又十分頹唐，所以叫人感到一種憐憫，但這個瘸子卻只令人發生厭惡之感罷了。

這一天的夜裡真是不好過，況且進院以後醫生也沒有來看過，我便在第二天決心搬出去，辦好退院交涉之後，又要等廚房算還飯錢，麻煩了好半天這才算清楚了。但是回學堂來病仍是沒有好，虧得別的朋友幫忙，這回是劉壽昆君招我到他的店裡去住。他的底細我不知道，只曉得他是湖南人，暗中在做聯絡革命的工作，在貢院左近臨時開了一家書店，收羅當時時務書以及禁書，以備來鄉試的考先生們的願者上鉤，結果自然是像姜太公的一無所得。

我的床便放在書架後面，有興致時可以自己抽看，一面也聽著買書人的說話，與站在櫃檯前無異。劉君應付著主顧，又隔日同我去找香山鄧雲溪看病，煎藥煮稀飯，忙得要命，我也十分過意不去，一直住了十多天光景，病已漸見輕減，才回到學堂去，那時已是重陽前後了。

這書架子後邊的生活，我到後來還不能忘記，回想起來也很是有趣，但特別感到困難的，乃是大小便的時候，因為這樣的臨時小店中是沒有便所的設備的。所以在那時候必須走出門去，而且走的相當的遠，在一塊空地裡在人家的後牆下，找兩塊斷磚來墊腳，構成急就的廁所，這在有病的人是相當吃力的。

書店主人在醫藥飲食方面，都想得很周到，唯獨對於這一件事覺得無能為力了。不過這種經驗也是很難得的，我在南京這幾年裡頭，在野地裡拉屎，這也只是第一次哩。

我回到學堂裡來，不意又生起病來了。這回卻不是舊病重犯，乃是一種新的病——我也不明白從前生的是什麼病，這回的又是什麼，這其間有沒有因緣的關係，總之這回所患的病是兩腳從膝蓋以下都腫脹了，後來是連面部都顯得浮腫起來。

我因為不相信學堂的醫官，所以也並不去請教他，只是由它拖著。這回好意的自動來給我幫助的，卻不是我的朋友和同學，乃是學堂裡的聽差。他名叫劉貴，想來也是應付公家的姓名，是南京本地人，平日看他很是粗魯，對我卻相當關心，有一天午飯時他忽然拿來一個盤子，說這是烏魚，用火煨熟，可以治水腫，只是要淡吃，一次吃完才好。我謝謝他的好意，如法的吃了，雖然病依然沒有好，但他的意思總是很可感謝的。

劉貴平時對頭班的老爺們很不客氣，如吃點心的時候問他要，他硬不肯給，說已經有人定下了，卻拿來給我們。我和柯采卿同住在二十三號，離聽差的房間不很遠，但是我們不願學頭班那樣，在自己房裡大聲叫嚷，所以總走到穿堂那裡去叫，可是一叫就來了。他便是這樣一個吃軟不吃硬的人。回想到過去，自己受過人家的照顧很是不少，有的就此分散，連生死的消息也不知道，很覺得有點悵然，這兩位劉君的事正是最早的一例了。

病既然沒有好，賴在學堂裡也不是辦法，湊巧這時候椒生公被辭退了國文教習，正要回家去，就順便帶了我回紹興了。

這是九月二十九日的事情，於十月初三日抵家，請包越湖診治。包越湖是諸暨縣人，在「諸暨冊局」應診，我坐轎子隔日一去，轎錢來回只要兩角，比較的還不算貴。到了十一月腿腫已經消了，左側項上在耳朵背後忽然生了一個大疽，這地位既已不好，況且癤子在冬天發生，更不是尋常的事。

這是第三種的毛病，不但苦痛，也很覺得危險，據說這名為「髮際」，因為生在頭髮邊沿的關係，特別有了名稱，便是不好醫治的證據。幸虧得南街的外科醫李介甫給我開刀，加上「潤子」，——這是一種紙捻，加藥插入瘡口，防止它的癒合，與現代的紗布有同樣的效用，經過了月餘的治療，這才逐漸的好起來了。

李介甫是三味書屋的同學李孝諧的父親，也是大舅父怡堂的親家，本來也是大家子弟，因為自己喜歡搞這一門，所以做了外科，否則外科地位很低，多少與剃頭修腳相像，平常人是不肯幹的。他到了晚年，稱呼卻仍是「李大少爺」，這可見是他初做外科時人家這樣叫他，表示尊重，就一直沿用下來了。癸卯年底我差不多已經復原了，可以到大街去蹓躂，甲辰（一九〇四）年二月遂決行回學堂去，乃於初五日啟行，初十日到了南京了。

四八　祖父之喪

我於壬寅癸卯年間，曾經三次回到家裡，卻沒有遇著祖父大發雷霆罵人的事情，好像是脾氣已經改過了，或者是對於跑出在外的孫子輩表示嚴厲，沒有什麼意思了吧。但是這時候沒有了「挑剔風潮」的人，也是一個大的原因。在壬寅十一月二十七日項下有云：

「仲翔叔來信云，五十（即衍生的小名）已於十八日死矣，聞之雀躍，喜而不寐，從此吾家可望安靜，實周氏之大幸也。」

據說在衍生死信傳出的時候，祖母聽了不禁念了一句阿彌陀佛，她是篤信神佛，決不是幸災樂禍的人，但這時也就忍不住表出她的感情來了。話雖如此，祖父就只不再怒罵而已，平常怪話還是時常有的，譬如伯升在學堂考試得了個倒數第二，我則在本班第二名，他便批評說：

「阿升這回沒有考背榜，倒也虧他的。阿魁考了第二，只要用功一點本來可以考第一的，卻是自己不要好。」

這樣的話，聽慣了也就不算什麼了。這裡只須說明一句，學堂榜上的末名稱為「背榜」，或稱「坐紅椅子」，因為照例於末了的這一名加上朱筆的一勾。阿魁則是我的小名，因為當日接到家信的時候，有一個姓魁的京官去訪他，所以就拿來做了小名，這是他給孫子們起名字的一個定例。

我於癸卯年在家裡養病過了年，至第二年二月始回到南京，但是過了四個月又是暑假，我便又到家裡來了。不過這一回不湊巧，正趕上祖父的喪事，差不多整個假期就為此斷送了。祖父當時六十八歲，個子很是魁梧，身體向來似乎頗好的，卻不知道生的是什麼病，總之是發高燒，沒有幾天便不行了。

他輩分高，年紀老，在本台門即是本家合住的邸宅裡要算是最長輩了，親丁也不少，但是因為脾氣乖張的關係，弄得很是尷尬，所以他的死是相當的寂寞的。

講到排場，當然有那一大套，甚至還弄什麼「門訃」，以及大門口釘上麻布等，和尚道士的「七七做，八八敲」自然是不用說了。他的長子早死了，照例要長孫「承重」，但是魯迅也在日本，於是叫我頂替，我迫於大義，自不得不勉為其難。但是不久在學堂裡的伯升奔喪回來了，我以為可以卸責了吧，可是不行，一定要我頂替下去，我不知道這是禮教所規定的呢，還是只因為他是庶出的緣故，所以對他特別歧視的。

倘若是後面的原因，那麼我倒替伯升說一句話，這實在是極不公平的。平心的說，伯升的立場倒無寧是站在我們這一邊的，我們那時雖是多數，但是被損害與被侮辱者，他不去附和那強者的那邊，這或者是他的聰明處，但是也很可佩服。

他對蔣老太太恭而有禮，過於看領他大的潘姨太太，有一回彼此鬧彆扭，他不肯叫一聲「媽」，便不給他綿褲穿，害得他終於「拉稀」——這就是患肚瀉，後來經蔣老太太的干涉，這才穿上了綿褲。

伯升是十二歲的時候從北京回去的，隨後學得了一口紹興話，常有一句口頭禪，是「伊拉話啦」，普通話就是說「他們說的」，在講了一通海闊天空，難以置信的話以後，必定添一句「伊拉話啦」，極有天真爛漫之趣。

他因為生長在北京，故極愛京戲，在南京時極醉心於當時的旦角粉菊花，幾乎每星期日必跑往城南去聽戲。監督公想法羈縻他，特於前晚對他說道：

「你明天早上來我這裡吃稀飯，有很可口的揚州小菜。」伯升唯唯，可是第二天一清早就溜了出去，床上只留帳子低垂著，床前擺著一雙馬靴，像是還高臥著的樣子，及至監督覺察，這時人已走遠，差不多已經過了鼓樓了。

又有一回遇見非常的窮困，禮拜日無聊心想出去，問我借錢，適值我也沒有，只剩了三角小洋，他乃自告奮勇，說到城南買點心去，果然徒步來回走了三四十里路，從夫子廟近旁的稻香村買了好些很好吃的點心來，在宿舍裡飽吃一頓，現在說了也覺難信，那時候的點心的確這樣的價廉而物美。

他似乎平時很是樂天，所以總是那麼吊兒郎當的，有時又似乎世故很深，萬事都不大計較的樣子，所以他對於我的充當承重孫也別無什麼不滿意。其後祖母去世，家裡沒有他的長輩了，但他仍舊守著「長嫂如母」的古訓，著實不敢放肆，就是母親給他包辦的婚姻，他也表示接受，雖然這事結果弄得很是不幸，卻終不明白反抗。

民國六年（一九一七）三月我從紹興往北京，知道他的兵船在寧波停駐，就特地繞道前去相會，在率春樓吃了晚飯，是為最後的一次會見，至第二年的一月二十七日得到二十三日家信，得知他已經在南京病故了，享年三十七，剛過了「本壽」，與伯宜公是一樣的。身後遺留下來，一位傅氏太太，沒有子女，要母親留養她到百草園故家賣去，隨後分了錢走散，一位在外的徐氏太太帶著一個小孩，並且還有遺腹兒未生，則不知行蹤若何，這也是十分遺憾的事。

他的正式官名是「聯鯨兵輪輪機正海軍上尉周文治」，在公文書上是這樣稱呼的。我在記祖父的喪事這一節裡，趁這機會講他一番，聊作紀念。

四九　東湖學堂

椒生公在南京學堂的勢力與地位開始漸漸的下降，由提調而監督，又由監督而國文教習，末了連教習也保不住了，便只好回家吃老米飯去。不過他在本地還是一時有聲望的，因為一向在外邊辦學務多年，縱使不很高明，辦學的經驗總是有的。所以他回到紹興，最初也得到相當的地位，便是請他去當紹興府學堂的監督。

這裡名稱雖是監督，實際乃是校長，權力很大，而同時有一個副監督，這人卻不好相與，此人非別，即是後來過了三年實行暗殺造反的徐伯蓀，即徐錫麟便是。

這兩個人共處一堂辦起事來，其不能順利進行，蓋是必然的道理。一個是矮胖擁腫的身材，身穿一件「接衫」，上半截的白布，有下半截綠綢的三分之二的長，——接衫者穿在馬褂底下的襯袍，因為有馬褂遮蓋著的緣故，為節省綢料起見，用白布替代，古時馬褂特別的長，故下邊露出的綢料只有三分之一，——蹣跚行來，看來的人都不禁要喝一聲彩，說好一個「蕩湖船」的老爺出來也。

又一個則是蒼老精悍的小夥子，頂上留著一個小頂搭和一條細辮子，夏天穿著一件竹布長衫，正在教學生們兵操，過了一會兒，他叫學生走到牆陰地方，立定少息，自己便在太陽地裡曬著。這是兩個人形象具體的描寫，是我親自看來的。後來監督公還自誇口，說他在三年前就知道他是亂黨，自己有先見之明呢。

他既然有了職業，不成什麼問題了，可是對於我在南京還是不放心，假如參加了亂黨，這怎麼辦呢，不如叫回紹興來，便可以不負當初介紹的責任了。這回湊巧我因祖父的喪事，在家裡耽擱很久，他便勸我去教英文，地方在東湖，這也算是近時名勝之一，所以我就答應去試試看。幸而這事只試了兩個月，我便仍舊回學堂裡去，不然的話就會教書下去，於未來生活發生一個巨大的變化了。

東湖的這個學堂，門前扁額上寫著「東湖通藝學堂」，不知道是什麼性質，是私立呢還是公立，只有問那創辦人陶心雲去才曉得。在一九三一年出版尹幼蓮所編的《紹興地志述略》第十四章說名勝古蹟的地方，東湖底下注道：

「東湖在城東十里，有陶氏屋，面山帶水，風景頗佳。」這話說得很含蓄而得要領，因為地是官地，用的是公款修造，但是房屋卻為陶氏占為私有，為敷衍門面計，分定作三種辦法。其一是所謂「稷廬」，即是東頭的一部份純粹是該觀察公的私人住宅，遊人不得闌入的。

其二是中間也就是靠近西頭的幾間，作為「學堂」，這是要和學堂有關係的人才能進出。

其三是一片水面和幾條堤防，說是「放生池」，是公開給大眾的，但是東湖的建築是在箬山即繞門山的腳下，和北岸隔著一條運河，運河上架有一座石橋，卻在稷廬之東，從這橋繞道入湖，便要走過住宅部分，這是斷乎不可，但遊人既無翅膀，又不會水上行走，如要看看放生池的風景，勢非用船不可，從學堂東邊的「濠梁」橋進去，而這橋下卻有鐵門鎖著，若要開時須出「酒錢」，請陶府的做工的人特別來開鎖才行。因此之故，這個公開地方倒實在是很閒靜的，平常管領著這大片土地的也就是稷廬陶家有關的幾個人罷了。

我到東湖學堂去是教英文，學生記得是兩班一共三個人，初級是陶望潮，是陶心雲的本家，現今尚健在，高級是陶緝民，乃是心雲的承繼的孫子，那時還只是十二三歲的小孩，現在卻已經故去了，還有一個忘記了名字，但總之不是姓陶的。

每天上午是由我教英文，下午由兩位教員分教國文和算學。教室便在一間大屋內，東湖的屋都建造在一道築成的堤上面，所以進身都不能很深，這間要算頂大的了，面北兩扇黑漆大門，上邊紅地黑字，大書道：「臨淵無羨，大德曰生。」這對聯以文句論，以筆劃論，都要算是屋主人的最成功的傑作，東湖所有的大小匾額柱聯無一不是他的手筆，實在紹興人已經看的厭了，只這八個字似乎還沒有那種呆板相。

我的住房便在「臨淵無羨」那一邊的耳房裡，那裡又分為南北二間，南邊的一間稍為大點，只是因為北牆臨運河，只有一個很高的窗，西面又是房屋盡頭，不好開窗門，所以很是黑暗，蚊子非常的多，但是因為臨河的關係，回家去時在那裡等候趁「埠船」，卻是很方便的。

當初口頭說好，每月薪水是二十元，學堂供給食宿，但是到了下旬時節，有一個自稱是觀察公的表姪的會計走來找我，說什麼經費困難，只能姑且奉送這麼多，就送來英洋十六元。我也無意於較量多少，便同意收下了，到了第二個月也是如此，但是兩個月快滿，學堂方面通知椒生公說，因為學生們說英文口音不大準確，所以擬不再聘請了。

南京同學碰巧也這時來信，說要冬季例考了，趕緊前來銷假，我遂即回去，學校是十二月初一日起舉行考試，大概是在十月中回到學堂裡的。

東湖時代的學生雖然不多，可是與我卻是有緣，長久保持著聯絡，如陶望潮君，關於他的事後來還要說及。陶緝民君於民國二十一二年時，來北京大學，見面多次，當時曾寫了一幅字送他，現在便抄在這裡，作為紀念。原文收在《夜讀抄》的苦雨齋小文裡邊，題目是「書贈陶緝民君」：

「繞門山在東郭門外十里，係石宕舊址，水石奇峭，與吼山彷彿。陶心雲先生修治之，稱曰東湖，設通藝學堂，民國前八年甲辰秋餘承命教英文，寄居兩閱月，得盡覽諸勝，曾作小詩數首紀之，今稿悉不存，但記數語曰，岩鴿翻晚風，池魚躍清響，又曰，瀟瀟數日雨，開落白芙蓉。忽忽三十年，懷念陳跡，有如夢寐，書此數行以贈緝民兄，想當同有今昔之感也。廿二年十一月二十三日，在北平。」

五〇 東湖逸話

我在上邊只是講得東湖學堂，對於東湖本身還沒有講到，現在就來補說幾句話。東湖在紹興如以山水論，那是沒有什麼值得說的，因為它的奇怪不及吼山的水石宕，若欲和西湖對峙，那簡直是笑話了。

但是它在近時卻非常有名，這是什麼緣故呢？我想這第一是因為它離城近，交通方便，往往可以順路去一瞻仰，不比別的名勝多在偏僻地方，去走一趟要費一天的工夫。第二是因為這是近來新添出來的，看的覺得新鮮，不管這好看不好看。其實看它當初造成的原因，就可以看出它的特色來，這也就是缺點。我們這裡姑且借用張宗子的《越山五佚記》中說曹山的話，來做個石宕的山水的說明。原文云：

「曹山，石宕也。鑿石者數什百指，絕不作山水想，鑿其堅者，瑕則置之，鑿其整者，碎則置之，鑿其厚者，薄則置之。日積月累，瑕者墮則塊然阜也，碎者裂則巋然峰也，薄者穿則砑然門也。由是堅者日削，而峭壁生焉，整者日琢，而廣廈出焉，厚者日磔，而危巒突焉，石則苔蘚，土則薜荔，而蓊翳興焉，深則重淵，淺則灘瀨，而舟楫通焉，低則樓臺，高則亭榭，而畫圖萃焉。」

正因為這奇峭的山水是因為採取山石而成功的，故長處在於它的雕琢，而這雕琢也就是短處，張宗子記他的祖父張雨若的檄語云：「誰云鬼刻神鏤，竟是殘山剩水」，為此種名勝最確切的評語，連吼山也在其內。

李越縵在《七居》中第六說到吼山，也說道：「其山劖削，其水瀏疾，故其人罕壽，而性剽急。」還有一層，我是在那裡住過兩個月的，所以深知道夜景的可怕，為白天遊湖的人所不曾見到的。我在室外南廊下站著，面對著壁立千仞的黝黑的石壁，在微細的月光下，恍然如見法國陀勒的有名的《神曲》中地獄篇的插畫，別有一種陰森淒慘的可怖景象，覺得此地不宜長住，不僅是辦學校和醫院是非所宜，別的事情也辦不來，——除非是圖謀造反，這才是適合的背景。哪知事有湊巧，這恰成為革命計畫的原始地，而是與徐錫麟有密切的關係的。

原來徐伯蓀的革命計畫是在東湖開始的，不，這還說不到什麼革命，簡直是不折不扣的「作亂」，便是預備「造反」，佔據紹興，即使「佔據一天也好」，這是當日和他同謀的唯一的密友親口告訴我說的。當初想到的是要招集豪傑來起義，第一要緊的是籌集經費，既然沒有地方可搶劫，他們便計畫來攔路劫奪錢店的送現款的船隻。

那時紹興錢店一禮拜裡有一次送款的船，由一個店夥押送，坐了腳踏的小船前去，因為往東走，大約是經過曹娥往寧波去的吧，也應該有往西到杭州去的，但因為西路太是熱鬧，所以不曾計畫也說不定。而且，這與東湖的預謀地點也有關係，遂決定在東路實行了。

他們的計畫是借東湖辦什麼事業，主要卻是夜間，由徐伯蓀和他的同謀陳君二人，在湖中練習划船，這時期大概也不很早，在我教書去的一二年前吧。學會了划船之後，便於「月黑殺人夜，風高放火天」，出外實行路劫，錢店店夥和小船船夫由他們一人對付一個，請他們吃了「板刀麵」，把洋錢搶了來，做「造反」的本錢。

這個計畫實在迂緩得很，但是他們竭力進行，正在這個時節卻來了一位軍師，一席話把這可笑的計畫全盤推翻，他們同意這種小生意沒有做頭，決心來大幹一番。這位軍師即是陶成章號煥卿，乃是陶觀察的一位本家，他主張聯絡浙東會黨，招集各地豪傑，都「動」起來，然後大事可成，這是他的「光復會」的主張，民族革命的一張大纛。

徐伯蓀聽從了他的話，便去運動人替他出錢捐候補道，到安徽省去候補，結果做了那驚天動地的一幕，卻不料這事發端是在東湖，也是在那裡定策的。

和他同謀的陳君名字叫一個「濬」字，號曰子英，比較不大知名，他在安慶事發的當時逃到東京，時常到魯迅所住的公寓裡來，這是當時聽他自己所講，由我聽著記了下來的。現在他也久已逝世，大約聽過他講這故事的人也只有我存在，今因說到東湖，就把它記錄下來，且當作一則東湖的逸話講講吧。

五一　我的新書（一）

我們的英語讀本《英文初階》的第一課第一句說：「這裡是我的一本新書，我想我將喜歡它。」我的第一本新書，使我喜歡看的，在上邊已經說過，乃是英國紐恩斯（Newnes）公司的送禮用本《天方夜談》，裝訂的頗精美，價值卻只是三先令六便士。

我有了這部書，有事情做了，就安定了下來，有如阿利巴巴聽來的「胡麻開門」的一句咒語，得以進入四十個強盜的寶庫，不再見異思遷了，同時也要感謝東湖學堂，假如要我在那裡教書，那也就將耽誤了我的工作，不及趕那笨驢去搬運山中的寶貝了。

我回到學校，感謝功課教得那麼麻胡，我也便趕上考試，而且考得及格，只是告假過多，要扣分數，結果考在前五名以外，這半年的贍銀也多少要少得一兩，這就算是我的損失了。

但是我的新書並不只限於這《天方夜談》，還有一種是開這邊書房門的鑰匙，我們姑且稱它的名字是《酉陽雜俎》吧。因為它實在雜得可以，也廣博得可以，舉凡我所覺得有興味的什麼神話傳說，民俗童話，傳奇故事，以及草木蟲魚，無不具備，可作各種趣味知識的入門。

我從皇甫莊看來的石印《毛詩品物圖考》——後來引伸到木板原印，日本天明四年（一七八四）所刊的舊本，至今還寶存著，和《秘傳花鏡》，已經被引入了唐代叢書的《藥譜》裡，得了《酉陽雜俎》卻更是集大成了。在舊的方面既然有這基礎，這回又加上了新的，這便有勢力了。十多年前，我做了一首打油詩，總括這個「段十六成式」所做的書，現在引了來可以做個有詩為證：

「往昔讀說部，吾愛段柯古。名列三十六，姓氏略能數。不愛余詩文，但知有雜俎。最喜諾皋記，亦讀肉攫部。金經出鳩異，黥夢並分組。旁得金椎，灰娘失玉履。童話與民譚，紀錄此鼻祖。抱此一函書，乃忘讀書苦。引人入勝地，功力比水滸。深入而不出，遂與蠹魚伍。」

舊書堆裡沒有怎麼深入，這回卻又鑽進了新書裡去，雖然也還是「半瓶醋」，可是這一回卻是泡得很久，有一次曾經說過，自己的那些「雜學」，十之七八都是從這方面來的。我的一個從前的朋友，曾說我是「橫通」，這句褒貶各半的話，我卻覺得實在恰如其分的。沒有一種專門知識與技能，怎麼能夠做到「直通」呢？

我弄雜學雖然有種種方面的師傅，但這《天方夜談》總要算是第一個了。我得到它之後，似乎滿足一部份的欲望了，對於學堂功課的麻胡，學業的無成就，似乎也沒有煩惱，一心只想把那夜談裡有趣的幾篇故事翻譯了出來。

那時我所得到的恐怕只是極普通的雷恩的譯本罷了，但也盡夠使得我們嚮往，哪裡夢想到有理查白敦勳爵的完全譯注本呢，就是現在，我們也只得暫且以美國的現代叢書裡的選本為滿足，世間尚有不少篤信天主教的白敦夫人，白敦本就不見得會流行吧。

這《阿利巴巴與四十個強盜》是誰也知道的有名的故事，但是有名的不只是阿利巴巴，此外還有那水手辛八和得著神燈的阿拉廷，可是辛八的旅行述異既有譯本，阿拉廷的故事也著實奇怪可喜，我願意譯它出來，卻被一幅畫弄壞了。這畫裡阿拉廷拿著神燈，神氣活現，但是不幸在他的腦袋瓜兒上拖著一根小辮子，故事裡說他是支那人，那麼豈能沒有辮子呢，況且有了它也很好玩，小時候看那變把戲的人，在開始以前說白道：「在家靠父母，出家靠朋友」，說話未了只把頭一搖，那條辮髮便像活的蛇一樣，已蟠在額上，辮梢頭恰好塞在圈內。這怎能怪得畫家要利用作材料呢，但是在當時看了，也怪不得我得發生反感，不願意來翻譯它了。

還有一層，阿利巴巴故事的主人公是個女奴，所以譯了送登《女子世界》，後來由《小說林》單行出版，卷頭有說明道：

「有曼綺那者波斯之一女奴也，機警有急智，其主人偶入盜穴為所殺，盜復跡至其家，曼綺那以計悉殲之。其英勇之氣頗與中國紅線女俠類，沉沉奴隸海，乃有此奇物，亟從歐文移譯之，以告世之奴骨天成者。」倘若是譯出阿拉廷的故事為「神燈記」，當然就不能出這樣的風頭了。

五二　我的新書（二）

《俠女奴》單行本是在光緒乙巳，我所有的一冊破書已是丙午（一九〇六）年三月再版，《玉蟲緣》刊行在於《俠女奴》之後，初版的年月是乙巳年五月，這是書本的紀錄。再查日記，可惜這不完全了，甲辰年只有十二月一個月，乙巳年至三月為止，但在這寥寥一百二十天的記載裡邊，卻還有點可以查考，今抄錄於後。甲辰十二月十五日條下云：

「終日譯《俠女奴》，約得三千字。」這大概不是起頭，可見這時正在翻譯，十八日寄給丁初我，這是《女子世界》的主編，也是上海《小說林》的編者之一。

乙巳正月初一日云：「元旦也，人皆相賀，予早起譯書，午飲於堂中。」

至十四日，又記云：

「譯美國坡原著小說《山羊圖》竟，約一萬八千言。」二十四日寄給丁初我，至二月初四日得到初我回信，允出版後以書五十部見酬。十四日條下云：

「譯《俠女奴》竟，即抄好，約二千五百字，全文統一萬餘言，擬即寄去，此事已了，如釋重負，快甚。」由是可知《俠女奴》著手在前，因在報上分期發表，故全文完成反而在後了。二十九日條下云：

「接初我廿六日函，云《山羊圖》已付印，易名《玉蟲緣》。又云《俠女奴》將印單行，有所入即以補助女子世界社。下午作函允之，並聲明一切，於次日寄出。」

這裡那兩本小書的譯述年月已經弄明白，即虛假的署名，一個是萍雲，一個是碧羅，而且都是女士，也均已聲明，雖然無此必要，因為這在編者原是一目了然的。

《玉蟲緣》這名稱是根據原名而定的，本名是《黃金甲蟲》（The Gold-bug），因為當時用的是日本的《英和辭典》，甲蟲稱為玉蟲，實際是吉丁蟲，我們方言叫它做「金蟲」，是一種美麗的帶殼飛蟲。

這故事的梗概是這樣的，著者的友人名萊格蘭，避人住於蘇利樊島，偶然得到一個吉丁蟲，形狀甚為奇怪，頗像人的枯顱，為的要畫出圖來給著者看，在裹了吉丁蟲來的偶從海邊撿得的一幅羊皮紙上，畫了圖遞給著者的時候，不料落在火爐旁邊了，經著者拾起來看時，圖卻畫得像是一個人的髑髏。

萊格蘭仔細檢視，原來在畫著甲蟲的背面對角地方，真是髑髏的圖，是經爐火烘烤出現的，而在下方則顯出一隻小山羊，再經洗刷烘烤，乃發見一大片的字跡，是一種用數字及符號組成的暗碼。

他的結論是這是海賊首領甲必丹渴特（Kidd）的遺物，因為英語小山羊的發音與渴特相同，而髑髏則為海賊的旗幟，所以苦心研究，終於將暗號密碼翻譯了出來，掘得海賊所埋藏的巨額的珍寶。

這是安介亞倫坡（Edgar Allan Poe，一八〇九—一八四九）所作中篇小說之一，坡少孤受育於亞倫氏，故兼二姓，性脫略耽酒，終於沉醉而死，詩文均極瑰異，人稱鬼才，我後來在《域外小說集》裡譯有他的一篇寓言《默》，此外亦不能多譯。

這篇《玉蟲緣》的原文係依據日本山縣五十雄的譯注本，係是他所編的《英文學研究》的一冊，題目是「掘寶」。所以在譯本後邊，有譯者的附識道：

「譯者曰，我譯此書，人勿疑為提倡發財主義也。雖然，亦大有術，曰有智慧，曰細心，曰忍耐。三者皆具，即不掘藏亦致富，且非獨致富，以之辦事，天下事事皆可為，為無不成矣。何有於一百五十萬弗之巨金。吾願讀吾書者知此意。乙巳上元，譯竟識。」

這是還沒有偵探小說時代的偵探小說，但在翻譯的時候，《華生包探案》卻早已出版，所以我的這種譯書，確是受著這個影響的。但以偵探小說論，這卻不能說很通俗，因為它的中心在於暗碼的解釋，而其趣味乃全在英文的組織上，因此雖然這篇小說是寫得頗為巧妙，可是得不到很多的外國讀者，實在是為內容所限，也是難怪的。

因為敝帚自珍的關係，現在重閱，覺得在起首地方有些描寫也還不錯，不免引用在這裡：

「此島在南楷羅林那省查理士頓府之左近，形狀甚奇特，全島係砂礫所成，長約三英里，廣不過四分之一，島與大陸毗連之處，有一狹江隔之，江中茅葦之屬甚茂盛，水流迂緩，白鷺水凫多棲息其處，時時出沒於荻花蘆葉間。島中樹木稀少，一望曠漠無際，島西端盡處，墨而忒列炮臺在焉。其旁有古樸小屋數椽，每當盛夏之交，查理士頓府士女之來避塵囂與熱病者，多僦居之。屋外棕櫚數株，綠葉森森，一見立辨。全島除西端及沿海一帶砂石結成之堤岸外，其餘地面皆為一種英國園藝家所最珍重之麥妥兒樹濃陰所蔽，島中此種灌木生長每達十五尺至二十尺之高，枝葉蓊郁，成一森密之矮林，花時游此，芬芳襲人，四圍空氣中，皆充滿此香味。」

五三　我的筆名

我的別名實在也太多了，自從在書房的時候起，便種種的換花樣，後來看見了還自驚訝，在那時有過這稱號麼，覺得很可笑的，不值得再來講述了。現在只就和寫文章有關係的略為說明，這便是所謂「筆名」，和普通一般的別名不同，是專用作文章的署名的。

我的最早的名字是個「魁」字，這個我已經說明過，原來乃是一個在旗的京官的姓，碰巧去訪問我的祖父，那一天裡他得到家信，報告我的誕生，於是就拿來做了我的小名，其後檢一個木旁的同音的字，加上「壽」字，那麼連我的「書名」也就有了。

但是不湊巧，木部找不著好看的字，只有木旁的一個魁字，既不好寫，也沒有什麼意思，就被派給我做了名字，與那有名的桐城派大家劉大櫆一樣。他的大名為什麼也弄得這樣怪裡怪氣的呢？這個理由，我也還沒有機會查得清楚。

總之我覺得沒有意思，而且有北斗星的關係的號——「星杓」，也不中意，還不如叫做槐壽的好，雖然木旁一個鬼字，但比較鬼在踢鬥總要好得多了。後來因為應考，請求祖父改名，他命改為同音的「奎綬」，這仍舊不脫星宿的關係，而且「奎」又訓作「兩髀之間」，尤其是不大雅馴，但隨後看見有名的坤伶，名字叫作「喜奎」，頗疑心是促狹的文人的作怪呢。奎綬云者，也不過是掛在前面的闊帶子，即古代之所謂韍也。

我既然決定進水師學堂，監督公用了「周王壽考，遐不作人」的典故，給我更名，又起號曰樸士，不過因為叫起來不響亮，不曾使用，那時魯迅因為小名曰「張」，所以別號「弧孟」，我就照他的樣子自號曰「起孟」。這個號一直沿用下來，直到後來章太炎先生於一九〇九年春夏之間寫一封信來，招我們去共學梵文，寫作「豫哉啟明兄」，我便從此改寫啟明，隨後《語絲》上面的豈明，開明以及難明，也就從這裡引伸出來了。

如今說話且退回去，講那萍雲女士吧。這萍雲的號也只是那時別號之一，如日記上見著的什麼不柯，天欷，頑石一樣，不久也就廢棄了吧。但是因為給《女子世界》做文章的關係，所以加上女士字樣，至於萍雲的文字大抵也只取其漂泊無定的意思罷了。

碧羅是怎麼來的呢，那已經忘記是什麼用意，或者是「秋雲如羅」的典故吧，或者只是臨時想起，以後隨即放下了也未可知。萍雲的名字在《女子世界》還是用著，記得有一回抄撮《舊約》裡的夏娃故事，給它寫了一篇《女禍傳》，給女性發過一大通牢騷呢。

少年的男子常有一個時期喜歡假冒女性，向雜誌通信投稿，這也未必是看輕編輯先生會得重女輕男，也無非是某種初戀的形式，是慕少艾的一種表示吧。自己有過這種經驗，便不會對於後輩青年同樣的行為感到詫異與非難了。

離開南京學堂以後，所常用的筆名是一個「獨應」，故典出在《莊子》裡，不過是怎麼一句話，那現在已經記不得了。還有一個是「仲密」，這是聽了章太炎先生講《說文解字》以後才制定的，因為《說文》裡說，周字從用口，訓作「密也」，仲字則是說的排行。前者用於劉申叔所辦的《天義報》，後來在《河南》雜誌上做文章也用的是這個筆名，後者則用於《民報》，我在上邊登載過用「仲密」名義所譯的兩篇文字，其一是斯諦普虐克的宣傳小說《一文錢》，現在收入《域外小說集》中，其二是克羅泡金的《西伯利亞紀行》，不過這登在第二十四期上，被日本政府禁止了，其後國民黨（那時還是同盟會）在巴黎復刊《民報》，卻另外編印第二十四期，並未將東京《民報》重新翻印，所以這篇文章也就從此不見天日了。

其後翻譯小說賣錢，覺得用筆名與真姓名都不大合適，於是又來用半真半假的名氏，這便是《紅星佚史》和《匈奴奇士錄》的周逴。當初唯讀半邊字，認為從卓聲，與「作」當是同音，卻不曉得這讀如「綽」，有點不合了，不過那也是無礙於事的。民國以來還有些別的筆名，不過那是另一段落的事了，現在這裡姑且從略，——我只可惜不曾使用那「槐壽」的筆名，這其實是我所很喜歡的名字，很想把它來做真姓名用呢。

五四　秋瑾

乙巳（一九〇五）年裡我在南京有一件很可紀念的事，因為見到一位歷史上有名的人物，雖然當時一點都看不出來，她會得有那偉大的氣魄。此人非別，即是秋瑾是也。日記裡三月十六日條下云：

「十六日，封燮臣君函招，下午同朱浩如君至大功坊辛卓之君處，見沈翀，顧琪，孫銘及留日女生秋瓊卿女士，夜至悅生公司會餐，同至辛處暢談至十一下鐘，往鐘英中學宿，次晨回堂。」至二十一日項下，有記錄云：

「前在城南夜，見唱歌有願借百萬頭顱句，秋女士笑云，但未知肯借否？信然，可知作者亦妄想耳。」據當時印象，其一切言動亦悉如常人，未見有慷慨激昂之態，服裝也只是日本女學生的普通裝，和服夾衣，下著紫紅的裙而已。

這以前她在東京，在留學生中間有很大的威信，日本政府發表取締規則，這裡當然也有中國公使館的陰謀在內，留學生大起反對，主張全體歸國，這個運動是由秋瑾為首主持的。但老學生多不贊成，以為「管束」的意思雖不很好，但並不限定只用於流氓私娼等，從這文字上去反對是不成的，也別無全體歸國之必要，這些人裡邊有魯迅和許壽裳諸人在內，結果被大會認為反動，給判處死刑。

大會主席就是秋女士，據魯迅說她還將一把小刀抛在桌上，以示威嚇。當時還有章行嚴等人是中間派，主張調停其間，但是沒有效，秋瑾的一派便獨自回來了。

她其時到了上海，但沒有立刻回紹興去，卻溯江而上來到南京，那天的談話似乎也沒有談到，看她的態度似乎很是明朗，彷彿那一件事的成功失敗，都沒有多少關係的樣子。

第二年丙午初夏我因為決定派往日本留學，先回到家裡一走，這時秋女士已經在紹興辦起大通學堂來，招集越中綠林豪傑，實行東湖上預定的「大做」的計畫，但是我那時不曾知道，所以沒有到豫倉去訪問。其時魯迅回家來完婚，也在家裡，談起取締規則風潮的始末，和那一班留學生們對於「鑑湖女俠」的恭順的情形，也就把她那邊的事情擱下了。及至安慶的槍聲一舉世震驚，秋女士只留下「秋雨秋風愁殺人」的口供，在古軒亭口的丁字街上被殺。

革命成功了六七年之後，魯迅在《新青年》上發表了一篇《藥》，紀念她的事情，夏瑜的名字這是很明顯的，荒草離離的墳上有人插花，表明中國人不曾忘記了她。

五五　大通學堂的號手

秋瑾從日本歸國後，據傳略裡說，「主講潯溪學校，旋在上海主持同盟會通訊機關，嘗與陳墨峰會同造炸彈，彈藥爆炸創甚，幾以此被捕，因無佐證得免。尋辦《中國女報》，以母喪返浙，居於徐伯蓀所創辦之大通體育會，往來江浙，連絡會眾，得數千人，編為光復漢族大振國權八軍，以徐為長，己副之，張恭等為分統。」

這時候已經在徐伯蓀進日本陸軍學校不成，捐了候補道，到安徽去候補，陶成章則在蕪湖的皖江中學教書，監督是張伯純，名通典，是候補道中的開明人物。陳子英的行蹤未明，大約仍住在紹興東浦，與徐伯蓀是同村的人，後來安慶事發，他便是直接從那裡逃往日本去的。

大通體育會即是大通體育學堂，是徐伯蓀等人所設，用以收羅綠林豪傑的機關，表面說是學堂，但是那些不三不四的赳赳武夫說是學什麼好呢？只有體育還說得過去，所以這名字定得恰好，可以和東湖通藝學堂競爽的。

造反的計畫始於東湖，而終於大通，這是紹興鬧革命的一幕。大通學堂設在豫倉，我沒有到來那地方，但是那學堂卻和我有過一番交涉。這一時期我沒有寫日記，所以月日無可考了，但總之是在乙巳（一九〇五）年的下半年吧。

有一天接到封燮臣君的一封信，說大通學堂要找一名吹號的人，叫我給他們介紹一個。那時我們大家真是糊塗，大通學堂如有吹號，照例應當是陸軍的，理應給他們去陸師學堂找一個德國式的號手才對，我們水師所用係是英國式的，當然不能適用。但是那時大家都是稀裡糊塗一起，封君和我只是自己在水師裡，聽慣了英國的號聲，以為這就是了。我於是找管輪堂的號手來一談，托他介紹一位，他當然欣然承諾，不久便前去赴任去了。

我的介紹就此完了，但事情還不完了，因為此後還有那包抄豫倉的大通學堂的這一件事呢。我介紹號手在一九〇五年，第二年離開學堂往日本去了，就不曾知道那裡的消息，大概這兩年間總是平安無事的吧。包抄的結果，大家都知道犧牲了秋女士，其餘的傷亡的人大約也有吧，范文瀾君的回憶文中便說，有人中槍斃命，人家當作他的堂兄，混了過去，即此可以知道。但是我所介紹的號手呢，就此信息杳然，他本來是江北人，異言異服的很容易被人注意，可能就捉將官裡去了。

事過十餘年之後，在一九一八年左右，封燮臣君又在北京遇見，這才聽到這位號手的消息。原來他倒是運氣，仍然回到他的故鄉去了，生性來得機警，又熟知號聲的緣故，大概曉得來勢不善，所以越牆而遁，虧他在「人生路弗熟」的地方，逃出了性命。

這是他親自告訴給他介紹的原經手人的。我很高興，他能夠逃出「豫倉」，——因為這個地方，經民國後改為「民團」總部，乃是風水很不好的地方，誰進去了就不容易出得來的。

上邊說到「民團」，不免蛇足的來說明幾句。民團這東西本是地主鄉紳的武裝勢力，民國初年便由徐伯蓀的兄弟仲蓀來擔任團長，這已經很是滑稽了，而徐團長卻又做得不甚好看。聽說有一回民團槍斃強盜，團長騎了高頭大馬，親來監刑，在強盜已經中彈斃命之後，團長再親手打他一手槍。這事就出在豫倉，我說豫倉風水不好，意思裡就有這故事包含在內的。

五六　武人的總辦

在學堂方面這時也有了一個變更，這事大約是在乙巳年三月以後，因為日記上沒有記載。所謂變更乃是又換了總辦，總辦換人也是常事，但是這回換的不是候補道，不是文人而是武人，是一位水師的老軍官。

這或者可以說是破天荒的事，因為無論軍事或非軍事的學堂，向來做總辦的人總是候補道，似乎候補道乃是萬能的人，怎麼事都能夠包辦的。可是這回到來的卻不是官樣十足的道台，只是一介武弁，他的姓名是蔣超英，官銜是「前游擊」。

為什麼不寫現在的官銜的呢？因為他沒有現在的官，只是從前做過游擊，——這是前清的武官的名稱，地位居參將之次，等於現在的中校，本是陸軍的官名，但那時海軍也是用的陸軍的官制。

他做著游擊的時候，還是光緒甲申（一八八四）以前的事吧，據說他帶領一隻兵船，參加馬江戰役，後來兵敗，船也沉掉了，有人說是他自己弄沉的，但是這或是謠言也說不定，總之是船沒有了而人卻存在，因此犯了失機的罪就把他革了職。

聽說凡是官革職，是革去現在的職務，他本身所有的官銜——誥封三代所留下的自己這一代，還是存在的，所以他還是「前游擊」，而且可以用那前游擊的「藍頂子」的三四品頂戴。

前頭說過管輪堂監督椒生公有一個侄兒，最早進水師學堂，分在駕駛班，這位蔣超英其時擔任駕駛堂監督，因為和椒生公有意見，便藉口功課不及格，把他開除了。

這人便是曾在宋家漊北鄉義塾教過英文的周鳴山，在學校的名字是周行芳，他本人和椒生公都這樣說，歸罪於監督的不公平，其實功課不行或者是真的，監督只是不留情面而已，說是由於什麼惡意，恐怕未必如此，這是我從他來做總辦以來觀察所得，可以替他說明的。

武人做總辦，他與文人很有點不同。他第一是來得魯莽些，也就率直些，不比文人們的虛假。方碩輔是一股假道學氣，黎錦彝比較年輕漂亮，但是很滑頭，總之是不脫候補道的習氣。

蔣總辦的作法便很是不同，他在「下車伊始」，即開始擬訂一種詳細規則，大約總有幾十條之多，指導學生的生活，寫了兩大張，貼在兩堂宿舍的入口。條文都已忘記了，只是有一條因為成為問題，所以還記得。那一條的意思是說，宿舍內禁止兩個人在一張床上共睡。學生們看了都是心照不宣，但是覺得這種所謂契弟的惡習雖然理應嚴禁，可是這樣寫著「堂而皇之」

的貼在齋舍外面，究竟不大雅觀，便推派代表去找學堂當局，請求適當處理。

其時學堂裡又新添了提調一職，由總辦的一個同鄉同事姓黃的充任，這人身體不很高大，又因姓黃的關係，所以學生們送他一個徽號叫「黃老鼠」，可是話雖如此，這卻是別沒有什麼惡意，因為他也是很漂亮，與學生相處得很是不錯。代表去找他一說，他隨即瞭解，便叫人用了一細長條的白紙，把那禁令糊上，這樣一來那滿紙黑字的掛牌中間，留有一條空白，是這事件所遺留下的痕跡。

還有一回，我們下操場出操，蔣總辦親臨訓話，也無非鼓勵的話，但是措辭很妙，他說你們好好用功，畢業便是十八兩，十六兩，十四兩，將來前程遠大，像薩鎮冰何心川那樣的，都是紅頂子，藍頂子。這一篇訓話雖然後來傳為笑柄，但是他的直爽處卻還是可取的。

又如有一回我們同班的福建同學陳崇書，因事除名，我們幾個人代表全班前去說情，結果是不成功，但總辦的態度還不十分官僚的，這或者是由於他夾說英語的關係，他連說「埃姆索勒」，這雖是一句口頭語，但因為意思可以解作「我很抱歉」，所以在聽者也就少有反感了。

五七　京漢道上

甲辰（一九〇四）年冬天，上一班的頭班學生已經畢業，我們升了頭班，雖然功課還是那麼麻胡，但留學轉學都沒有辦法，大抵只好忍耐下去，混過三年再說了。

想不到剛過了一個年頭，忽然有了新的希望，北京練兵處（那時還沒有什麼海陸軍部）要派學生出國去學海軍，叫各省選送。我們便急起來運動，要求學堂裡保送我們出去，一面又各自向本省當道上稟請求，浙省計有林秉鏞柯樵和我三名，就聯名上書，此外也代別省同學做過稟帖，可是都如石沉大海，一去沒有消息，只有山東給了一個回電給學堂裡，應允以在學的山東學生魏春泉補充，那時山東巡撫不知道是什麼人，就這一件事看來，可以說是勝於東南各省的大官遠甚了。

學校裡沒有法子規定，為免得大家爭吵起見，乃決定將頭班學生都送往北京應考，由練兵處自己選擇。手邊留有一本《乙巳北行日記》，實在只有兩頁，簡單的記著事項，還可以知一個梗概。

「十一月十一日，晴。上午因北上應考事，謁見兩江總督，又至督練公所。夜，赴總辦餞行之宴。

十二日，晴。整理行李。上午六點鐘至下關，宿於第一樓旅館，同行者學友二十三人，提調黃暨聽差二人。

十三日，晴。侵晨至頓船，候招商局江孚上水船，至下午不至，後知因機損不能來，復回至第一樓宿。

十四日，晴。晨兩下鐘下怡和公司瑞和船，上午九點到蕪湖，下午六點到大通，十二點到安慶。

十五日，陰。晨到湖口，上午十點到九江，下午五點到蘄州，七點到黃石岡即赤壁，九點到黃州。

十六日，晴。晨四點到漢口，寓名利棧。」

長江一路，無事可記，唯船泊九江的時候，曾登岸遊覽，偶過一瓷器店，見有一種茶盅，白地藍邊，上有暗花，以三角錢買得十個。今年在北京新街口的店中，見有飯碗亦是此種質地和花紋，心甚喜愛，亟買兩個，價共九角四分。

十七日在漢口大智門車站上火車，八點開車。那時京漢鐵路雖已通車，只是夜間是不走的，所以從漢口到北京要走上四天，若是有特別情形，還要加上一天的工夫。是日下午六點到駐馬店，宿連元棧。

十八日上午六點開車，下午三點到黃河，即渡河，至八點始到達對岸河北，火車已開，宿三元棧。這時候黃河鐵橋大概在修理吧，車到南岸，用船過渡，河北岸火車等著，九點可到新鄉住宿。

可是那一天過河特別困難，有橋的地方雖只有六里三分的路程，河中間卻有一條沙埂，船須逆流上行，繞越過去，這一來便成了五倍多，到岸時已是八時了。

河水流甚迅速，所以舟行十分困難，舟夫甚至赤體竄入河中背縴，那時已是陰曆十一月冬至前後的天氣，艱苦生涯可以想見，但中途勒索酒資，其勢洶洶，也狠覺可怕。好容易船靠了岸，看見岸邊的黃土大塊的坼裂下來，整個兒的掉下河裡去，這也顯得黃河的可怕，印象是十分深刻的。

其時火車早已開走，我們只得在河邊住下，僥倖那裡也有客棧，或者是專為渡河誤了車的人們開設的吧，牆壁只用蘆柴編成，上面也不抹灰，床也是蘆桿所編的，同學魏春泉君站了上去想打開鋪蓋，剛一用力，兩隻腳踏斷了蘆柴，就陷了下去了。

客棧裡歡迎我們，特別殺雞煮飯，飯米也不壞，煮飯的當然都是黃河裡的水，所以飯吃起來卻是有沙的。

「十九日，晴。下午四點上火車，七點開行，九點到新鄉縣，屬衛輝府，寓源和棧。

二十日，陰。上午十點半鐘開車，下午五點二十分到順德府，寓聚豐棧。

廿一日，晴。上午八點開車，下午八點到北京，寓西河沿全安棧。因屋隘不能住下，予與柯樵林秉鏞魏春泉三君分居新豐棧。」

五八　在北京（一）

這是我第一次到北京，在庚子事變後的第五年，當時人民創痛猶新，大家有點談虎色變的樣子，我們卻是好奇，偏喜歡打聽拳匪的事情。我們問客棧的夥計，他們便急忙的分辯說：「我們不是拳匪，不知道拳匪的事。」其實是並沒有問他當不當過拳匪，只是問他那時候的情形是怎麼樣罷了。

可是他們恰如驚弓之鳥，害怕提起這件事來，這實在也是難怪的。因為我們雖然都還有辮子，卻打扮得不三不四，穿了粗呢的短衣，戴著有鐵錨模樣的帽徽的帽子，而且口音都是南方人，裡邊雖然也有山東河南的同學，但在老北京看去也要算是南邊，這便是一群異言異服的人，那樣的盤問他，不知是何用意。何況在那時的形勢之下，有誰不是反對「毛子」的人呢？民國初年錢玄同在北京做教員，雇有一個包車夫，他自己承認做過拳匪，但是其時已經是熱心的天主教徒了，在他的房裡供有耶穌和聖母馬利亞的像，每早禱告禮拜很是虔誠。問他什麼緣因改信宗教的呢？他回答得很是直捷了當道：

「因為他們的菩薩靈，我們的菩薩不靈嘛。」

這句話至少去今已有四十多年了。在那時候，我第二次來北京，到西河沿去看過一趟，再也找不到客棧的一點痕跡，這其間雖然只隔著十整年，可是北京的變遷卻很大，不但前門已經拆通，那比人行道窪下的道路也都不見了。

我們的那客棧，想起來只是一個小四合房，臨街的南屋是老闆夫婦住房，本是旗人，都吸鴉片煙，我們中間有林秉鏞君也吸幾口，所以他雖是滿口黃岩口音，卻主客很講得來，常在他們房裡閒坐。

兩間南向的上房，便分給我們客人居住，林柯二人住在東邊，我和魏春泉君住在西邊，此外似乎不曾見有別的住客，顯得十分冷靜。白天多在外面行走，吃飯也集中在全安棧，只是晚上回來睡覺，在那沒有火氣的房間裡的冷炕上邊，所以留下來的是一個暗淡陰冷的印象。

在學堂裡，我們穿的棉操衣褲，用紅青羽毛紗做的，也並不寒傖，但是大家不滿意，由學堂去代辦了黑色粗呢的制服來，原來是供應新軍用的吧，但只是單層呢，雖然是頗厚實，此外各人預備了一套棉織衛生衣褲，用了這服裝就在北京過了一個寒冬。

據那年的冬至算來，其時正是「二九三九」的天氣，我們那麼的在冷屋裡睡，寒風裡走，當初大家都有一件擬毛織的「一口鐘」大衣，經呂得元提議，畢瑟的披著走不大好看，以後便只穿了呢制服挺去，結果誰也不曾傷風，可以說是很難得的。

我們於廿一日抵京之後，隔了一天由黃老師率領了往練兵處，先見了提調達壽，隨後過了些時候徐世昌出來，他是那裡的頭兒吧，名稱不記得是練兵處大臣或是什麼了，照例慰勞幾句之後，回過頭去對那跟隨的人說道：「北京天氣很冷，給他們做皮外套吧。」後邊站著的達壽等人都齊聲答應是是。我們聽了這話，當時以為可以得到一件北京巡警穿的那種狗皮領子的大衣了。豈知到出發那天仍舊毫無消息，這才知道是沒有希望了，但是究竟是說了話就不算，還是皮外套是報銷了，不過這實物卻並沒有呢，那就終於不能知道罷了。

五九　在北京（二）

我們到了北京，第一要做的事，是去訪問在北京學校裡的同鄉。次日是十一月廿二日，便同了林秉鏞柯樵二君至醫學館去看俞榆蓀君，俞君是台州黃岩人，又曾經在水師是同學，是從前相識的，此外又至京師大學堂譯學館各處，卻不曾去找人。

至初六日又訪榆蓀，同柯采卿（樵）三人照相，並在煤市街飯館吃飯，十六日同采卿訪榆蓀，見到溫州永嘉的胡儼莊，因同至廣德樓觀劇，十八日晚，同了柯采卿徐公岐吳椒如至榆蓀處告別。

在初七那一天裡，曾經到大學堂，訪問紹興同鄉馮學壹，不料一見就是滿口北京話，打破了同鄉人的空氣，不覺興味索然，便匆匆別去，以後也就不再去找別的同鄉了。

榆蓀因為是舊友，所以特別過往頻繁，而且為人也很誠實，在醫學館畢業後在北京做事，逐漸升為醫務處長。有一年東北鬧鼠疫，情形很是猖獗，他前去視察，已是任務完畢了，臨行因為往看一個病人，終於自己也染病而亡，這事問醫學界的朋友，或者還有人知道的吧。

我們於十一月廿五日至練兵處報到後，廿八日起在軍令司考試各項學科，至十二月初二日上午這才考畢。詳細情形已經不記得了，大抵只是上午考一兩門，下午是休息吧。由軍學司長譚學衡來監考，他是廣東人，也是水師出身，與黃老師談得很投機，戴著藍頂花翎說英語，很是特別的事。

考試完了以後，不知為什麼事又耽擱好久，至十九日才乘火車出京。據日記上說，火車是二等室，價二十九元，也實在貴得很，與民國後的京浦路二等車差不多了，不過那時所謂二等實際與頭等也相差無幾，四個人一間房，上下四個床位，但只是這樣罷了，此外設備是什麼也沒有。

火車仍舊要行走四天，便是第一天停在順德，第二天渡過黃河，停在鄭州，第三天停在駐馬店，第四天到漢口的大智門。這一次卻可以住宿車中，不要搬上搬下的住客棧了，所以方便得多，吃飯卻仍要到各站時自辦，其時賣東西的很多，不成什麼問題。

記得梨子特別好吃，一路上買了不少，雖然小販因為我們是「外江佬」，多少要欺侮一點，彷彿是要一個「大子」（二分銅幣）一個，但在我們看來卻不算貴，便買了有半網籃，路上削了來吃，我當初不會旋轉削梨法，一路學著削，走了半路梨將要吃完，整個削梨，梨皮一長條接連不斷的削法也給我學會了。

說到北京的名物，那時我們這些窮學生實在誰也沒有享受到什麼。我們只在煤市街的一處酒家，吃過一回便飯，問有什麼菜，答說連魚都有，可見那時候活魚是怎麼難得而可貴了。但是我們沒有敢於請教那魚，而且以後來的經驗而論，這魚似乎也沒有什麼了不得，那有名的廣和居的「潘魚」，在江浙人嘗來，豈不也是平常得很麼？

至於烤鴨子，就是後來由於紅毛人的賞識而馳名世界的「北京鴨子」，也無緣享受，因為那時是整隻不能另售的。我們那時可以買得的北京名物，無非只是一兩把王麻子的剪刀，兩張王回回的狗皮膏，和一兩幾十小粒的同仁堂萬應錠，俗稱「耗子屎」的一種可吃可搽的藥，回南京後狗皮膏的用處不得而知了，但這「耗子屎」卻幫助我醫好了腿上的瘡，是於我大有好處的。

六〇 北京的戲

北京的戲是向來有名的，我在上文說過潘姨太太在影抄石印小本的《二進宮》，伯升的每星期往城南看粉菊花，這似乎含有雙重意義，因為在這裡有著對於北京的「鄉愁」，是生長在北京的人所特別有的，此外則是對於那聲調的迷戀，這卻是很普遍的情形了。我們在北京這幾天裡，一總看了三回戲，據日記裡說：

「十一月初九日下午，偕采卿公岐至中和園觀劇，見小叫天演時，已昏黑矣。初十日下午，偕公岐椒如至廣德樓觀劇，朱素雲演《黃鶴樓》，朱頗通文墨。」

此外十六日還同了采卿榆蓀至廣德樓，和溫州胡君看過一回戲。三回看的不算多，但我看到了京戲的精華，同時也看了糟粕，給我一個很深的印象。京戲的精華是什麼呢？簡單的回答是：小叫天的演戲，這總是不大會錯吧。

譚鑫培別號「叫天」，大概是說他的唱聲響徹雲霄吧，他是清末的有名京劇演員，我居然能夠聽見他的唱戲，不能不說是三生有幸了。

魯迅在他的《社戲》這一篇小說裡，竭力表揚野外演出的地方戲，同時卻對於戲園裡做的京戲給予一個極不客氣的批評。他說在近二十年中只看過兩次京戲，但不是沒有看成，便是看得極不愉快。第一次他的耳朵被戲場裡的「冬冬喤喤」嚇慌了，而且又忍受不住狹而高的凳子的優待，所以不看而出來了。

第二次呢，因為決心聽譚叫天，雖然也仍是「冬冬喤喤」，但是從九點鐘忍耐到十二點，「然而叫天竟還沒有來」，結果他也只得走了。那麼他終於沒有能夠聽見叫天的戲，而我卻是看見了，雖然那時已是昏黑，看不清他的相貌，然而模樣還是約略可辨的。那天因為演的是白天戲，照例不點燈，臺上已是一片黑暗，望過去只見一個人黑鬚紅袍，逛蕩著唱著。

唱的怎麼樣呢，這是外行是不能贊一辭的。老實說，我平常也很厭惡那京戲裡的拿了一個字的子音拉長了唱，嗳嗳嗳或嗚嗚嗚的糾纏不清，感到一種近於生理上的不愉快，但那譚老闆的唱聲卻是總沒有這樣的反感的。

所謂糟粕一面乃是什麼呢？這是戲劇上淫褻的做作。在小說戲劇上色情的描寫是不可避免的，但作公開的表演的時候這似乎總應該有個斟酌才對。京戲裡的，特別那時我所看到的那可真是太難了。我記不清是在中和園或廣德樓的哪一處了，也記不得戲名，可是彷彿是一齣《水滸》裡的偷情戲吧，臺上掛起帳子來，帳子亂動著，而且裡面伸出一條白腿來，還有一場是丫環伴送小姐去會情人，自己在窗外竊聽，一面實行著自慰。

這些在我用文字表白，還在幾費躊躇，酌量用字，真虧演員能在臺上表現得出來。這一面與那時盛行的「像姑」制度也有關係，所以這種人材也不難找，若在後來恐怕就找不到肯演這樣的戲的人了。

說到底，這糟粕也只是一時的事，但是在我的印象上卻仍是深刻，雖然知道這和京戲完全是分得開的事情，但是因為當初發生在一起，也就一時分拆不開了。

我第二次來北京以後，已經有四十餘年，不曾一次看過京戲，而且聽見「嗳嗳嗳」那個唱聲，便衷心發生厭惡之感，這便是那時候在北京看戲所種的病根，有如吃貝類中了毒，以後便是看見蠣黃也是要頭痛了。

六一 魚雷堂

我們北京考試的成績都是及格的，那麼就算是考取了，在派遣出國以前暫時仍舊在學堂裡居住。這一群人中間差不多有一大半是本地人，他們樂得回家去，剩下來的也只有十一二人了，不過人數雖少，在學堂方面應付也頗有困難，因為他們雖是舊學生，卻又大半算是已經脫離了，把他們放在宿舍裡，和別的學生在一起，管理上不免有些不大方便。這大概是黃老師的計畫吧，的確不失為一個好辦法，就是請這班仁兄們住到魚雷堂裡去。

魚雷班停辦已經很久，幾間宿舍本來空閒著，又遠在校內西北角，與各處都有相當距離，在種種方面是再也適當不過的了。那是向東開門的一個狹長院子，我住在內院朝南靠西的一間裡，東鄰是誰已記不得了，對面朝北的兩間中間打通，南邊又有窗門，算是最好的房間，為徐公岐所得，與其他兩人共住，但因為稍為寬暢，也被指定為吃飯的地方，一天三次難免有些煩擾。外院即迤東的院子裡房屋大抵與內院相同，如何分配居住，不知怎的全不清楚了，只是由宿舍撥來的聽差，也即是徐公岐原來所用的王福住在那裡，那總是確實的。

這裡與管輪堂等的宿舍不同，沒有走廊，所以下雨時候稍感困難，不但是小便時要走一段濕路，而且簷溜直落到窗門前面來，也是很憂鬱的。

魚雷堂在學堂西路的西北角，廚房則在於東路的中間靠東，冬天雨夾雪的時候從那邊送飯菜過來，總是冷冰冰的，這多少是一個缺點，除此以外，則因為環境特別，好處很多，寄住在那裡的兩三個月的光陰可以說是很愉快的了。

住在魚雷堂的幾個人因為是學生，所以仍是學生待遇，照舊領取贍銀，但一方面又有點不是了，沒有功課，也沒有監督，出入也不必告假，晚上也不點名了。可是他們也還能自肅，那種濫用自由，夜遊不歸的人始終沒有，雖然或者打小牌是難免的。

從前頭班學生夜半在宿舍裡打牌，窗上掛了被單，廊下佈置巡風的事是有過的，這下一班的人是反對他們這樣的行動，所以自己不肯再犯，但是搬到這幽僻的地域來了之後，不免似乎受了暗示，有點技癢起來，在徐公岐的房裡便有時要打起麻將來，這差不多是半公開的了，所以也沒有那些巡風等的勾當。好在當時有一種不文律，或者是有過這樣的命令也未可知，在堂學生都不到魚雷堂裡來，所以也不至於有什麼壞影響。

丙午（一九〇六）新年過去不久之後，有幾個同學缺少零用，走去找黃老師借支贍銀，他聽了微笑說道：「以前發錢不久，輸去了麼？」大家也只一笑，仍舊借了兩三元回來，其實他是在說玩笑話，這裡是不曾有過什麼輸贏的。

我住在那裡的時候，只記得右邊大腿上長了一個瘡，這並不很深，但是橢圓形的有一寸來長，沒有地方去找醫生，便用土醫方，將同仁堂的萬應錠，用醋來磨了，攤在油紙上貼著，這樣的弄了一兩月才算好了，但是把一條襯褲都染了膿血，搞得不成樣子了。

此外一件事，是半做半偷的寫了一篇文言小說，——為什麼說「偷」的呢，因為抄了別人的著作，卻不說明是譯，那麼非偷而何？我當初執筆，原想自己來硬做的，但是等到那小主人公「阿番」長大了之後，卻沒有辦法再寫下去，結果只好借用雨果——當時稱為囂俄，因為在梁任公的《新小說》上介紹以後，大大的有名，我們也購求來了一部八大冊的英譯選集，長篇巨著啃不動，便把他的一篇頂短的短篇偷了一部分，作為故事的結束。

故事講一個孤兒，從小貧苦，藏身土穴，乞討為活，及長偶為竊盜，入獄作苦工，因為袒護同監的犯人，將看守長殺死，被處死刑，臨死將所餘的一點錢捐了出來，說道：「為彼孤兒。」這裡明明是說的外國事情，因為其時還沒有什麼孤兒院的設備，不過那是只好不管，抄的乃是人家的「刊文」嘛。原本前一半卻是苦心的做了，說到那土穴的確用了點描寫的工夫，可惜原書既然沒有，也不可能來抄錄了，只是有蛇在草間蜿蜒自去，卻拉扯到「天可見憐，蛇蟲也不見害」，未免有點幼稚可笑了。

書名是「孤兒記」，有兩萬多字，賣給上海小說林書店，為「小本小說」的第一冊，得洋二十元，是我第一次所得的稿費，除在南京買了一只帆布製的大提包以外，做了我後來回鄉去的旅費，輸給徐公岐他們的大概沒有什麼。

六二 吳一齋

我們進學堂的時候，只考了一篇漢文，雖然很難，但是只此一關，過了這關便沒事了。到北京練兵處考試，沒有這樣簡單了，學科繁多倒還沒有多大關係，問題是在於體格檢查，在這關上我們裡邊就有兩個通不過，因為都是眼睛近視。一個是我，一個是駕駛堂的吳秉成。在練兵處和學堂兩邊都沒有發表什麼，但是我們自己知道，牆上掛的那些字這個也不知道，那個也不明白，在視力這一項上總不能算是及格，那麼這整個的留學考試豈不是完了麼。可是不及格到底又不就是開除，所以結果仍是回來住在魚雷堂裡，和及格的同班一樣待遇，至於下文如何，誰也不能知道。

我與吳君雖是同班，就是同一年裡進去的學生，但他是駕駛堂的學生，又是河南固始人，所以並無什麼交際，這回因有同病之雅，關係便密切起來，特別是春風得意的同學走了之後，於是吳一齋——這是吳君的號——成為我唯一的座上客了。

他們去了的時候，魚雷堂又非關門不可，我們乃被請回駕駛堂和管輪堂去住，又不好放到宿舍裡去，吳君的住處記不清了，我的房間是在管輪堂門內東口第一間，以前是二班的湯老師所住的，房內設備很是不錯，但是門外有很深的走廊，那裡又是拐角，廊是曲尺形的，顯得房內更是陰暗。獨住倒也不妨，反正並不怕鬼，只是每頓飯都是送進來獨吃，覺得十分乏味，這樣大概也住了有兩個月，比起魚雷堂來真是有天壤之殊了。

我同吳一齋成了學堂裡的兩個遺老之後，每天相見只有愁嘆，瞻望前途，一點光明都沒有，難道就是這樣請學堂供養下去，這又有什麼意思呢？大概是三四月時候，忽然聽差來說，江督視察獅子山炮臺，順便來學堂裡，要叫考取留學而未去的兩個學生來一見，我們走到風雨操場，看見周玉山便服站在那裡，像是一個老教書先生，他問我們學過哪些學科，隨後回顧跟在後邊的一群官說道：

「給他們兩個局子辦吧。」照例是一陣回答「是是」。我們卻對他申明不想辦「局子」，仍願繼續去求學，他想了一想說道：

「那麼，去學造房子也好。」這會見的情形雖還不錯，但是我們有過了那皮外套的經驗，不敢相信這事就會成功，不過既然有了這一句話，我們總可以去請學堂去催詢，或直接上書去請求了。

不知道是什麼緣故，這回周玉山所說的話，與水竹村人的迥不相同，大抵在一個月之後，就得到江南督練公所的消息，決定派遣吳一齋和我往日本去學建築，於秋間出發。不過督練公所的官在這裡小小的弄了一點手腳，便是於我們兩人之外，另外加添了一個周某一同去學「造房子」，這人不知道是何等樣人，也一直沒有見到過，但是這於我們是毫無損害的，所以就不管他了。

我得著消息之後，就先回家鄉去一走，將來由上海上船，不再回到南京去，把一隻木箱託付了吳君，連治裝費代領了一併帶到東京。那是一隻笨重的木板箱，裡邊裝有八冊英文的雨果小說集，這是我的又一部新書，雖然不曾翻譯應用，可是於我很有影響，一直珍藏著，到了民國二十年左右才賣給北大圖書館的。

此外又有一把茶壺，用黃沙所做，壺嘴及把手等處都做成花生菱角百果模樣，是孫竹丹君托帶，交給在東京留學的吳弱男女士的，孫吳都是安徽巨族，大概他們還是親族，還有一件羊皮背心，也托帶去，那個只好收在我的帆布提包裡，後來由魯迅特地送了去，叫那官崎寅藏就是那自稱「白浪庵滔天」的代收轉交的。

這只箱子承他辛苦的送到下宿，連治裝費一百元，卻不知聽了哪個老前輩的忠告，還給兌換了日本的金幣，一塊值二十日圓的五個，結果又賠錢換回紙幣才能使用。幸虧他沒有完全聽了忠告，像魯迅在《朝花夕拾》所說那樣，買些中國的白布襪子來，那便是全然的廢物，除了塞在箱子底下別無用處，在日本居住期間，那足趾分作兩杈的日本布襪真是方便，只是在包過腳的男子，因為足指重疊，這才不能穿用罷了。

六三　五年間的回顧

在南京的學堂裡五年，到底學到了什麼呢？除了一點普通科學知識以外，沒有什麼特別的東西。但是也有些好處，第一是學了一種外國語，第二是把國文弄通了，可以隨便寫點東西，也開始做起舊詩來。這些可以籠統的說一句，都是浪漫的思想，有外國的人道主義，革命思想，也有傳統的虛無主義，金聖嘆梁任公的新舊文章的影響，雜亂的拼在一起。這於甲辰乙巳最為顯著，現在略舉數例，如甲辰「日記甲」序云：

「世界之有我也，已二十年矣，然廿年以前無我也，廿年以後亦必已無我也，則我之為我亦僅如輕塵棲弱草，彈指終歸寂滅耳，於此而尚欲借駒隙之光陰，涉筆於米鹽之瑣屑，亦愚甚矣。然而七情所感，哀樂無端，拉雜記之，以當雪泥鴻爪，亦未始非蜉蝣世界之一消遣法也。先儒有言，天地之大，而人猶有所恨，傷心百年之際，興哀無情之地，不亦偵乎，然則吾之記亦可以不作也夫。甲辰十二月，天欹自序。」是歲除夕記云：

「歲又就闌，予之感情為何如乎，蓋無非一樂生主義而已。除夕予有詩云：東風三月煙花好，秋意千山雲樹幽，冬最無情今歸去，明朝又得及春遊。可以見之。

然予之主義，非僅樂生，直並樂死。小除詩云：一年倏就除，風物何淒緊。百歲良悠悠，白日催人盡。既不為大椿，便應如朝菌。一死息群生，何處問靈蠢。可以見之。」這裡的思想是很幼稚的，但卻是很真摯，因為日記裡一再的提及，如乙巳元旦便記著：

「是日也，賀者賀，吊者吊，賀者無知，吊者多事也。予則不喜不悲，無所感。」

又初七日記云：「世人吾昔覺其可惡，今則見其可悲，茫茫大地，荊蕙不齊，孰為猿鶴，孰為沙蟲，要之皆可憐兒也。」

那時候開始買佛經來看。最初是十二月初九日，至延齡巷金陵刻經處買得佛經兩本，記得一本是《投身飼餓虎經》，還有一本是經指示說，初學最好看這個，乃是《起信論》的纂注。其實我根本是個「少信」的人，無從起信，所以始終看了「不入」，於我很有影響的乃是投身飼虎的故事，這件浪漫的本生故事一直在我的記憶上留一痕跡，我在一九四六年做《往昔三十首》，其第二首是詠菩提薩埵，便是說這件事的，前後已經相隔四十多年了。

丙午（一九〇六）年以後，因為沒有寫日記，所以無可依據了，但是有一篇《秋草閒吟序》，是那年春天所作，詩稿已經散逸，這序卻因魯迅手抄的一本保存在那裡，現在得以轉錄於下：

「予家會稽，入東門凡三四里，其處荒僻，距市遼遠，先人敝廬數楹，聊足蔽風雨，屋後一圃，荒荒然無所有，枯桑衰柳，倚徙牆畔，每白露下，秋草滿園而已。予心愛好之，因以園客自號，時作小詩，顧七八年來得輒棄去，雖裒之可得一小帙，而已多付之腐草矣。今春無事，因摭存一二，聊以自娛，仍名秋草，意不忘園也。嗟夫，百年更漏，萬事雞蟲，對此茫茫，能無悵悵，前因未昧，野花衰草，其遲我久矣。卜築幽山，詔猶在耳，而紋竹徒存，吾何言者，雖有園又烏得而居之？借其聲，發而為詩，哭歟歌歟，角鴟山鬼，對月而夜嘯歟，抑悲風戚戚之振白楊也。龜山之松柏何青青耶，茶花其如故耶？秋草蒼黃，如入夢寐，春風雖至，綠意如何，過南郭之原，其能無惘惘而雪涕也。丙午春，秋草園客記。」

在這裡青年期的傷感的色彩還是很濃厚，但那些爛調的幼稚筆法卻已逐漸減少了。上文說過的詩句，「獨向龜山望松柏，夜烏啼上最高枝」，大抵是屬於這一時期的，這裡顯然含著懷舊的意味。

乙巳二月中記云：「過朝天宮，見人於小池塘內捕魚，勞而所獲不多，大抵皆鰍魚之屬耳。憶故鄉菱蕩釣鰷，此樂寧可再得，令人不覺有故園之思。」這與辛丑魯迅的《再和別諸弟原韻》第二首所云：「悵然回憶家鄉樂，抱甕何時共養花」，差不多是同一樣的意思。

六四　家裡的改變

自從甲辰年的冬天回到學堂，一直到了丙午（一九〇六）年的夏天再回家去，時間隔的很長，所以家裡的情形也改變得不少了。第一是房屋的改變。以前我們「興房」派下的房子乃是在本宅的西北角一帶，這是宅內的第四五進，本來也有「立房」的一部分在內，後來「立房」的十二世子京身死無後，擬以伯升承繼，所以併入這一邊了。

第四進計有前後五大間，南邊對著桂花明堂（院子），盡西頭的一間出典給了吳姓，隔壁即是祖父居住的地方，中間隔了一個堂屋，東邊的兩間原為祖母和母親的住房。

路北院子的對面即是第五進了，原來偏東的兩間劃歸「仁房」，院子裡對半分開，砌上了一個曲尺形的牆，西頭的兩間經了太平軍的戰亂已經殘毀，只剩下南邊的一部分房屋尚可住人，與中堂相對的一間作為女僕們的宿舍，後邊朝北的一間則因樓板和窗戶都已沒有了，所以空著，只供存放穀米之用。

東偏一間即是在《魯迅的故家》裡所說的「橘子屋」，乃是子京所原住，他在這裡教書，掘藏，也在這裡發瘋的地方。

樓上也是空著，卻比東邊倉間的樓上更是荒廢了，因為那邊只是沒有樓板，空空洞洞的沒有什麼奇怪，這邊卻仍是一間空著的房子，卻是窗戶全無，隔牆又是梁姓的竹園，所以有種種鳥獸前來借住，往往在夏天黃昏時候，陣雨將要到來，小孩向北竊窺，看見樓上窗口伸出貓臉似的，或狗頭似的，不曉是什麼鳥獸的臉孔來，覺得又是害怕又是愛看，著實很有興趣。

現在卻把這一部分全都改造了，東邊是一間南向的堂屋，後面朝北的一間作為母親的住房，西邊朝南的是祖母的住房，後邊一間是通往第六進的廚房的通路，以及樓梯的所在。樓上也都修復了，共有兩間，則作為魯迅的住房。

為什麼荒廢了幾十年的破房子，在這時候重新來修造的呢？自從房屋被太平天國戰役毀壞以來，已經過了四十多年，中間祖父雖然點了翰林，卻一直沒有修復起來，後來在北京做京官，捐內閣中書，以及納妾，也只是花錢，沒有餘力顧到家裡，這回卻總算修好，可以住得人了。

這個理由並不是因為有力量修房子，家裡還是照舊的困難，實在乃因必要，魯迅是在那一年裡預備回家，就此完姻的。樓上兩間乃是新房，這也是在我回家之後才知道的。

當初重修房屋與魯迅結婚的事情，我在南京彷彿事前並不得知，那時或者也曾信裡說及，不知怎的現在卻全不記得了。總之魯迅的結婚儀式是怎麼樣的，我不在場，故全然不清楚，想必一切都照舊式的吧。頭上沒有辮子，怎麼戴得紅纓大帽，想當然只好戴上一條假辮吧？我到家的時候，魯迅已是光頭著大衫，也不好再打聽他當時的情形了。

「新人」是丁家弄的朱宅，乃是本家叔祖母玉田夫人的同族，由玉田的兒媳伯撝夫人做媒成功的，伯撝夫人乃出於觀音橋趙氏，也是紹興的大族，人極漂亮能幹，有王鳳姐之風，平素和魯老太太也頂講得來，可是這一件事卻做的十分不高明。新人極為矮小，頗有發育不全的樣子，這些情形姑媳不會得不曉得，卻是成心欺騙，這是很對不起人的。本來父母包辦子女的婚姻，容易上媒婆的當，這回並不是平常的媒婆，卻上了本家極要好的妯娌的當，可以算是意外的事了。

第二卷

六五　往日本去

這回的啟行也同癸卯（一九〇三）年秋天那一回差不多，有伴侶偕行，而且從紹興直到日本，所以路上很是不寂寞。

這同行的是什麼人呢？這人乃是邵明之，名文鎔，紹興人留學日本北海道札幌地方，學造鐵路，北海道是日本少數民族多須的蝦夷聚居之地，多雪多熊，邵君面圓而黑，又多鬍子，所以魯迅送他一個日本綽號叫作「熊爺」。（日本語用一個「樣」字，加在名氏下面，用作稱呼，不問身分高低，悉可通用，很是方便，猶如法文裡的M一樣。就是中國沒有適宜的字，現在一般公用，例如稅關郵局銀行的通信，一律都是直呼姓名，未免太是簡單。老實說來，那種稱呼或者是封建遺風倒未可知，直截的叫法反是民主的，現在學生中間和一般社會通行，可以為證。但是也有應了年齡，加上一個老字或是小字的，例如說「老趙」或是「小錢」，或將老字加在姓的底下，表示尊敬，可見也有相同的表示，不過沒有一個可以一切通用的稱呼罷了。）

平常魯迅是很看不起學鐵路的，雖然自己是礦路學堂的出身，因為那一班進岩倉鐵道學校的速成班的，目的只是在賺錢，若是進高等專門的學習鐵道，那自然是另眼相看的。在《魯迅的青年時代》裡面，有一張插畫，後邊站著許壽裳和魯迅，在許壽裳前面的即是邵明之其人，魯迅前面的則是陳公俠，即是後來的陳儀，一時改為陳毅，民國以後這才恢復原名。

在照相那時，可能是弘文學院剛畢業，開始分別進高等專門，經過兩年的學習，魯迅已經學完醫學校的前期功課，因思想改變，從救濟病苦的醫術，改而為從事改造思想的文藝運動了，所以決心於醫校退學之後回家一轉，解決多年延擱的結婚問題，再行捲土重來，作《新生》的文學活動。其時邵君適值回鄉，於是約定一同回日本去，那時候有邵君的友人張午樓也要同行，所以我們這一行總共有四個人，都是由紹興出發，可是分作兩批，約定在西興會合，共乘小火輪拖船前往上海。

到了上海之後，由於邵君的主意，特別在後馬路或是五馬路的一家客棧裡住下，這不是普通的客棧，乃是湖州絲業商人的專門住宿的地方，不過別人也可以住得，邵君不曉得以什麼關係，得到了這一種的特權，現在卻是忘記了。因為不是普通的客店，所以多少覺得清淨，可是因為我們住客太不老實了，以致別的客人嘖有煩言，這其實要怪我們的不好。

那時我們幾個人都年少氣盛，難免自高自大，蔑視別人，因為主張打倒迷信，破除敬惜字紙的陋習，平常上廁所去總使用報紙，其實這是很不合衛生的一件事，尤其是犯人家的嫌惡，討厭你褻瀆字紙還是其次，第一是要連累他也犯了罪了。

那客棧的住客於是聯合抗議，表面上很是和平，說願意供給上茅廁用的草紙，請勿用字紙，以免別人望而生畏。對於這種內剛而外柔的抗議，結果只好屈服了事，因為沒法僵持下去，事實顯然是我們理曲的。

在這裡大約也停留了三五天之久，因為一則要候買船票，二則我和張午樓都要剪去辮子。我的剪髮很花工本，那時上海只有一個剃頭匠，他有一把「軋剪」，能夠軋平而不是剃光，軋髮的工錢只要大洋一元，但是附帶有一個條件，剪下來的辮子是歸他所有，由他去做成假髮或假辮，又有二三元的進益。

他寄住在一家什麼小客棧裡，顧客跑去請教，倒還相當便利清閒，張午樓為的貪圖便利，只叫普通剃頭匠一刮了事，雖然是省事，但是刮得精光像是一個和尚，一時長不起來，在日本去的船上很被人家所注目，卻也是一種討厭的事情。

六六　最初的印象

一個人初到外國的地方，最是覺得有興趣的，是那裡人民的特殊的生活習慣，其有一般習得的文化生活，雖然其時也頗覺得新奇，不過總是還在其次了。我們往日本去留學，便因為它維新成功，速成的學會了西方文明的緣故，可是我們去的人看法卻並不一致，也有人以為日本的長處只有善於吸收外國文化這一點，來留學便是要偷他這記拳法，以便如法炮製。

可是我卻是有別一種的看法，覺得日本對於外國文化容易模仿，固然是他的一樣優點，可是不一定怎麼對，譬如維新時候的學德國，現在的學美國都是，而且原來的模範都在，不必要來看模擬的東西，倒是日本的特殊的生活習慣，乃是他所固有也是獨有的，所以更值得注意去察看一下。這個看法或者是後來經過考慮這才決定的也未可知，大體從頭就是這樣看法，不過後來更是決定罷了。

關於日本民族的問題，我們是門外漢，不容得來亂開口的，但說他是屬於太平洋各島居民有關的大洋洲系統，那總是沒有十分錯誤的吧。他的根本精神是巫來由的，但是表面卻又受了很濃厚的漢文化與佛教文化，所顯出很特殊的色彩來，這是我所覺得看了很有興趣的。

要瞭解日本的國民性，他的一切好的和壞的行動，不單是限於文學藝術一方面的成就，這需要從宗教下手，從他的與中國人截不相同的宗教感情去加以研究，這事現在無法討論，所以只好不談，因為這所謂宗教當然並不是佛教，乃是佛教以前固有的「神道」，這種宗教現在知道與朝鮮滿洲的薩滿教是一體的，但與南洋的宗教的關係現今還沒有聽說去調查研究，我們外行更不配來插嘴了。因此我們這裡所談的，也只是一個旅客在日本所得的最初的印象，說是最初卻也可以延長到最後，因為在這方面我的意見始終沒有什麼改變。

我初次到東京的那一天，已經是傍晚，便在魯迅寄宿的地方，本鄉湯島二丁目的伏見館下宿住下，這是我在日本初次的和日本生活的實際的接觸，得到最初的印象。這印象很是平常，可是也很深，因為我在這以後五十年來一直沒有什麼變更或是修正。簡單的一句話，是在它生活上的愛好天然，與崇尚簡素。我在伏見館第一個遇見的人，是館主人的妹子兼做下女工作的乾榮子，是個十五六歲的少女，來給客人搬運皮包，和拿茶水來的。

最是特別的是赤著腳，在屋裡走來走去，本來江南水鄉的婦女赤腳也是常有的，有如張汝南在所著《江南好詞》中第九十九首，便是歌詠這事的，其詞云：

「江南好，大腳果如仙。衫布裙綢腰帕翠，環銀釵玉鬢花偏。一溜走如煙。」原注云：

「大腳婦女其美者皆呼為大腳仙，其妝飾如此，過者能知之。諺云，大腳仙，頭綰白玉簪，臉像米粉團，走街邊，走起來一溜煙。」

但這是說街邊行走，不是說在屋裡。我在一九二一年寫過一篇名為「天足」的短文，第一句便說道：「我最喜見女人的天足。」但後邊卻做的是反面文章，隨即翻過來說道：「這實在是我說顛倒了。我意思是說，我嫌惡纏足。」

二十年後，在我給日本二千六百年紀念作《日本之再認識》那篇文章，裡邊仍是說這個話，不過加以引伸道：「日本生活裡的有些習俗我也喜歡，如清潔，有禮，灑脫。灑脫與有禮這兩件事一看似乎有點衝突，其實卻並不然。灑脫不是粗暴無禮，他只是沒有宗教的與道學的偽善，沒有從淫佚發生出來的假正經，最明顯的例是對於裸體的態度。

「藹理斯（H.Ellis）在他的論『聖芳濟及其他』的文中有云：『希臘人曾將不喜裸體這件事

看作波斯人及其他夷人的一種特性，日本人——別一時代與風土的希臘人——也並不想到避忌裸體，直到那西方夷人的淫佚的怕羞的眼告訴他們，我們中間至今還覺得這是可嫌惡的，即使單露出腳來。』

「我現今不想來禮讚裸體，以免駭俗，但我相信日本民間赤腳的風俗總是極好的，出外固然穿上木屐或草履，在室內席上便白足行走，這實在是一種很健全很美的事。我所嫌惡的中國惡俗之一是女子的纏足，所以反動的總是讚美赤腳，想起兩足白如霜不著鴉頭襪之句，覺得青蓮居士畢竟是可人，在中國古人中殊不可多得。

「我常想，世間鞋類裡邊最善美的要算希臘古代的山大拉，閒適的是日本的下馱，經濟的是中國南方的草鞋，而皮鞋之流不與也。凡此皆取其不隱藏，不裝飾，只是任其自然，卻亦不至於不適用與不美觀。此亦別無深意，不過鄙意對於腳或身體的別部分以為解放總當勝於束縛與隱諱，故於希臘日本的良風美俗不得不表示讚美，以為諸夏不如也。

「希臘古國恨未及見，日本則幸曾身歷，每一出門去，即使別無所得，只是憧憧往來者皆是平常人，無一裹足者在內，如現今在國內行路所常經驗，見之令人愀然不樂者，則此一事亦已大可喜矣。」

這文章寫了之後，現今又過了二十年了，可是出去的時候，還皆遇見「愀然不樂」的現象，這不能不感慨繫之了。

六七　日本的衣食住（上）

我對於日本的平常生活方式，即是衣食住各方面的事情，覺得很有興趣，這裡有好些原因，重要的大約有兩個，其一是由於個人的性分，其二可以說是思古之幽情吧。我是生長於東南水鄉的人，那裡民生寒苦，冬天屋內沒有火氣，冷風可以直吹進被窩裡來，吃的通年不是很鹹的醃菜也是很鹹的醃魚，有了這種訓練去過東京的下宿生活，自然是不會不合適的。我那時又是民族革命的一信徒，凡民族主義必含有復古思想在裡邊，我們反對清朝，覺得清朝以前或元朝以前的差不多都是好的，何況更早的東西。聽說夏穗卿錢念劬兩位先生在東京街上走路，看見店鋪招牌的某文句或某字體，常指點讚嘆，謂猶存唐代遺風，非現今中國所有。

岡千仞著《觀光紀遊》中亦紀楊惺吾回國後事云：

「惺吾雜陳在東所獲古寫經，把玩不置曰，此猶晉時筆法，宋元以下無此真致。」

這句話是很有道理的，其實不但「古寫經」是如此，即現時墨筆字也可以這麼說，因為不單是唐朝書法的傳統沒有斷絕，還因為做筆的技術也未變更，不像中國看重翰林的楷法，所以筆也做成那種適宜於書寫白摺紙的東西了。用了翰林們所愛用的毛筆來寫字，又加上翰林字的範本，自然也只是那一派的末流罷了。

紀錄日本生活，比較詳細而明白合理的，要推黃公度在《日本雜事詩》注裡所說的為第一。卷下關於房屋的注有云：

「室皆離地尺許，以木為板，藉以莞席，入室則脫屨戶外，襪而登席。無門戶窗牖，以紙為屏，下承以槽，隨意開闔，四面皆然，宜夏而不宜冬也。室中必有閣以度物，有床笫以列器皿陳書畫。（室中留席地，以半掩以紙屏，架為小閣，以半懸玩器，則緣古人床笫之制而亦仍其名。）楹柱皆以木而不雕漆，晝常掩門而夜不扃鑰。寢處無定所，展屏風，張帳幙，則就寢矣。每日必灑掃拂拭，潔無纖塵。」

又一則云：

「坐起皆席地，兩膝據地，伸腰危坐，而以足承尻後，若趺坐，若蹲踞，若箕踞，皆為不恭。坐必設褥，敬客之禮有敷數重席者。有君命則設几，使者宣詔畢，亦就地坐矣。皆古禮也。因考《漢書·賈誼傳》，文帝不覺膝之前於席。《三國志》管寧傳，坐不箕股，當膝處皆穿。《後漢書》，向栩坐板，坐積久板乃有膝踝足指之處。朱子又云，今成都學所存文翁禮殿刻石諸像，皆膝地危坐，兩蹠隱然見於坐後帷裳之下。今觀之東人，知古人常坐皆如此。」

這種日本式的房屋我覺得很喜歡。這卻並不由於好古，上文所說的那種坐法實在有點弄不來，我只能胡坐，即不正式的趺跏，若要像管寧那樣，則無論敷了幾重席也坐不到十分鐘就兩腳麻痹了。

我喜歡的還是那房子的簡素適用，特別便於簡易生活。《雜事詩》注已說明屋內鋪席，其製編稻草為台，厚可二寸許，蒙草席於上，兩側加麻布黑緣，每席長六尺寬三尺，室之大小以席數計算，自兩席以至百席，而最普通者則為三席，四席半，六席，八席，學生所居以四席半為多。

戶窗取明者用格子糊以薄紙，名曰障子，可稱紙窗，其他則兩面裱糊暗色厚紙，用以間隔，名曰唐紙，可云紙屏耳。閣原名戶棚，即壁廚，分上下層，可分貯被褥及衣箱雜物，床笫原名「床之間」，即壁龕而大，下宿不設此，學生租民房時可利用此地堆積書報，幾乎平白的多出一席地也。

四席半一室面積才八十一方尺，比維摩斗室還小十分之二，四壁蕭然，下宿只供一副茶具，自己買一張小几放在窗下，再有兩三個坐褥，便可安住。坐在幾前讀書寫字，前後左右凡有空地都可安放書卷紙張，等於一張大書桌，客來遍地可坐，容六七人不算擁擠，倦時隨便臥倒，不必另備沙發，深夜從壁廚取被攤開，又便即正式睡覺了。昔時常見日本學生移居，車上載行李只鋪蓋衣包小幾或加書箱，自己手拿玻璃洋油燈在車後走而已。

中國公寓住室總在方丈以上，而板床桌椅箱架之外無他餘地，令人感到局促，無安閒之趣。大抵中國房屋與西洋的相同，都是宜於富麗而不宜於簡陋，一間房子造成，還是行百里者半九十，非是有相當的器具陳設不能算完成，日本的則土木功畢，鋪席糊窗，即可居住，別無一點不足，而且還覺得清疏有致。

從前在日本旅行，在吉松高鍋等山村住宿，坐在旅館的樸素的一室內憑窗看山，或著浴衣躺席上，要一壺茶來吃，這比向來住過的好些洋式中國式的旅舍都要覺得舒服，簡單而省費。

這樣房屋自然也有缺點，如《雜事詩》注所云宜夏而不宜冬（雖然日本北方的屋裡，別有一種取暖的所謂「圍爐裡」的設備），其次是容易引火，還有或者不大謹慎，因為槽上拉動的板窗木戶易於偷啟，而且內無扃鑰，賊一入門便可以各處自在遊行也。

六八　日本的衣食住（中）

關於衣服，《日本雜事詩》注只講到女子的一部分，卷二中云：

「宮裝皆披髮垂肩，民家多古裝束，七八歲丫髻雙垂，尤為可人。長，耳不環，手不釧，髻不花，足不弓鞋，皆以紅珊瑚為簪，出則攜蝙蝠傘。頻寬咫尺，圍腰二三匝，復倒捲而直垂之，若繈負者。衣袖尺許，襟廣微露胸，肩脊亦不盡掩。傅粉如面然，殆《三國志》所謂丹朱坋身者耶。」

又云：「女子亦不著褲，裡有圍裙，《禮》所謂中單，《漢書》所謂中裙，深藏不見足，舞者迴旋偶一露耳。五部洲唯日本不著褌，聞者驚怪。今按《說文》，袴脛衣也。《逸雅》，袴兩股各跨別也。袴即今制，三代前固無。張萱《疑耀》曰，袴即褌，古人皆無襠，有襠起自漢昭帝時上官宮人。考《漢書》上官後傳，官人使令皆為窮褲。服虔曰，窮褲前後有襠，不得交通，是為有襠之袴所緣起。」

這個問題其實本很簡單。日本上古有袴，與中國西洋相同，看「埴輪」土偶便可知道，後受唐代文化衣冠改革，由筒管褲而轉為燈籠褲，終乃袴腳益大，袴襠漸低，今禮服的所謂袴已幾乎是裙了。平常著袴，故裡衣中不復有袴類的東西，男子但用犢鼻褌，女子用圍裙，就已行了，迨後民間平時可以衣而不裳，遂不復著袴，只用作乙種禮服，學生如上學或訪老師則和服之上必須得著袴才行。

現今所謂和服實即古時的「小袖」，袖本小而底圓，今則甚深廣，有如口袋，可以容手巾錢袋等物，與中國和尚所穿者相似，西人稱之曰 Kimono，原語云「著物」，實只是衣服的總稱。日本衣裳之制大抵都根據中國，而逐漸有所變革，乃成今狀，蓋與其房屋起居最適合，若以現今和服住於洋房中，或以華服住日本房，亦不甚相適也。

《雜事詩》注又有一則是關於鞋襪的，云：

「襪前分歧為二靫，一靫容拇指，一靫容眾指。屐有如丌字者，兩齒甚高，又有作反凹者。織蒲為苴，皆無牆有梁，梁作人字，以布綆或紉蒲繫於頭，必兩指間夾持用力乃能行，故襪分作兩歧。考《南史》虞玩之傳，一屐著三十年，艾䕡斷以芒接之。古樂府，黃桑柘屐蒲子履，中央有絲兩頭繫。知古制正如此也，附注於此。」

這個木屐也是我所喜歡著用的，我覺得這比廣東的用皮條絡住腳背的還要好些，因為這似乎更著力可以走路。

黃公度說必兩指間夾持用力乃能行，這大約是沒有穿慣，或者因為中國男子多包腳，腳指互疊不能銜梁，銜亦無力，所以覺得不容易，其實是套著自然著力，用不著什麼夾持的。

甲戌（一九三四）年夏間我往東京去，特地到大震災時沒有毀壞的本鄉菊阪去寄寓，晚上穿了和服木屐，曳杖往帝大前面一帶去散步，看看舊書店和地攤，很是自在，若是穿著洋服就覺得拘束，特別是那麼大熱天。

不過我們所能穿的也只是普通的「下駄」，即所謂反凹字形狀的一種，此外名稱「日和下駄」，底作丌字形而不很高的，從前學生時代也曾穿過，至於那兩齒甚高的「足駄」，那就不敢請教了。

在大正時代以前，東京的道路不很好，也頗有雨天變醬缸之概，足駄是雨具中的要品，後來卻是可以無需，不穿皮鞋的人只要有日和下駄就可應付，而且在實際上連這也少見了。

六九　日本的衣食住（下）

黃公度在《日本雜事詩》注裡，關於食物說的最少，其一是說生魚片的：

「多食生冷，喜食魚，聶而切之，便下箸矣，火熟之物亦喜寒食。尋常茶飯，蘿蔔竹筍而外，無長物也。近仿歐羅巴食法，或用牛羊。」

又云：「自天武四年（案即西元六七六年，但史稱三年詔禁食牛馬雞犬猿等，次年乃令諸國放生），因浮屠教禁食獸肉，非餌病不許食。賣獸肉者隱其名曰藥食，復曰山鯨。所懸望子，畫牡丹者豕肉也，畫丹楓落葉者鹿肉也。」

講到日本的吃食，第一感到奇異的事的確是獸肉的稀少。四十多年前，我在三田地方確實還看見過山鯨的招牌，這是賣豬肉的，畫牡丹楓葉的卻已不見，馬肉稱為櫻花肉，但也不曾見諸招牌。雖然近時仿歐羅巴法，但肉食不能說很盛，不過已不如從前以獸肉為穢物禁而不食，肉店也在「江都八百八街」到處開著罷了。

平常鳥獸的肉只是雞與豬牛，羊肉簡直沒處買，鵝鴨也極不常見。平民的下飯的菜到現在仍舊還是蔬菜以及魚介。中國學生初到日本，吃到日本飯菜那麼清淡，枯槁，沒有油水，一定大驚大恨，特別是在下宿或分租房間的地方。

這是大可原諒的，但是我自己卻不以為苦，還覺得這有別一種風趣。——的確有過一次，因為下宿的老太婆三日兩頭的給吃「圓油豆腐」，有點受不住了，只好買罐頭鹹牛肉來下飯。這是因為烹調得不好的緣故，這種圓豆腐原名為「假雁肉」，用胡蘿蔔等切成丁，和在豆腐內製成，加醬油糖煮，也是很好吃的，但是那老太婆似乎只拿鹽水來煮，而且幾乎天天是這個，所以吃厭了，那只算是例外吧。——吾鄉窮苦，人民努力日吃三頓飯，唯以醃菜臭豆腐螺螄為菜，故不怕鹹與臭，亦不嗜油若命，到日本去吃無論什麼都不大成問題。

有些東西可以與故鄉的什麼相比，有些又即是中國某處的什麼，這樣一想就很有意思。如味噌汁與乾菜湯，金山寺味噌與豆板醬，福神漬與醬咯嗟，牛蒡獨活與蘆筍，鹽鮭與勒鯗，皆相似的食物也。又如大德寺納豆即鹹豆豉，澤庵漬即福建的黃土蘿蔔，蒟蒻即四川的黑豆腐，刺身即廣東的魚生，壽司即古昔的魚鮓，其制法見於《齊民要術》，此其間又含有文化交通的歷史，可資研究。——刺身讀如薩西米，即是《雜事詩》注所說「聶而切之」的魚肉，黃君乃廣東嘉應州人，是知道魚生的，但日本所不同的就是這樣的生吃了，這在中國也不是沒有先例的，如吃醉蝦即是。

魚用鮪和鯛，亦有用鯉者，此外多骨的河魚皆不適用。——家庭宴集自較豐盛，但其清淡則如故，亦仍以菜蔬魚介為主，雞豚在所不廢，唯多用其瘦者，故亦不油膩也。近時社會上亦流行中國及西洋菜，則並沒有什麼高明，蓋以日東手法調理西餐（日本昔時亦稱中國為西方）

難得恰好。東京神田有「維新號」，當初係一小雜貨店，乃浙江寧波鄭君所經營，專售賣中國食品，略如稻香村那樣，小樓一間作為雅座，可以小吃，昔日曾經請教過，卻做得很好，四十年來聞已大為發展，開有各處分號了。

日本食物之又一特色為冷，確如《雜事詩》注所說。下宿供膳尚用熱飯，人家則大抵只煮早飯，家人之為官吏教員公司職員工匠學生者皆裹飯而出，名曰「便當」，匣中盛飯，別一格盛菜，上者有魚，否則苦鹹的梅乾一二而已。傍晚歸來，再煮晚飯，但中人以下之家便吃早晨所餘，冬夜苦寒，乃以熱苦茶淘之。

中國人慣食火熱的東西，有海軍同學昔日為京官，吃飯恨不熱，取飯鍋置左右，由鍋到碗，由碗到口，迅疾如暴風雨。乃始快意，此固是極端，卻亦是一好例。總之對於食物中國一般大抵喜熱惡冷，所以留學生看了「便當」恐怕無不頭痛的，不過我覺得這也很好，不但是故鄉有吃「冷飯頭」的習慣，說得迂腐一點，也是人生的一點小小的訓練。

中國有一句很是陳舊，卻是很有道理的格言道：人如咬得菜根則百事可做。所以學會能吃生冷的東西，雖然似乎有背衛生的教條，但能夠耐得刻苦的生活，不是沒有什麼益處的吧。

七〇　結論

剛才說到了東京，就說上這一大堆話，總論日本的衣食住，也可以說是結論，這是什麼緣故呢？總之這似乎不是說初到時最初的印象吧？是的，這的確是結論，是我多年之後觀察所得的結果，如今說在起頭的地方，實在有點倒果為因的毛病。不過這有什麼辦法呢，大凡一個人對於一地方的意見，無論是愛憎如何，總是有一種結論做根據。我現在便把這個根據說在前邊，再來敘述我的事情，希望它可以說得清楚一點。

老實說，我在東京的這幾年留學生活，是過得頗為愉快的，既然沒有遇見公寓老闆或是員警的欺侮，或有更大的國際事件，如魯迅所碰到的日俄戰爭中殺中國偵探的刺激，而且最初的幾年差不多對外交涉都是由魯迅替我代辦的，所以更是平穩無事。這是我對於日本生活所以印象很好的理由了。

我那時對於日本的看法，或者很有點宿命觀的色彩也說不定。我相信日本到底是東亞或是亞細亞的，他不肯安心做一個東亞人，第一次明治維新，竭力掙扎學德國，第二次昭和戰敗，又學美國，這都於他自己沒有好處，反給亞細亞帶來了許多災難。

我最喜歡的是永井荷風在所著《江戶藝術論》第一篇《浮世繪之鑑賞》中說過的一節話，雖然已是五十年前的舊話了，但是我還要引用了來，說明我的一點意思：

「我反省自己是什麼呢？我非是威耳哈倫似的比利時人，而是日本人也，生來就和他們的運命及境遇迥異的東洋人也。戀愛的至情不必說了，凡對於異性的性欲的感覺悉視為最大的罪惡，我輩即奉戴此法制者也。承受『勝不過啼哭的小孩和地主』的教訓的人類也，知道『說話則唇寒』的國民也。使威耳哈倫感奮的滴著鮮血的肥羊肉與芳醇的蒲桃酒與強壯的婦女之繪畫，都於我有什麼用呢？

「我愛浮世繪。苦海十年，為親賣身的遊女的繪姿使我泣。憑倚竹窗，茫然看那流水的藝妓的姿態使我喜。賣宵夜麵的紙燈，寂寞的停留著的河邊的夜景使我醉。雨夜啼月的杜鵑，陣雨中散落的秋天樹葉，落花飄風的鐘聲，途中日暮的山路的雪，凡是無常無告無望的，使人無端嗟嘆此世只是一夢的，這樣的一切東西，於我都是可親，於我都是可懷。」

他的話或者也有過於消極悲觀的地方，但是在本篇的末尾這樣說，覺得是很有道理的：

「日本之都市外觀和社會的風俗人情，或者不遠將全都改變了吧。可傷痛的，將美國化了，可鄙夷的，將德國化了吧。但是日本的氣候與天象與草木，和為黑潮的水流所浸的火山質的島嶼存在的時候，初夏晚秋的夕陽亦將永遠如猩猩緋的深紅，中秋月夜的山水將永遠如藍靛的青，落在茶花與紅梅上的春雪也將永遠如友禪印花綢的絢爛。如不把婦女的頭髮用了烙鐵燙得更加捲縮了，恐怕也將永遠誇稱水梳頭髮之美吧。然則浮世繪者，將永遠對於生在這太平洋上島嶼的日本人，在感情方面傳達親密的私語。浮世繪的生命，實與日本的風土，永劫存在，蓋無可疑。而其傑出的製品，今乃悉不在日本了，豈不悲哉！」

這是著者論「浮世繪」的幾節話，但是這裡我引用了來，卻也覺得是恰好。

我那時喜歡這「東洋」的環境，所以愉快的過了留學時期，不過這夢幻的環境卻也到時候打破了，那便在我關閉了「日本研究」的小店的門，正式發表在《日本管窺之四》裡邊，已經是在盧溝橋的前夕了。

關於日本的衣食住的結論我還是沒有什麼修正，但是日本人是宗教的國民，感情超過理性，不大好對付，這是我從前看錯了的。

七一 下宿的情形

我最初來到東京，住在伏見館下宿屋裡。伏見館在東京的本鄉區湯島二丁目，是中下等的下宿，——我這樣說也是沒有什麼根據的，只是憑我的估計罷了。

本來下宿是按月計算房飯錢，與按日計算的旅館不同，這是最大的區別，至於下宿本身的等級也大有高下，大的有三四層的樓房，用人眾多，有點像是旅館的樣子，小的則房子不到十間，只用著一兩個下女，有的還用自己的女兒們充任。

伏見館的情形是這樣的，一進柵欄門是脫鞋的地方，走上去時右手是一個樓梯，隨後即是所謂帳房，即是店主人的住所，便所與廚房就在這後邊，左手外邊是兩間四席半的房間，大約就算是第一二號，不過因為房間太是氣悶也不方便，所以不大有人居住，只有我們有一個時候，曾經借住第一號有一個月左右，再往後是一個通往便所的樓梯，以後是一間浴室，這之後是一間安放什物的房間，樓下的情形便是如此。

樓上樓梯之後是第一間客房，卻算是第八號，因為這就是魯迅所住的房間，所以記得清楚，上邊偶然需要茶水，一按電鈴，底下便有人報告說「八番樣」，這意思也就是說第八號叫，但是直譯起來是「第八號的先生」，而意義又略為不同，「樣」字很有一種柔軟性，這裡譯作先生也覺得有點兒硬了。

第九號是一間三席的，平常總是閒空著，本來也盡有較為寒苦的學生足夠居住，但這裡是專住中國留學生的，所以沒有人看得起這種小屋，一般的房間總要有四席半大小才好，裡邊是往三樓的樓梯了，其實三層樓上只有一間四席半的房間，便是第十號了。

再回來說二樓，樓梯上面右邊一間，左邊接連三間，其第三間便與第八號相對，便算是第三至第六號，第七號單獨一間，位置在往便所去的樓梯與往三樓的樓梯的交叉點，最是靜僻，沒有左右鄰居的煩擾。

據上邊所說的情形看來，我那中下的考語或者下得算是公平吧。它的確有浴堂的設備，每星期或者燒兩三次，但這乃是一種家常的入浴，並不是什麼特別的待遇，那裡也設有叫人的電鈴，卻是還沒有電燈，仍舊用洋油燈照明，電鈴是用乾電池的。高等下宿則每間房裡都裝有電話，可以與帳房通話，也可以打到外邊去，從前蔣觀雲住的地方便是這樣的。

下宿屋所供給客人用的，除房間之外，有一個火盆，這並不限於冬天取暖，平常也供燒熱開水並點火之用，和一套茶具，但如是客人自己有，就不再供給了，不過誰也覺得麻煩去自辦，故而多是借用下宿的，此外則晚上點的洋油燈，以及三餐所需的食器，也都由下宿制辦。

坐具即墊子之類，也可以暫時借用，但這樣東西既是必需的，所以結果以自備為宜，此外則有書桌也須自備，大小悉可隨意，但是一般留學生習慣於桌椅的生活，不肯席地而坐，在日本房子裡也一定要用桌椅，不特狼抗很占地方，也覺得不合適，如穿和服而冬天高坐，實在也是很冷的。我們所用便只是日本的「几」，這與日本房屋是相配合的，而且坐在墊子上面，即使不能正式跪坐，就是胡坐也不妨事，也總是蓋住兩腿，比「垂腳而坐」要暖和得多了。房飯錢每月不出十元，中午和晚上兩餐飯，早上兩片麵包加黃油，牛奶半磅，也就夠了。但留學經費實在也很少，進國立大學的每年才有五百日圓，專門高校則四百五十，別的學校一律四百圓，一個月領得三十三圓，實在是很拮据的，不過那時管理也特別麻胡，就是你不進什麼學校，也不顧問，一樣可以領取學費，只要報告說是在什麼地方讀書就好了。

七二 學日本語

我們在伏見館住了下來之後，要做的事情第一件是學習日本話，其次是預備辦文藝雜誌的事情，不過那是一件長期的工作，不是在短時間所能完成的。

我第一年學日本話，乃是在一個講習班裡，這是中華留學生會館所組織的，彼此也不曾會面，願意加入的只須在名單上簽個姓名，按期繳納學費就行。時間是每天上午九點至十二點，教師名菊地勉，年紀大約三十幾歲，手裡一筆好白話文，寫在黑板上很得要領，但是嘴裡仍是說日本話，這樣的教員曾經見過好幾個，這套工夫實在是很可佩服的。

教場設在留學生會館內一間側屋裡，容得下二三十個人的坐位。留學生會館是一所洋房，在東京市神田區駿河臺上，這是本鄉與神田兩區的交界處，那時我們住在本鄉的湯島，靠近「御茶水橋」，一過橋就是神田的甲賀町，橋旁右折即是駿河台了。所以從下宿去上課，倒是極近便的，走了去至多只花十分鐘左右罷了，但是我去聽課卻不能說是怎麼的勤，大約一星期裡也只是去上三四次吧，因為一則是懶，其二講的也是頗慢，所以脫了幾堂課沒有什麼關係，總之彼此都很是麻胡。

可是話雖如此，我的一點日本語基本知識，卻是從菊地先生學得的，但是話又說了回來，這於我卻沒有什麼用處，因為那時候跟魯迅在一起，無論什麼事都由他代辦，我用不著自己費心，平常極少一個人出去的時候，就只是偶然往日本橋的丸善書店，買過一兩冊西書而已。這種情形一直繼續有三年之久，到魯迅回國時為止。

講習會是私人組織，畢業了也沒有文憑，進學堂不方便，所以在第二年便是丁未（一九〇七）年的夏天，又改進了法政大學的特別豫科。這種豫科期限一年，教授日文以及英算歷史淺近學科，學了之後可以進專門科，若是要進大學本科另有一種豫科，學習普通中學課程，須三年工夫才能畢業。

我因為中學普通知識在南京差不多都已學過，現在補習日文和日本歷史就已夠了，所以進了這特別豫科，這計畫是很合理的，可是實際上卻是很有不利。我因為總算學過一年的日本語，而英算等學科又都是已經學過了，所以沒有興味去聽，這樣就獎勵我的偷懶，繳了一年的學費，事實上去上學的日子幾乎才有百分之幾，到了考試的時候，我得到學校的通知，這才趕去應考，結果還考了一個第二名。在校裡遇到事務員，說你要不是為了遲到缺考一門功課，怕不是第一麼？很替我可惜，但是這卻省得我好些麻煩，不必去當同班的代表，去致畢業式的答辭，只領到學校所發給的一本獎品日本譯的《伊索寓言》就算完事了。

我這樣說，好像是在同班裡自己是怎麼了不得的樣子，這當然不是的，但事實上的確有些怪人，說來像是笑話，卻是實在的事情。有一個英文教員姓風見，年紀五十來歲，看樣子似乎是很神經質的，教學生拼法，說 ba——賠，學生跟不上，說錯了，也是有的，總不會差得很遠。可是班裡有一位仁兄，卻錯得很離奇，不是說 ba——羅，便是說 ba——歪，先生以為是故意開玩笑，氣得個不亦樂乎，而那位仁兄卻是神氣坦然，一點都沒有搗亂的模樣。

風見先生終於因此辭職了，換了一位教日文的兼任，這位先生的對付的方法很好，毫不生氣，於是結果成功了。他只是一味的鎮靜，說道：「不是的，不是羅。ba 是賠。」如果學生這回說是歪，他便說道：「不是的，也不是歪。ba 是賠。」他不厭其煩的回答，聽著的人覺得十分好笑，但是奏了效，那位有特別拼法的人也逐漸會得學說普通的拼法了。

這種怪人怪事，我以後也沒有遇見過，但那時讀書人初次從書房裡解放出來，與外邊的事情相接觸，便會現出類似的情形來。魯迅當時形容他們，常與許壽裳罵「眼睛石硬」，的確非常切貼而且得神，到了近幾十年來，這似乎已過了時，說起來有點不盡可信了，辛亥革命以來這五十年間，社會情形確實改變了不少，這是很好的事情，雖然在講故事的時候要多費一點事，需要些多餘的說明罷了。

七三　籌備雜誌

刊行雜誌，開始一種文學運動，這是魯迅在丙午（一九〇六）年春天，從仙台醫學校退學以後，所決定的新方針。在這以前他的志願是從事醫藥，免除國人的病苦，至是翻然變計，主張從思想改革下手，以為思想假如不改進，縱然有頑健的體格，也無濟於事。他本來也曾經在同鄉留學生所辦的雜誌《浙江潮》上寫過些文章，又翻譯焦爾士威奴的《月界旅行》，但還沒有強調文學的重要作用，大約只是讀了梁任公的《新小說》，和他的所作的「論小說與群治的關係」，所受的一點影響罷了。當時的計畫是發刊《新生》雜誌，這件事便開始籌備。一九二〇年的三月在《域外小說集》的新版序文上，他曾這樣說道：

「我們在日本留學時候，有一種茫漠的希望，以為文藝是可以轉移性情，改造社會的。因為這意見，便自然而然的想到介紹外國新文學這一件事。但做這事業，一要學問，二要同志，三要工夫，四要資本，五要讀者。第五樣逆料不得，上四樣在我們卻幾乎全無。」

雖然是這樣說，其實所缺少的就只是資本，在當初籌辦的時候上三樣東西原是充分滿足的。所說第一件是學問，說沒有原是句客氣話，其實要來領導一種文學運動，至少對於自己的主張有些自信，至於第二件的工夫，則事實上是多得很，因為既如上邊所說，我在起頭的兩年麻麻胡胡的學日本話，大半是玩耍的時候，魯迅則始終只在獨逸語學協會附設的學校裡掛名學習德文，自然更多有自己的工夫了。

倒是同志的確很是稀少，最初原只有四個人，魯迅把我拉去也充了一個，此外是許季茀和袁文藪。魯迅當初對於袁文藪期望很大，大概彼此很是談得來，我卻不曾看到過，因為他從日本轉往英國留學，等得我到日本的時候，他已經往英國去了。

可是袁文藪離開日本以後就一直杳無消息，本來他答應到英國後就寫文章寄去，結果不但沒有文章，連通信都不曾有過一封。這是《新生》運動最不利的事情，在沒有擺出陣勢之前，就折了一員大將，不，這還是頂得力的一員大將哩。

可是《新生》卻似乎沒有受到什麼影響，還是默不作聲的籌備著。在這以前，朋友中間還有時談起，所以有人便開玩笑，說這是新進學的生員，但自從袁文藪脫走以後，這個問題便冷落起來了，至少對外是如此，剩下的我們三個人卻仍舊是那麼積極，總之是一點都沒有感到沮喪。

我在南京的時候所受到的文學的影響，也就只是梁任公的《新小說》裡所載的那些，主要是焦爾士威奴的科學小說，以及法國雨果——當時因為用英文讀法稱為囂俄的名字，此外則是林琴南所譯的哈葛德等，後來有司各得，其《薩克遜劫後英雄略》比較的有點意思。至於我所有的外文本文學書，就只有一冊英文《天方夜談》，八冊英文雨果選集，和美國朗斐羅的什麼詩，坡的中篇小說《黃金甲蟲》的翻印本罷了。

我到達東京的時候，下宿裡收到丸善書店送來的一包西書，是魯迅在回國前所訂購的，內計美國該萊（Gayley）編的《英文學裡的古典神話》，法國戴恩（Taine）的《英國文學史》四冊，乃是英譯的。說也可笑，我從這書才看見所謂文學史，而書裡也很特別，又說上許多社會情形，這也增加我不少見聞。

《古典神話》雖是主要在於說明英文學上的材料，但也就有了希臘神話的大概，卷首並說及古今各派的不同解釋，使我對於安特路朗的人類學派的說法有了理解。恰巧在駿河台下的中西屋書店裡有多少本的「銀叢書」，安特路朗的主要著作就收在這裡邊，這便是《習俗與神話》（Custom and Myth）和兩冊《神話，儀式和宗教》（Myth, Ritual and Religion），我便去都買了來，這就是研究神話最早的根據。

後來弄希臘神話，更得到弗來則與哈利孫女士的著作，更有進益，但在那時候覺得有了新園地躍躍欲試，便在那一年裡（一九〇六）用了《新生》稿紙，開始寫一篇《三辰神話》，意思是說日月星的，剛起了頭，才寫得千餘字，有一天許季茀來訪，談起《新生》的稿件，魯迅還拿出來，給他閱看。大概他對於這些問題沒有興趣，我的文章也當然寫得很糟，他什麼也沒有說，然而也算僥倖《新生》未曾出版，不然這樣不成樣子的東西發表出來，豈不是一件笑話嗎。

七四 徐錫麟事件

我們在伏見館始終住的是第八號房間，後來對面的第六號空出來了，遂並借了這一間，因為彷彿是朝東的，所以在夏天比較要好一點。

到了第二年的春天，忽然的來了新客，不得不讓給他們住了，來客非別，乃是蔡谷卿君夫婦，蔡君名元康，是蔡鶴卿即孑民的堂兄弟，經常在《紹興公報》上面寫些文章，筆名國親，與魯迅本不熟識，是邵明之所介紹來的。

蔡君是新近才結了婚，夫人名郭珊，她的長姊嫁給了陳公猛，即是陳公俠的老兄，二姊是傅寫臣的夫人，這時同了她的妹子來到日本，要進下田歌子的實踐女學校，可是就生了病，須得進病院，而這病乃是懷了孕，她那一方面是由邵明之照料，弄得做翻譯的十分狼狽，時常來伏見館訴說苦況。

這大抵是關於婦女生活的特殊事情，魯迅經手辦理的也有這種的事，不過最初由男人傳述，還沒有什麼困難，第二步卻要說給下女聽，如托她們代買月經帶等，這在當時實在有點彆扭的。好在這事也只頭一次為難，以後進了學校，她們會得自己辦理了。

那年夏天，確實的說是陰曆五月廿六日，中國突然發生一件不平常的革命事情，這便是徐伯蓀刺殺恩銘的所謂安慶事件。如今暫且借用魯迅的《朝花夕拾》裡的文章，寫范愛農的起頭一節如下：

「在東京的客店裡，我們大抵一起來就看報，學生所看的多是《朝日新聞》和《讀賣新聞》。一天早晨，劈頭就看見一條從中國來的電報，大概是：——

『安徽巡撫恩銘被 Jo Shakurin 刺殺，刺客就擒。』

「大家一怔之後，便容光煥發的互相告語，並且研究這刺客是誰，漢字是怎樣三個字。但只要是紹興人，又不專看教科書的，卻早已明白了。這是徐錫麟，他留學回國之後，在安徽做候補道，辦著巡警事務，正合於刺殺恩銘的地位。

「大家接著就豫測他將被極刑，家族將被連累。不久秋瑾姑娘在紹興被殺的消息也傳來了（案，這是六月初五日的事）徐錫麟是被挖了心，給恩銘的親兵炒食淨盡。人心很憤怒。有幾個人便秘密的開一個會，籌集川資，這時用得著日本浪人了，撕鱿魚下酒，慷慨一通之後，他便登程去接徐伯蓀的家屬去。」

接著是紹興同鄉會開了一個會，討論到發電報的事，結果分成兩派，主張發的是想借了主持公論的幌子，去和當時清政府發生接觸，所以表面主張民主，要政府文明處理，以後不再隨便處刑。這派的首領是蔣觀雲，他本是老詩人，寄寓在東京，素來受到同鄉青年們的尊敬，魯迅和許季茀等人也時常去問候，可是這時受了康梁立憲派的影響，組織「政聞社」，預備妥協了，所以這時竭力主張發電報，去和政府接近。反對的是比較激烈的，以為既然革命便是雙方開火了，說話別無用處，魯迅原來也是這一派，所以范愛農所說的話：「殺的殺掉了，死的死掉了，還發什麼屁電報呢！」根本是不錯的，魯迅當然也是這個意思，不過他說話的口氣和那態度很是特別，所以魯迅隨後還一再傳說，至於意見卻原來是一致的。那篇《范愛農》的文章裡說，自己主張發電報，那為的是配合范愛農反對的意思，是故意把「真實」改寫為「詩」，這一點是應當加以說明。

關於蔣觀雲的事，我有一節文章收在〈百草園的內外〉裡，節錄於下：

「當時紹屬的留學生開了一次會議，本來沒有什麼善後辦法，大抵只是憤慨罷了，不料蔣觀雲已與梁任公連絡，組織政聞社，主張君主立憲了，在會中便主張發電報給清廷，要求不再濫殺黨人，主張排滿的青年們大為反對。蔣辯說豬被殺也要叫幾聲，又以狗叫為例，魯迅答說，豬才只好叫叫，人不能只是這樣便罷。當初蔣觀雲有贈陶煥卿詩，中云，敢云吾髮短，要使此心存，魯迅常傳誦之，至此時乃仿作打油詩云，敢云豬叫響，要使狗心存。原有八句，現在只記得這兩句而已。」

七五　法豪事件

自從安慶事件以後，來伏見館訪問的客人似乎要比從前增加了。以前來訪的人無非是南京礦路學堂的同學張協和，或是弘文學院的同學許季茀，要不然便是新來的張午樓和吳一齋罷了。這回來的卻很有不同，大都是與革命案件有關的人，首先是在東湖裡與徐伯蓀一同練習路劫，豫備在紹興城關門造反的陳子英，他是在紹興聞警逃回日本來的。

還有遊說兩浙綠林豪俠起義，要做到天下人都有飯吃的，後來被蔣介石所刺殺的陶煥卿，他這時不知在什麼地方，卻也逃到東京，經常帶了龔未生來，談論革命大勢。

此外還有他的本家陶望潮，本來是在日本留學，專門藥學，後來又篤信佛教，但是在當時卻很熱心於革命事業，也時常跑來談天。不過那些事情大半乃是我們遷居東竹町以後了，這裡須得來說明一下，為什麼我們要搬出伏見館的因緣了。

簡單的一句，由於環境不合適，住的很不痛快。老實說，下宿生活不會是住得痛快的，寓居的人既然雜亂，吵鬧勢所難免，但伏見館的情形還算好的，因為它房間少，住不到十個人，而且多數是岩倉鐵道學校的學生，雖然志趣很低，為魯迅所看不起，卻還是專心用功，整天上學，晚上也很安靜，所以一時可以共處得來。

可是後來蔡君夫婦搬到別處去了，我也另外找了第七號住下，這邊第五六號來了幾個江西客人，這情形便大不相同了。不曉得共總有幾個人，但是卻也同我們一樣，平常不上學校去，一天裡以在家的時候為多，而且經常高談闊論，又復放聲狂笑，對門第六號裡住的一位豪傑，尤其是了不得，醒時大笑大叫，睡了又立即鼾聲大作，聲如豬嘷，他的同伴叫他做「法豪」，——後來在民國初年在議員當中，發見了江西的一位議員名叫歐陽法孝，才知道他的正式的大名。

這位法豪老爺又似乎頭腦特殊的壞，日本房子特別是下宿的房間，外觀構造都很相似，可是外邊標著號數，自己住慣了也很有數，可是他卻時常走錯，衝進別人的住房裡去，又復愕然退出，也不打一個招呼。

這些江西客人似乎對於洗澡又特有興趣，本來下宿裡有一個不文律，凡是住得最久的客人對於洗浴有優先權，遇著澡堂燒開了之後，由下女按著次序來請，大約那裡是平日一星期兩次吧，每逢期日水剛燒好，法豪便不等來通知，逕自鑽了進去。魯迅並不怎麼熱心於剃頭沐浴，平常住在沒有洗澡設備的下宿的時候，往往兩三個月也難得去浴堂一次，可是這回因為憎惡這班人的緣故，又因他們大抵不懂得入浴的規矩之故，時常把浴湯弄得稀髒，尤其令人覺得不快。

這彷佛是一件小事情，不值得計較，但是日日聽著狗叫似的吵鬧，更是四日兩頭的有那洗澡這一幕，實在叫人不好受，所以在躊躇好久之後，終於決心遷居，離湯島不過一箭之路，在東竹町的一戶人家租借了兩間房，住了下來了。

這一件小小的「法豪事件」雖然是渺小得很，可是攪亂我們的心緒，影響實在很大，所以這裡用了這樣的一個題目，或者不算是怎麼誇大吧。

七六　中越館

東竹町在順天堂病院的右側，中越館又在路右，講起方向來，大概是坐北朝南吧。我們的住房是在樓下，大小兩間，大的十席，朝西有一個紙窗，小的六席，紙門都南向，要比下宿的普通房間為寬大。人家住房照例有板廊，外邊又有一個曲尺形的一個天井，有些樹木，所以那西向的窗戶在夏天也並不覺得西曬。

這是一家住家，有房間出租給人，只因為寄居的客共有三人，員警方面一定要以下宿營業論，所以後來掛了一塊中越館的招牌。主人的二房東是一個老太婆，帶了她的小女兒，住在門口一間屋裡，西邊的兩大間和樓上一間都租給人住，地點很是清靜，沒有左右鄰居，可是房飯錢比較貴，吃食卻很壞。

有一種圓豆腐，中間加些素菜，徑可兩寸許，名字意譯可云素天鵝肉，本來也很可以吃，但是煮得不入味，又是三日兩頭的給吃，真有點吃傷了，我們只好隨時花五角錢，自己買一個長方罐頭鹽牛肉來補充。

那老太婆賺錢很凶，但是很守舊規矩，走進屋裡拿開水壺或是洋燈來的時候，總是屈身爬著似的走路。這種爬走便很為魯迅所不喜歡，可是也無可奈何她。那小女兒名叫富子，大概是小學三四年級生，放學回來倒也是很肯做事的，晚上早就睡覺，到了十點鐘左右，老太婆總要硬把她叫醒，說道：「阿富，快睡吧，明天一早要上學哩。」其實她本來是睡著了的，卻被叫醒了來聽她的訓誨，這也是我們所討厭的一件事，好在阿富並不在乎，或者連聽也不大聽見，還是繼續她的甜睡，這事情也就算完了。

在中越館裡還有一個老頭兒，不知道是房東的兄弟還是什麼，白天大抵在家，屋角落裡睡著，蓋著一點薄被，到下午便不見了。魯迅睡得很遲，吃煙看書，往往要到午夜，那時聽見老頭兒回來了，一進門老太婆便問他今天哪裡有火燭。魯迅當初很覺得奇怪，給他起了一個綽號叫「放火的老頭兒」，事實上當然並非如此，他乃是消防隊瞭望台的值夜班的，時間大概是從傍晚到半夜吧。

這下宿因為客人少，所以這一方面別無什麼問題。樓上的房客是但燾，後來也是政治界的名人，但他是很安靜的，雖然他的同鄉劉麻子（本名是劉成禺，可是劉麻子的名字卻更為人所知）從美國回來，在他那裡住了些時，鬧了點不大不小的事件。

有一天劉麻子外出，晚上沒有回來，大門就關上了，次早房東起來看時，門已大開，嚇了一跳，以為是著了賊，可是東西並沒有什麼缺少，走到樓上一看，只見劉麻子高臥未醒，元來是他夜裡回來並未叫門，不知怎麼弄開了就一直上樓去了。

又有一次，劉麻子拿著梳子梳髮，奔向壁間所掛的鏡面前去，把放在中間的火缽踢翻了，並不返顧一下，還自在那裡理他的頭髮，由老太婆趕去收拾，雖然燒壞了席子，總算沒有燒了起來。不久他離開中越館，大概又往美國去了吧，於是這裡邊的和平也就得以恢復了。

大概因為這裡比普通的下宿較為方便的緣故，所以來訪的人也多一點了，主要是因安慶事件而亡命來日本的幾個同鄉，便是陶煥卿和龔未生，他們常是一起來的，陳子英，陶望潮是東湖時代的學生，但因年齡關係，還只能算是朋友，因為他只比我小三四歲罷了。其中最常的要算是陶煥卿，他一來就大談其中國的革命形勢，說某處某處可以起義，這在他的術語裡便是說可以「動」，其講述春秋戰國時代的軍事和外交，說的頭頭是道，如同目睹一樣，的確是有一種天才的。

談到吃飯的時候，假如主人在抽斗裡有錢，便買罐頭牛肉來添菜，否則只好請用普通客飯，大抵總只是圓豆腐之外，一木碗的豆瓣醬湯，好在來訪的客人只圖談天，吃食本不在乎，例如陶煥卿即使給他燕菜，他也只當作粉條喝了下去，不覺得有什麼好的。

記得有一回是下雨天氣，煥卿一個人匆匆的跑到中越館來，夾著一個報紙包，說這幾天日本員警似乎在注意他，恐怕會要來搜查，這是他聯絡革命的文件，想來這裡存放幾天。因為這是機密文件，所以我們只是替他收了起來，不曾檢查它的內容，後來過了若干時日又走來拿去，這時他打開給我們看，元來乃是聯合會黨的章程，以及有些空白的「票布」，有一種是用紅緞子印製的，據說這是「正龍頭」所用，他還開玩笑的對我們說道：「要封一個麼？」章程只有十來條的樣子，末了一條是說對違反上列戒條的處置，簡單的說「以刀劈之」。

七七　翻譯小說（上）

我們留學日本，準備來介紹新文學，這第一需要資料，而搜集資料就連帶的需要買書的錢，於是便想譯書來賣錢的事。留學費是少得可憐，也只是將就可以過得日子罷了，要想買點文學書自然非另籌經費不可，但是那時稿費也實在是夠刻苦的，平常西文的譯稿只能得到兩塊錢一千字，而且這是實數，所有標點空白都要除外計算，這種標準維持到民國十年以後，一直沒有什麼改變。

我在這幾年間所譯出者，計有長篇中篇小說共五種：

一，《紅星佚史》，英國哈葛德與安特路朗共著，共有十萬字左右。

二，《勁草》，俄國托爾斯泰著，約有十多萬字。

三，《匈奴奇士錄》，匈牙利育凱摩耳著，六萬多字。

四，《炭畫》，波蘭顯克微支著，約四萬字。

五，《黃薔薇》，育凱著，三萬多字。

上邊中間只有一三兩種，總算買賣成功，得到若干錢，買了些參考書，餘下的也都貼補了日用，其他便賣不出去，就此擱淺了。第二種《勁草》是比較有趣味的一部歷史小說，也正是在中越館的時期所翻譯，似乎值得來一說，至於其餘的也就只是連帶的說及罷了。

我譯《紅星佚史》，因為一個著者是哈葛德，而其他一個又是安特路朗的緣故。當時看小說的影響，雖然梁任公的《新小說》是新出，也喜歡它的科學小說，但是卻更佩服林琴南的古文所翻譯的作品，其中也是優劣不一，可是如司各得的《劫後英雄略》和哈葛德的《鬼山狼俠傳》，卻是很有趣味，直到後來也沒有忘記。

安特路朗本非小說家，乃是一個多才的散文作家，特別以他的神話學說和希臘文學著述著作，我便取他的這一點，因為《紅星佚史》裡所講的正是古希臘的故事。這書原名為「世界欲」（The World's Desire），因海倫佩有滴血的星石，所以易名為「紅星佚史」，說老實話這裡面的故事雖然顯得有點「神怪」，可是並不怎麼見得有趣味，至多也就只是同那《金字塔剖屍記》彷彿罷了，不過不知道為了什麼緣故，總覺得這裡有一部分是安特路朗的東西，便獨斷的認定這是書裡所有詩歌，多少有這可能，卻沒有的確的證據。

這在哈葛德別的作品確是沒有這許多的詩，大概總該有十八九首吧，在翻譯的時候很花了氣力，由我口譯，卻是魯迅筆述下來，只有第三編第七章中勒屍多列庚的戰歌因為原意粗俗，所以是我用了近似白話的古文譯成，不去改寫成古雅的詩體了。據序文上所記是在丁未（一九〇七）年二月譯成，那時還住在伏見館裡，抄成後便寄給商務印書館去看，回信說可以接收，給予稿費二百元，還要一個賣稿的中保人，這時我們恰好便請蔡谷卿做了，因為他是當時場面上的人物，是最好沒有的了。

十一月中《紅星佚史》就出版了，作為說部叢書的初集的第七十八種，但是我們所苦心搜集的索引式的附注，卻完全芟去了，這是關於古希臘埃及神話的人物說明，雖然當時沒有知識，還把希臘羅馬的神名混在一起，而且音譯也不正確，——如把阿普洛狄德照英文讀作亞孚羅大諦之類，但總之是很費些工夫去抄集攏來的，但似乎中國讀者向來就怕「煩瑣」的注解的，所以編輯部就把它一裹腦兒的拉雜摧燒了，不過這在譯者無法抗議，所以也就只好默爾而息，好在學了一個乖，下次譯書的時候不來再做這樣出力不討好的傻事情，這就很好了。

七八　翻譯小說（下）

初次出馬成功，就到手了兩百塊錢，這是很不小的一個數目，似乎可以買到好些外國書了。在錢還沒有寄來之前，先向蔡谷清通融了一百元，去到丸善書店買了一部英譯屠介涅夫選集，共有十五本，每本裡有兩三張玻璃板插畫，價錢才只六十先令，折合日金三十元，實在公道得很。

我們當時很是佩服屠介涅夫，但不知為了什麼緣故，卻總是沒有翻譯他的小說過，大約是因為佩服的緣故，所以不大敢輕易出手吧。此外又看見出版的廣告，見有丹麥的勃闌兌斯的《波蘭印象記》在英國出版，也就托丸善書店去訂購一冊，這書是倫敦的海納曼所出，與屠介涅夫選集是同一書店印行的。

勃闌兌斯大概是猶太系的丹麥人，所以有點離經叛道，同情那些革命的詩人，但這於我們卻是很有用的。他有一冊《俄國印象記》，在很早以前就有英譯了，在東京也很容易得到，這與後出的克魯泡金的《俄國文學上的理想和現實》，同是講十九世紀俄國文學的好參考書。至於《波蘭印象記》，尤其難得，在後來得著札倍耳的德文《世界文學史》以前，差不多沒有講波蘭文學的資料，替《河南》雜誌寫《摩羅詩力說》的時候，裡邊講到波蘭詩人，尤其是密克威支與斯洛伐支奇所謂「復仇詩人」的事，都是根據《波蘭印象記》所說，是由我口譯轉述的。

講匈牙利的，有一冊《匈牙利文學史論》，是奧大利系的匈牙利人賴息所著，也是很有用處，但那是偶然買到，不是這一回所特地去訂購的。

我們第二種翻譯的乃是俄國的一部歷史小說，是大托爾斯泰所著，他與《戰爭與和平》的作者同姓，但是生的更早，所以加一「大」字以為識別。原書名叫「克虐支綏勒勃良尼」，譯起意思來是「銀公爵」，是書中主人公的名字，英譯則稱為「可怕的伊凡」，伊凡即是教名約翰的轉變，伊凡四世是俄國十八世紀中的沙皇，據說是很有信心而又極是兇暴，是個有精神病的皇帝，被人稱作可怕的伊凡。

銀公爵雖是呱呱叫的忠臣義人，也是個美男子，可是不大有什麼生氣，有如戲文裡的落難公子，出臺來喚不起觀眾的興趣，倒是那半瘋狂的俄皇以及懂得妖法的磨工，雖然只是二花面或小丑腳色，卻令人讀了津津有味，有時回想起來還不禁要發笑。

這部小說很長，總有十多萬字吧，陰冷的冬天，在中越館的空闊的大房間裡，我專管翻譯起草，魯迅修改謄正，都一點都不感到困乏或是寒冷，只是很有興趣的說說笑笑，談論裡邊的故事，一直等到抄成一厚本，藍格直行的日本皮紙近三百張，仍舊以主人公為名，改名「勁草」，寄了出去。可是這一回卻是失敗了，不久接到書店的覆信，說此書已經譯出付印，原稿送還，這是沒有辦法的事，自然只好罷了，但是覺得這《勁草》卻還有它的長處，過了幾時那譯本果然出來了，上下兩冊，書名「不測之威」。看了並不覺得怎樣不對，但敝帚自珍，稿本一直也保存著，到了民國初年魯迅把它帶到北京，送給雜誌或日報社，計畫發表，但是沒有成功，後來輾轉交付，終於連原稿也遺失了。

這回的譯稿賣不出去，只好重新來譯，這一回卻稍為改變方針，便是去找些冷僻的材料來，這樣就不至於有人家重譯了。恰巧在書店裡買到一冊殖民地版的小說，是匈牙利育凱所著，此人乃是革命家，也是有名的文人，被稱為匈牙利的司各得，擅長歷史小說，他的英譯著作我們也自搜藏，但為譯書賣錢計，這一種卻很適宜。

蓋此書原本很長，英譯者稍事刪節，我們翻譯急於求成，所以這是頗為相宜的，書中講一神宗徒的事情，故書名「神是一個」，即不承認三位一體之說，但裡邊穿插戀愛政治，寫的很是有趣，所以出版者題作「愛情小說」，可見商人是那麼樣鑑定的。

這一部稿子算是順利的賣成功了，可是寄賣稿契約和錢來的時候，卻是少算了一萬字之譜，當初就這樣的收下了，等到半年後書印了出來，特地買來一冊，一五一十的仔細計算，查出數目的確不對，於是去信追補，結果要來了大洋十幾元幾角幾分，因為那書店是一個字算幾個錢，是那麼樣的精算的。翻譯是在中越館進行，但是序文上題戊申五月，已是在遷居西片町之後了。

七九 學俄文

如果丁未（一九〇六）年在中越館的時候，有一件值得記述的事情，是學俄文這事件，那麼戊申（一九〇七）年住在伍合時期該是民報社聽講《說文》這事吧。當初由陶望潮發起，一共六個人，每人每月學費五元，在晚間上課一小時，地點在神田，由本鄉徒步走去，路不很遠。教師名瑪里亞孔特夫人，這姓是西歐系統，可能是猶太人吧，當時亡命日本，年紀大約三四十歲的光景，不會得說日本話，只用俄語教授，有一個姓山內的書生，這是寄食於主人的家裡，半工半讀的學生，是外國語專門學校的俄語系肄業生，有時叫來做翻譯，不過那些文法上的說明大家多已明白，所以山內屢次申說，如諸位所已經知道，吶吶的說不好，來了一兩次之後便不再來了。

大家自己用字典文法查看一下，再去聽先生講讀，差不多只是聽發音，照樣的念而已。俄文發音雖然不很容易，總比英語好，而且拼音又很規則，在初學覺得長一點罷了。不知怎的有一位汪君總是念不好，往往加上些雜音去，彷彿多用「僕」字音，每聽他僕僕的讀不出的時候，不但教師替他著急，就是旁邊坐著的許壽裳和魯迅也緊張得渾身發熱起來，他們常開玩笑說，上課猶可，僕僕難當。

汪公權是劉申叔家的親戚，陶望潮所拉來參加的，後來在上海為同盟會人所暗殺，那時劉申叔投在端方那裡，汪君的死大概與此有關，但這已是兩三年後的事情了。同學的六個人除我們兩個以外，有陶望潮和許壽裳，此外則是汪公權和陳子英，但是這個班卻是不久就散，我記得托教員從符拉迪沃斯托克去買來的一冊初級教本，都還沒有念完，可以證明這時期是不很長的了。

這中間是教師先發生了事件，因為有俄國青年出入，所以外邊便有些流言，其實這大約也只是在本國人中間流傳著罷了，外邊的人本來並不知道，可是女人到底心窄，用了手槍自殺了，但是沒有打中要害，所以不久傷口癒合，仍舊可以上課了。我們這俄文班當初成立原有點勉強，因為學費太大了，有點難以持久，就有些動搖，陳子英首先提出獨自學習，同班的又減少了一個，不久發起的陶望潮也要退出去了，說要往長崎跟俄國人學製造炸彈去，這也只得讓他走了。

結果這俄文班只好散夥了事，六個人中間恐怕就只有陳子英繼續的學下去，可以看書，其餘的便都已半途而廢，我們學俄文為的是佩服它的求自由的革命精神及其文學，現在學語固然不成功，可是這個意思卻一直沒有改變。這計畫便是用了英文或德文間接的去尋求，日本語原來更為方便，但在那時候俄文翻譯人材在日本也很缺乏，經常只有長谷川二葉亭和升曙夢兩個人，偶然有譯品在報刊發表，升曙夢的還算老實，二葉亭因為自己是文人，譯文的藝術性更高，這就是說也更是日本化了，因此其誠實性更差，我們尋求材料的人看來，只能用作參考的資料，不好當作譯述的依據了。

八〇 民報社聽講

假如不是許季茀要租房子，招大家去品住，我們未必會搬出中越館，雖然吃食太壞，魯迅常常訴苦說被這老太婆做弄（欺侮）得夠了，但住著的確是很舒服的。

許季茀那時在高等師範學校已經畢業，找到了一所夏目漱石住過的房屋，在本鄉西片町十番地呂字七號（伊呂波是伊呂波歌的字母次序，等於中國《千字文》的天地玄黃，後來常被用於數目次序），硬拉朋友去湊數，因此我們也就被拉了去，一總是五個人，門口路燈上便標題曰「伍合」，近地的人也就稱為「伍合樣」。

我們是一九〇八年四月八日遷去的，因為那天還下大雪，因此日子便記住了。那房子的確不錯，也是曲尺形的，南向兩間，西向兩間，都是一大一小，即十席與六席，拐角處為門口是兩席，另外有廚房浴室和下房一間。西向小間住著錢家治，大間作為食堂和客室，南向大間裡住了許季茀和朱謀先，朱是錢的親戚，是他介紹來的，小間裡住了我們二人，但是因為房間太窄，夜間攤不開兩個鋪蓋，所以朱錢在客室睡覺，我則移往許季茀的房內，白天仍在南向的六席上面，和魯迅並排著兩張矮桌坐地。房租是每月三十五元，即每人負擔七元，結果是我們擔受損失，但因為這是許季茀所辦的事，所以也就不好說得了。

往民報社聽講，聽章太炎先生講《說文》，是一九〇八至九年的事，大約繼續了有一年多的光景。這事是由龔未生發起的，太炎當時在東京一面主持同盟會的機關報《民報》，一面辦國學講習會，借神田地方的大成中學講堂定期講學，在留學界很有影響。魯迅與許季茀和龔未生談起，想聽章先生講書，怕大班太雜遝，未生去對太炎說了，請他可否於星期日午前在民報社另開一班，他便答應了。

伍合方面去了四人，即許季茀和錢家治，還有我們兩人，未生和錢夏（後改名玄同），朱希祖，朱宗萊，都是原來在大成的，也跑來參加，一總是八個聽講的人。民報社在小石川區新小川町，一間八席的房子，當中放了一張矮桌子，先生坐在一面，學生圍著三面聽，用的書是《說文解字》，一個字一個字的講下去，有的沿用舊說，有的發揮新義，乾燥的材料卻運用說來，很有趣味。

太炎對於闊人要發脾氣，可是對青年學生卻是很好，隨便談笑，同家人朋友一般，夏天盤膝坐在席上，光著膀子，只穿一件長背心，留著一點泥鰍鬍鬚，笑嘻嘻的講書，莊諧雜出，看去好像是一尊廟裡哈喇菩薩。中國文字中本來有些素樸的說法，太炎也便笑嘻嘻的加以申明，特別是卷尸部中「尼」字，據說原意訓近，即後世的暱字，而許叔重的「從後近之也」的話很有點怪裡怪氣，這裡也就不能說得更好，而且又拉扯上孔夫子的「尼丘」來說，所以更顯得不大雅馴了。

《說文解字》講完以後，似乎還講過《莊子》，不過這不大記得了，大概我只聽講《說文》，以後就沒有去吧。這《莊子》的講義後來有一部分整理成書，便是《齊物論釋》，乃是運用他廣博的佛學知識來加以說明的，屬於佛教的圓通部門，雖然是很可佩服，不過對於個人沒有多少興趣，所以對於沒有聽這《莊子》講義並不覺得有什麼懊悔，實在倒還是這中國文字學的知識給予我不少的益處，是我所十分感謝的。

那時太炎的學生一部分到了杭州，在沈衡山領導下做兩級師範的教員，隨後又做教育司（後來改稱教育廳）的司員，一部分在北京當教員，後來匯合起來成為各大學的中國文字學教學的源泉，至今很有勢力，此外國語注音字母的建立，也是與太炎有很大的關係的。所以我以為章太炎先生對於中國的貢獻，還是以文字音韻學的成績為最大，超過一切之上的。

八一 河南——新生甲編

魯迅計畫刊行文藝雜誌，沒有能夠成功，但在後來這幾年裡，得到《河南》發表理論，印行《域外小說集》，登載翻譯作品，也就無形中得了替代，即是前者可以算作《新生》的甲編，專載評論，後者乃是刊載譯文的乙編吧。

留日學生分省刊行雜誌，乃是老早就有了的事，兩湖江浙出的最早，在我往東京的那時候，有的就已停刊了。《河南》係是河南留學同鄉會所出，是比較晚出的一種，其第一期出版時日是一九〇七年的十二月，大概至多也出到十期吧。魯迅在第一期上邊發表了一篇《人間之歷史》，寫作的時期自然更在其前，那時候是還住在中越館裡，河南的朋友只有我的一個同學吳一齋，但來拉寫文章的卻並不是他，乃是安徽壽州的朋友孫竹丹，而《河南》的總編輯則是江蘇儀征的劉申叔。

稿子寫好，便由孫竹丹拿去，日後稿費也是由他交來，大約待遇總要比書店賣稿好些吧，就只是支付不確實，雖然不至於落空，但總之拖延是難免的。那時節問孫竹丹，他總說，程克現在旅行，等他回來時一定送來。程克記得也是民國初年的一個議員，那時不知道在學什麼，為什麼老是在日本旅行，也不明白他與《河南》的關係，是同鄉會長麼，是雜誌社長，還是會計呢？總之關於這月刊雜誌的一切都不明了，只聽得一種傳說，說河南有一位富家寡婦，帶著一個獨生兒子過活，本家的人覬覦她的財產，陰謀侵略，她覺得不能安居，只能叫兒子來東京留學，自己也跟了出來，她把一筆款捐給同鄉會，舉辦公益事情，一面也求點保護，這樣便是《河南》月刊的緣由，至於事實有無出入，那就不得而知了。

劉申叔是揚州有名的國學世家，以前參與《國粹學報》，所做文章久已聞名，這時在東京專替他的夫人何震出名，創辦破天荒的女性無政府主義雜誌，尤其聲名很大，這事常有龔未生來談，從章太炎和蘇曼殊方面得來的消息，所以知道得很多。他為《河南》做總編輯，是否也是像《天義報》似的出力宣傳「安那其」主義，卻記不得了，似乎也不可能，而且無此必要吧，大約只是寫他那《國粹學報》派煩冗的考據文章，至於談論的是什麼事情，那因為年代太是久遠，已經全不記得了。

我對於《河南》的投稿，一共只有兩篇，分在三期登出，因為有一篇的名目彷彿是「論文學之界說與其意義，並及近時中國論文之失」，上半雜抄《文學概論》的文章，湊成一篇，下半是根據了新說，來批評那時新出版的《中國文學史》的，這本文學史是京師大學堂教員林傳甲所著，裡邊妙論很多，就一條一條的抄了出來，不憚其煩的加以批駁，本來就可以獨立的自成一篇，卻拿來與上篇聯合了，因為魯迅在《墳》的題記上說，「那是寄給《河南》的稿子，因為那編輯先生有一種怪脾氣，文章要長，愈長稿費便愈多。」

此外另有一篇，那就很短了，題目是「哀弦篇」。魯迅一總寫了六篇文章，兩篇是談文藝的，《摩羅詩力說》分作兩次登載，是最為用力之作，又有《裴象飛詩論》惜未曾譯全，因為這些詩人是極值得介紹的，此外四篇則屬於學術思想範圍，是在西片町所寫的了。當時也拉許季茀寫文章，結果只寫了半篇，題名「興國精神之史耀」，躊躇著不知道用什麼筆名好，後來因了魯迅的提議，遂署名曰「旒其」（俄語意曰「人」），這也是共同學習俄文的唯一紀念了。

八二 學希臘文

在伍合居住的期間，還有兩件事值得記述，其一便是在這年（一九〇八）的秋天，我開始學習古希臘文，其二則是太炎先生叫我給他譯印度的「鄔波尼沙陀」（Upanishad），——可惜終於因為懶惰，沒有實現。

那時日本學校裡還沒有希臘文這一科目，帝國大學文科有開倍耳在教哲學，似乎設有此課，但那最高學府，不是我們所進得去的，於是種種打算，只能進了築地的立教大學。這是美國的教會學校，校長是姓忒喀（Tucker），教本用的是懷德的《初步希臘文》，後來繼續下去的，是克什諾芬（Xenophon）的《進軍記》（Anabasis）。但是我並不重視那正統古文，卻有時候還到與立教大學有關係的「三一學院」去聽希臘文的「福音書」講義，這乃是那時代的希臘白話文，是一般「引車賣漿」之徒所用的語言，所以耶穌的弟子那班猶太人也都懂得，能夠用以著書。

我這樣做，並不是不知道古希臘學術的重要，不想去看那些學者們的著作，實在我是抱有另外一種野心的。正如嚴幾道努力把赫胥黎弄成周秦諸子（雖然章太炎先生說他「載飛載鳴」的不脫時文調子），林琴南把司各得做得像司馬遷一樣，我也想把《新約》或至少是四福音書譯成佛經似的古雅的。

我在南京學堂裡時候，聽過比我高兩班的同學胡朝梁——這是他的原名，後來成為詩人，稱作胡詩廬了——的議論，強調「聖書」的文學性，說學英文的人不可不讀。這在一六一一年英王欽定的譯本是不錯的，但是我讀漢文譯的聖書，白話本是不必說了，便是用古文寫的，也總是覺得不夠古奧，不能與佛經相比。

佛經本來讀得很不多，但那時已經讀到《楞嚴經》和《菩薩投身飼餓虎經》，覺得這中間實在很有一段距離，我的野心便是來彌補這個缺恨。但是天下事不可預料，等得我學了幾年，回到本國來之後，復古思想慢慢的改變了，後來翻看聖書，覺得那官話和合譯本就已經十分好了，用不著再來改譯，至於希臘哲人的文史著作，實在望之生畏，自己估量力不能及，不敢染指。

這樣的過了幾年，一轉眼間已是民國二十年，即是一九三一年，距我初學希臘文的那年已經有了二十多個年頭了。這樣擱置下去，覺得有點像是學了屠龍之技，不大很好，心想譯點東西出來，聊以作個紀念，但是偉大的作品不敢仰攀，回過來弄亞力山大時代的著作，於是找到了「希臘擬曲」這個題目。

這只是戔戔的小冊子，計海羅達思的七篇，諦阿克利多思的五篇，一總才有四萬字的樣子，但是寫了有大半年，這才成功了。裡邊有些穢褻字樣，翻譯很費斟酌，我去對當時的編譯委員會的主任胡適之說明了，說我要用「角先生」這字，請他諒解，他笑著答應了，所以現在還是這樣印刷著。

這本稿子賣了四百塊錢，花了三百六十元買得板井村的一塊墳地，只有二畝地卻帶著三間房屋，後來房子倒坍了，墳地至今還在，先後埋葬了我的末女若子，侄兒豐三，和我的母親。這是我學希臘文的好紀念了。解放以後，又開始希臘文翻譯工作，譯出的有《伊索寓言》，阿波羅陀洛斯《希臘神話》，阿里斯托芬喜劇一種，歐里庇得斯悲劇十三種，總計約百萬言，然而這又在《希臘擬曲》的二十年之後了。現在所擬翻譯的，還有路喀阿諾斯的散文集，著作年代在西元的一世紀，差不多是中國的東漢中間了。

八三　鄔波尼沙陀

這也是在一九〇八年的事，大概還在去聽講《說文》的前幾時吧。有一天龔未生來訪，拿了兩冊書，一是德人德意生（Deussen）的《吠檀多哲學論》的英譯本，卷首有太炎先生手書鄔波尼沙陀五字，一是日文的印度宗教史略，著者名字已經忘記。未生說先生想叫人翻譯鄔波尼沙陀，問我怎麼樣。我覺得此事甚好，但也太難，只答說待看了再定。

我看德意生這部論卻實在不好懂，因為對於哲學宗教了無研究，單照文字讀去覺得茫然不得要領。於是便跑到丸善書店，買了「東方聖書」中的第一冊來，即是幾種鄔波尼沙陀的本文，係麥克斯穆勒博士的英譯，雖然也不大容易懂，不過究係原本，說的更素樸簡潔，比德國學者的文章似乎要好辦一點。下回我就順便告訴太炎先生，說那本《吠檀多哲學論》很不好譯，不如就來譯鄔波尼沙陀本文，先生亦欣然贊成。

這裡所說泛神論似的道理雖然我也不甚懂得，但常常看見一句什麼「彼即是你」的要言，覺得這所謂奧義書彷佛也頗有趣，曾經用心查過幾章，想拿去口譯，請太炎先生筆述，卻終於遷延不曾實現得，這實在是很可惜的事。

大概我那時候很是懶惰，住在伍合裡與魯迅兩個人，白天逼在一間六席的房子裡，氣悶得很，不想做工作，因此與魯迅起過衝突，他老催促我譯書，我卻只是沉默的消極對付，有一天他忽然憤激起來，揮起他的老拳，在我頭上打上幾下，便由許季茀趕來勸開了。他在《野草》中說曾把小兄弟的風箏折毀，那卻是沒有的事，這裡所說乃是事實，完全沒有經過詩化。但這假如是為了不譯吠檀多的關係，那麼我的確是完全該打的，因為後來我也一直在懊悔，我不該是那麼樣的拖延的。

太炎先生一方面自己又想來學梵文，我也早聽見說，但一時找不到人教。日本佛教徒中常有通梵文的，太炎先生不喜歡他們，有人來求寫字，輒錄《孟子》裡逢蒙學射於羿這一節給他。蘇曼殊也學過梵文，太炎先生給他寫《梵文典》序，不知為什麼又不要他教。東京有些印度學生，但沒有佛教徒，梵文也未必懂，因此這件事也就擱了好久。

有一天，忽然得到太炎先生的一封信，這大約也是未生帶來的，信面係用篆文所寫。本文云：「豫哉，啟明兄鑒。數日未晤。梵師密史邏已來，擇於十六日上午十時開課，此間人數無多，二君望臨期來赴。此半月學費弟已墊出，無庸急急也。手肅，即頌撰祉。麟頓首。十四。」

其時為民國前三年己酉（一九〇九）春夏之間，卻記不得是哪一月了。

到了十六那一天上午，我走到「智度寺」去一看，教師也即到來了，學生就只有太炎先生和我兩個人。教師開始在洋紙上畫出字母來，再教發音，我們都一個個照樣描下來，一面念著，可是字形難記，音也難學，字數又多，簡直有點弄不清楚。

到十二點鐘，停止講授了，教師另在紙上寫了一行梵字，用英語說明道，「我替他拼名字。」對太炎先生看看，隨念道：「披遏耳羌。」太炎先生和我都聽了茫然。教師再說明道：「他的名字，披遏耳羌。」我這才省悟，便辯解道：「他的名字是章炳麟，不是披遏耳羌（P.L.Chang）。」可是教師似乎聽慣了英文的那拼法，總以為那是對的，說不清楚，只能就此了事。

這梵文班大約我只去過兩次，因為覺得太難，恐不能學成，所以就此中止了。

太炎先生學梵文的事情，我所知道的本來只有這一點，是我所親身參與的，但是在別的地方，還可以得到少許文獻的旁證。楊仁山的《等不等觀雜錄》卷八中有《代余同伯答日本末底書》二通，第一通附有來書，案末底梵語，義曰慧，係太炎先生學佛後的別號，其致宋平子書亦曾署是名，故此書即是先生的手筆。其文云：

「頃有印度婆羅門師，欲至中土傳吠檀多哲學，其人名蘇蕤奢婆弱，以中土未傳吠檀多派，而摩訶衍那之書彼土亦半被回教摧殘，故懇懇以交輸知識為念。某等詳婆羅門正宗之教本為大乘先聲，中間或相攻伐，近則佛教與婆羅門教漸已合為一家，得此扶掖，聖教當為一振，又令大乘經論得返彼方，誠萬世之幸也。先生有意護持，望以善來之音相接，並為灑掃精廬，作東道主，幸甚幸甚。

「末底近已請得一梵文師，名密屍邏，印度人非人人皆知梵文，在此者三十餘人，獨密屍邏一人知之，以其近留日本，且以大義相許，故每月只索四十銀圓，若由印度聘請來此者，則歲須二三千金矣。末底初約十人往習，頃竟不果，月支薪水四十圓非一人所能任，貴處年少沙門甚眾，亦必有白衣喜學者，如能告仁山居士設法資遣數人到此學習，相與支持此局，則幸甚。」

此書未署年月，但看來似學梵文時所寫，計時當在己酉的夏天。太炎先生以朴學大師兼治佛法，又以依自不依他為標準，故推重法華與禪宗，而淨土真言二宗獨所不取，此即與普通信徒大異，宜其與楊仁山言格格不相入。且先生不但承認佛教出於婆羅門正宗（楊仁山答夏穗卿書便竭力否認此事），又欲翻讀吠檀多奧義書，中年以後發心學習梵天語，不辭以外道梵志為師，此種博大精進的精神，實為凡人所不能及，足以為後世學者之模範者也。

八四　域外小說集——新生乙編

《新生》式的論文既然得在《河南》上邊得到發表的機會，還有翻譯這一部分，不久也就以別一種形式發表，這就是《域外小說集》了。

但那是己酉年的事，那時已從伍合搬在「波之十九號」居住，在講《小說集》之前，我們須得先把遷居的事情以及民報案說明一下。

本來往民報社聽講，許季茀拉了錢家治同去，那是很有點勉強的，他本來對於中國學問沒有什麼興趣，所以不久就有點生厭了。這一天我們聽講已畢，因為談什麼事，重又坐下了，錢家治就很不高興，獨自先走了。此後就發生了遷移的問題，他同親戚朱謀先隨搬了出去，我們和許季茀仍在一起，在西片町十號內另外找到了一所房子，便移過去了。

這屋是朝南的，靠東一間是十席，由許君和我居住，西邊一間六席，是魯迅所居，此外是三席一間，作為食堂，門口兩席，下房三席，接著是浴室以及廚房和男女廁所各一間。住的比較舒適了，我的書桌擺在房間的西南角，可以安靜的做一點事，便翻譯些文章，交未生拿去在

《民報》上發表，有斯諦普虐克的《一文錢》，和克魯泡金的《西伯利亞紀行》。斯諦普虐克是有名的俄國革命者，這篇小說乃是在本國遊說農民時所作，寫地主牧師榨取農民，用筆非常滑稽，選載在英國伏伊尼支編譯的《俄國的詼諧》裡邊，她是有名的《牛虻》的著者，這也是值得一提的。

克魯泡金的那篇紀行，那是從他的《在英法獄中》選出，登在《民報》最後這一期上，未及發行，就被日本政府禁止沒收了。這即是所謂的民報案了。《民報》以前的編輯人用的是章炳麟名義，這時不知道為了什麼緣故，卻換了陶成章，沒有報告該管官廳，就要出版了。日本政府這時是等著機會的，因為有清政府的要求，想禁止《民報》，就趁這個機會來小題大做了，說是違反出版法，不但禁止發刊，而且對於原編輯人科以罰金一百五十元，如過限不交，改處懲役，以一元一天折算。

民報社經濟很窘，沒有錢來付這筆罰款，拖到最後這兩天裡，龔未生走來告訴魯迅，大家無法可想，恰巧這時許季茀經手替湖北留學生譯印《支那經濟全書》，經管一筆經費，便去和他商量，借用一部分，這才解了這一場危難。

為了這件事，魯迅對於孫系的同盟會很是不滿，特別後來孫中山叫胡漢民等在法國復刊《民報》，仍從被禁止的那一期從新出起，卻未重印太炎的那一份，更顯示出他們偏狹的態度來了。

《民報》的文章雖是古奧，未能通俗，大概在南洋方面難得瞭解，於宣傳不很適宜，但在東京及中國內地的學生中間力量也不小，不過當時的人不大能夠看到這一點罷了。

《支那經濟全書》為東亞同文會所編，調查中國經濟社會情形，甚為詳細，湖北留學生計畫翻譯出版，其時張之洞為兩湖總督，贊成其事，撥款籌辦，由許季茀的一個湖北朋友陳某總管，後來陳某畢業回去，托季茀代為管理未了的事情。他因此能夠做了幾件好事，即是代《民報》墊付罰款，救了太炎的急難，又給魯迅找到校對的事務，稍為得到一點報酬。

報酬很有限，但因此魯迅認識了印刷所的人，這完全是偶然的機會，卻是很有關係，承印《經濟全書》的是神田印刷所，那裡派來接洽的人很是得要領，與魯迅頗說得來，所以後來印《域外小說集》，也是叫那印刷所來承辦的。這時候有不速之客到來，聽見譯印小說的計畫欣然贊同，慷慨的借墊印刷費用，於是《域外小說集》也就是《新生》的譯文部分也就完成了。

八五　蔣抑卮

時間大約是在戊申（一九〇八）年的初冬，我們剛搬家到波十九號，就來了兩位不速之客，這時幸而已經搬了家，若是在伍合，就有點不好辦了。

這客人乃是夫婦兩位，大概是魯迅認識的人，所以他只好將房子讓出來，請他們暫住，自已歸併到許季茀的這邊來，變成三個人共住一間八席的房間，雖然不算很擠，已經足夠不方便的了。這人便是蔣抑卮，名曰鴻林，本身是個秀才，很讀些古書以及講時務的新書，思想很是開通，他這回到東京來，乃是為的是醫病，他的耳朵裡有什麼毛病，那時在國內沒有辦法，所以出國來請教專家的。

他要在東京居住相當長久的時候，預備租借房子，但是一時找不著，而且這又有條件，便是非在近地不可，因為他們二人且不懂日本話的，諸事要別人招呼，不能住在遠隔的地方。但是過了不久，大概也就是兩三個禮拜吧，托了出入的商人打聽，也在西片町十號，離波之十九相去不很遠的地方，找到一所房子，就遷移過去了。白天裡由他夫人同下女看家，他自己便跑到這邊來談天，因為人頗通達，所以和魯迅很談得來，我那時只是在旁聽著罷了。

他一聽譯印小說的話，就大為贊成，願意墊出資本來，助成這件事，於是《域外小說集》的計畫便驟然於幾日中決定了。

蔣抑卮的上代是紹興人，似乎他的父親也還是的，少年時代很是貧窮，常背負布匹包裹，串門做生意，由此起家，開設綢緞莊，到了蔣抑卮的時代，兼做銀行生意，是浙江興業銀行的一個股東了。

他平常有一句口頭禪，凡遇見稍有窒礙的事，常說只要「撥伊銅錢」（即是「給他錢」的紹興話，是他原來的口氣）就行了吧，魯迅因此給他起綽號曰「撥伊銅錢」，但這裡並沒有什麼惡意，只是舉出他的一種特殊脾氣來，做一個「表德」罷了。

天下事固然並不都是用錢便可以做得到的，但是他這「格言」如施用得當，卻也能做成一點事情來，這裡他只墊出了印刷費二百元之譜，印出了兩冊小說集，不能不說是很有意義的事情。

不久他與醫生接洽好了，這自然也是魯迅一手代他翻譯經理的，進了耳鼻咽喉的專門醫院，要開刀醫治耳疾了。院長本是鼎鼎大名的博士，不知為什麼會得疏忽，竟因手術而引起了丹毒，這不得不說是大夫的責任。

丹毒的熱發得很高，病人時說胡話，病情似頗危險，時常找魯迅說話，說日本人嫉妒中國有他那麼的人，蓄意叫醫生謀害，叫魯迅給他記著，由此可知他平常自己看得甚是了不得，這也是很有意思的事情。

他在囈語裡也說到我，說啟明這人甚是高傲，像是一隻鶴似的，這似乎未必十分正確，我只是不善應酬，比較沉默，但在形跡上便似乎是高傲，這本來是我所最為不敢的。後來魯迅便給我加上一個綽號，平常他喜歡給人起諢名，有些是很巧妙的，如上文所說的「撥伊銅錢」，但這回只是把鶴字讀成日本話，稱作「都路」（Tsuru），我從前有一個時候，為上海《亦報》寫文章，也用過「鶴生」這筆名，即是從這個故典出發的。

八六　弱小民族文學

《域外小說集》第一冊於己酉（一九〇九）年二月間出版，接著編印第二集，在六月裡印成，這時魯迅已經預備回國，到杭州的兩級師範去教書，那裡的校長便是沈鈞儒，很招羅了些有名的浙江留學生去當教員，許季茀便早已進去，蔣抑卮此時也已病好，回到上海去了。

《域外小說集》在那時候要算印的特別考究，用一種藍色的「羅紗紙」做書面，中國可以翻作「呢紙」吧，就是呢布似的厚紙，上邊印著德國的圖案畫，題字是許季茀依照《說文》所寫的五個篆文，書的本文也用上好洋紙，裝訂只切下邊，留著旁邊不切，可是定價卻很便宜，寫明是「小銀圓貳角」，即是小洋兩角。

卷首有一篇序言，是己酉正月十五日寫的，其文曰：

「《域外小說集》為書，詞致樸訥，不足方近世名人譯本，特收錄至審慎，移譯亦期弗失文情。異域文術新宗，自此始入華土。使有士卓特，不為常俗所囿，必將犁然有當於心，按邦國時期，籀讀其心聲，以相度神思之所在。則此雖大海之微漚歟，而性解思惟，實寓於此。中國譯界，亦由是無遲暮之感矣。」

短短的一小篇序言，可是氣象多麼的闊大，而且也看得出自負的意思來，這是一篇極其謙虛也實在高傲的文字了。雖然是不署名，這是魯迅的筆墨，後來在一九二〇年的三月群益書社重印《域外小說集》的時候，有一篇署我的名字的序文，也是他做的，裡邊說當初的經過，今抄錄於左：

「當初的計畫，是籌辦了連印兩冊的資本，待到賣回本錢，再印第三第四，以至第X冊的。如此繼續下去，積少成多，也可以約略紹介了各國名家的著作了。於是準備清楚，在一九〇九年的二月，印出第一冊，到六月間，又印出了第二冊。寄售的地方，是上海和東京。

「半年過去了，先在就近的東京寄售處結了賬。計第一冊賣去了二十一本，第二冊是二十本，以後可再也沒有人買了。那第一冊何以多賣一本呢？就因為有一位極熟的友人，怕寄售處不遵定價，額外需索，所以親去試驗一回，果然劃一不二，就放了心，第二冊不再試驗了。但由此看來，足見那二十位讀者，是有出必看，沒有一人中止的，我們至今很感謝。

「至於上海，是至今還沒有詳細知道。聽說也不過賣出二十本上下，以後再沒有人買了。於是第三冊只好停板，已成的書便都堆在上海寄售處堆貨的屋子裡。過了四五年，這寄售處不幸失了火，我們的書和紙板都連同化成灰燼，我們這過去的夢幻似的無用的勞力，在中國也就完全消滅了。」

但是這勞力也並不是完全消滅，因為在「五四」以後發生新文學運動，這也可以看作《新生》運動的繼續。當初《域外小說集》只出了兩冊，所以所收各國作家偏而不全，但大抵是有一個趨向的，這便是後來的所謂東歐的弱小民族。統計小說集兩冊裡所收，計英法美各一，俄國七，波蘭三，波思尼亞二，芬蘭一，這裡俄國算不得弱小，但是人民受著迫壓，所以也就歸在一起了。

換句話說，這實在應該說是，凡在抵抗壓迫，求自由解放的民族才是，可是習慣了這樣稱呼，直至「文學研究會」的時代，也還是這麼說，因為那時的《小說月報》還出過專號，介紹弱小民族的文學，也就是那個運動的餘波了。

八七 學日本語（續）

我學日本語已經有好幾年了，但是一直總沒有好好的學習，原因自然一半是因為懶惰，一半也有別的原因，我始終同魯迅在一處居住，有什麼對外的需要，都由他去辦了，簡直用不著我來說話。所以開頭這幾年，我只要學得會看書看報，也就夠了，而且那時的日本文，的確也還容易瞭解，雖然已經不是梁任公《和文漢讀法》的時代，只須倒鉤過來讀便好，總之漢字很多，還沒有什麼限制，所以覺得可以事半功倍。

後來逐漸發生變化，漢字減少，假名（字母）增多，不再是可以「眼學」的文，而是須要用耳朵來聽的話了。其時不久魯迅要到杭州教書去，我自己那時也結了婚，以後家庭社會的有些事情都非自己去處理不可，這才催促我去學習，不過所學的不再是書本上的日本文，而是在實社會上流動著的語言罷了。

論理最好是來讀現代的小說和戲曲，但這範圍很大，不曉得從哪裡下手好，所以決心只挑詼諧的來看。這在文學上便是那「狂言」和「滑稽本」，韻文方面便是川柳這一種短詩，——日本詩句無所謂韻，因為日本語是母音結末的，它一總只有五個母音，如要押韻很是單調，所以詩歌是講音數的，便是五個字七個字分句，交錯組成，這裡川柳這種詩形，是十七個字，分作五七五三段，與俳句同一格式。

此外還有一種是笑話，稱作「落語」，謂末了有一個著落，便是發笑的地方。當初很是簡短，後來由落語家來口演，把它拉長了，可能要十分鐘光景，在雜耍場裡演出，與中國的相聲彷彿，不過中國是用兩個人對說，它卻是單口相聲，只是一個人來說罷了。

那時富山房書房出版的「袖珍名著文庫」裡，有一本芳賀矢一編的《狂言二十番》，和官崎三昧編的《落語選》，再加上三教書院的「袖珍文庫」裡的《俳風柳樽》初二編共十二卷，這四冊小書講價錢一總還不到一元日金，但是作為我的教科書卻已經盡夠了。可是有了教本，這參考書卻是不得了，須要各方面去找，因為凡是諷刺總有個目標存在，假如不把它弄清楚，便如無的放矢，看了不得要領。《落語選》中引有「座笑土產」的一條笑話道：

「近地全是各家撒豆的聲音。主人還未回來，便吩咐叫徒弟去撒也罷。這徒弟乃是吃吧，抓了豆老是說，鬼鬼鬼。門口的鬼打著呵欠說，喊，是出去呢，還是進來呢？」寫的很是簡煉，但這裡倘若不明白立春前夜撒豆的典故，便沒有什麼意思。

據村瀨栲亭著《藝苑日涉》卷七說：

「立春前一日謂之節分，至夕家家燃燈如除夜，炒黃豆供神佛祖先，向歲德方位撒豆以迎福，又背歲德方位撒豆以逐鬼，謂之儺豆。」

又蜀山人著《半日閒話》中云：

「節分之夜，將白豆炒成黑，以對角方升盛之，再安放簸箕內，唱福裡邊兩聲，鬼外邊一聲，撒豆，如是凡三度。」

那店家的徒弟因為口吃的緣故，要說「鬼外邊」卻到鬼字給吃住了，老是說不下去，所以鬼聽了納悶，但是人卻覺得可以發笑了。

狂言裡有一篇《節分》，也是說這事情的，不過鬼卻更是吃虧了。蓬萊島的鬼於立春前夜來到日本，走進人家去，與女主人調戲，被女人乘隙用豆打了出來，只落得將隱身笠隱身蓑和招寶的小槌都留下在屋裡了。

川柳裡邊有一句道：「寒念佛的最後回向，給鬼戳壞了眼睛。」這話說的有點彆扭，並不是很好的作品，但也是說事的，所以引用在這裡。

小寒大寒稱作寒中，這三十日裡夜誦佛號，叫作寒念佛，及功德圓滿做回向時正是立春前夜，這時候鬼被豆打得抱頭鼠竄，四處奔走，一不小心會得碰得角上，戳傷了眼睛，因為日本的鬼是與中國的不同，頭上有兩隻角的。這與「幽靈」不一樣，幽靈乃是死後的鬼，這是一種近似生物的東西，大約中國古時稱為「物魅」的吧。

狂言是室町時代的文學，屬於中古時期，去今大約有四百年了，川柳與滑稽本雖然是近世的江戶時代，但計算起來也已是二百年前左右的東西，落語的起源也約略在這時候，所以這些參考的資料，大半是在書裡，這就引我到雜覽裡邊去了。

川柳在現今還有人做著，落語則在雜耍場裡每天演著，與講談音曲同樣的受人歡迎，現代社會的人情風俗更是它的很好資料，閒來到「寄席」去聽落語，便是我的一種娛樂，也可以說學校的代用，因為這給予我語言風俗的幫助是很大的。可是我很慚愧對於它始終沒有什麼報答，我曾經計畫翻譯出一冊《日本落語選》來，但是沒有能夠實現，因為材料委實難選，那裡邊的得意的人物不是「長三倌人」便是敗家子弟，或是幫閒，否則是些傻子與無賴罷了。

森鷗外在《性的生活》中有一節云：

「剛才饒舌著的說話人起來彎著腰，從高座的旁邊下去了，隨有第二個說話人交替著出來。先謙遜道：人是換了，卻也換不出好處來。又作破題道：爺兒們的消遣就是玩玩窯姐兒。隨後接著講工人帶了一個不知世故的男子到吉原（吉原為東京公娼所在地）去玩的故事，這實在可以說是吉原入門的講義。我聽著心裡佩服，東京這裡真是什麼知識都可以抓到的那樣便利的地方。」

川柳與吉原的關係也正是同樣的密切，而且它又是韻文，這自然更沒有法子介紹了。倒是狂言，我卻譯了二十四篇，成功了一冊的《日本狂言選》，滑稽本則有式亭三馬著的《浮世風呂》（譯名浮世澡堂），和《浮世床》（浮世理髮館）兩種也譯出了，便是還有十返舍一九著的《東海道中膝栗毛》（膝栗毛意雲徒步旅行）沒有機會翻譯，未免覺得有點可惜，因為這也是我所喜歡的一冊書。

八八　炭畫與黃薔薇

我這時學日本話，專是為的應用，裡邊包括應付環境，閱覽書報，卻並不預備翻譯，我從日本語譯小說第一次在民國七年戊午（一九一八），譯的是江馬修著的《小小的一個人》，這以前的翻譯還是都從英文轉譯的。

當時我所最為注重的是波蘭，其次是匈牙利，因為他們都是亡國之民，尤其值得同情。在《域外小說集》第一二集裡，我便把顯克微支譯出了三篇，就是《樂人揚珂》，《天使》和《燈檯守》，其所著頂有名的《炭畫》，在己酉春天也已譯成，不知道為什麼緣故不曾登入。大概因為分期登載不很方便吧，但第二集的末尾以後擬譯作品的預告上面，記得裡邊有匈牙利的密克札忒的《神蓋記》，即是《聖彼得的傘》，那篇分量還要多，自然更非連續登載不可了。《神蓋記》的第一分的文言譯稿，近時找了出來，已經經過魯迅的修改，只是還未謄錄，本來大約擬用在第三集的吧。這本小說的英譯後來借給康嗣群，由他譯出，於一九五三年由平明出版社印行，那也是很有意思的作品，不過是徹頭徹尾的明朗的喜劇，與匈牙利的革命問題沒有什麼關係了。

且說那篇《炭畫》是一篇中篇小說，大抵只是三萬多字吧，據勃闌兌斯在《波蘭印象記》說：「顯克微支係出高門，天才美富，文情菲惻，而深藏諷刺，所著《炭畫》記一農婦欲救其夫於軍役，至自賣其身，文字至是，已屬絕技，蓋寫實小說之神品也。」

我於民國七年在北京大學，編「歐洲文學史」講義，裡邊記述他的作品道：

「顯克微支所作短篇，種類不一，敘事言情，無不佳妙，寫民間疾苦諸篇尤勝。事多慘苦，而文特奇詭，能出以輕妙詼諧之筆，彌足增其悲痛，視戈果爾笑中之淚殆有過之，《炭畫》即其代表。顯克微支旅美洲時著此書，此言記故鄉事實，唯託名羊頭村而已。村雖稱自治，而上下離散，不相扶助，小人遂得因緣為惡，良民又多愚昧，無術自衛，於是悲劇乃成。書中所言，合來服夫婦外，自官吏議員至於乞丐，殆無一善類，而其為惡又屬人間之常，別無誇飾，雖被以詼諧之詞，而令讀者愈覺真實，其技甚神，余人莫能擬也。」

可是譯本的運氣很壞，歸國以後，於民國二年寄給商務印書館的小說月報社，被退了回來，回信裡說：「雖未見原本，以意度之，確係對譯能不失真相，因西人面目俱在也，行文生澀，讀之如對古書，頗不通俗，殊為憾事。」這裡所說，對於原文的用古文直譯的方法，褒貶得宜，後來又寄給中華書局去看，則不讚一詞的被退回了。近年人民文學出版社印行《顯克微支小說集》，復由我用白話來譯了一遍，收在裡邊。

在這之後，我又翻譯了一本《黃薔薇》，這乃是匈牙利小說家育凱摩耳所著，也是中篇小說，原本很長，經英譯者節譯成了中篇，一總只有三萬字左右，因為後來賣稿給商務印書館得了六十元，但那時已去譯出的十年之後了。原譯本有庚戌（一九一〇）十二月的序文，在一九二〇年日記上有賣稿的記事，是托蔡子民先生介紹的：

「八月九日，校閱舊譯《黃薔薇》。

十日，往大學，寄蔡先生函，又稿一本。」

「十六日，晚得蔡先生函附譯稿。

十七日，上午寄商務印書館譯稿一本。」

「十月一日，商務分館送來《黃薔薇》本稿值六十元。」

時間距《紅星佚史》的丁未（一九〇七）已經隔了有十四個年頭，但稿費還是一樣的二元一千字，又擱了六七年，這才印了出來，那時的廣告恰巧尚是保存著，便錄於後：

「此書體式取法於牧歌，描寫鄉村生活，自然景物，雖運用理想，而不離現實，實為近世鄉土文學之傑作。周君譯以簡練忠實之文言，所譯牧歌尤臻勝境。」

這廣告裡的話雖是多半從序言裡取來，但是他稱讚譯詩的話，卻不是原來所有的。原書的足本當然還要佳勝，聽說俄國有足譯本，中國近來有孫用君譯本，大約據世界語譯或者亦是足本，不過我還沒有機會看到，不能確說罷了。

八九　俳諧

這時我所注意的一種日本文學作品，仍是俳諧，這也稱作俳句，是一種古老的文學，但在現在也還有人做，而且氣勢很是旺盛。這本是日本詩歌的一種形式，我自己知道不懂得詩，況且又是外國的東西，要想懂它已是妄想，若說是自己懂得，那簡直是說誑話了，不過我對於它有興趣，時常去買新出版的雜誌來看，也從舊書地攤上找些舊的來，隨便翻閱。

俳諧乃是俳諧連歌的縮稱，古時有俳諧連歌，是用連歌的體裁，將短歌的三十一音，分作五七五及七七兩節，由兩個人各做一節，連續下去，但其中含著詼諧的意思，所以加上俳諧兩字。後來覺得一首連歌中間，只要發句，即五七五的第一節，也可以獨立成詩，便成功為別一種東西了。

其後經過變遷發展，有始祖松尾芭蕉的正風，幽玄閒寂的禪趣味，與謝蕪村的優美豔麗的畫意，晚近更有正岡子規的提倡寫生，這是受了寫真主義文學的影響了，但是儘管如此，它卻始終沒有脫掉「俳諧」的圈子，仍舊是用「平淡俗語」來表達思想，這是我所以覺得很有意思的地方。可是他們卻又反對因襲的俗俳，蕪村在《春泥集》序文上說：

「畫家有去俗論，曰畫去俗無他法，多讀書，則書卷之氣上升而市俗之氣下降矣，學者其慎旃哉。夫畫之去俗亦在投筆讀書而已，況詩與俳諧乎。」

子規也常反對庸俗的俳人，贊成蕪村的「用俗而離俗」。子規住在根岸，稱作根岸派，發刊雜誌題名「保登登岐須」，意云子規鳥，他自己生肺病咯血，故別號子規，雜誌的名字或者也是這個意思吧。

當時所出雜誌並不單是提倡俳句，裡邊還有散文部分，包括小說隨筆，子規所提倡的「寫生」亦應用於散文方面，有一種特別的成就。我還保存著一冊舊雜誌，是丙午（一九〇六）年四月所發刊的，登有夏目漱石的小說《我是貓》的第十章，和他的中篇小說《哥兒》（普通這樣譯，其實是江浙方言的「阿官」，或如普通話可以說是「大少爺」，意指不通世故的男子。）

有些寫生文派的作家如長塚節，高濱虛子，阪本四方太等人的著作，又常在那上邊發表，長塚的長篇小說《土》，短篇《太十和他的狗》，高濱的《俳諧師》，阪本的《夢一般》，都是我所喜歡的，可惜我只譯出《夢一般》，也未能印成單行本，卻隨即散失了。

《夢一般》是己酉年民友社出版，菊判半截一冊，紅洋布面，定價金三十五錢。這書乃是在三田散步時於路旁一小書店中所得，甚為歡喜，曾寫入《藥堂語錄》。全書共總有九章，另另碎碎的記錄兒時的事情，甚有情趣，第一章裡記故家情狀，有這樣的一節：

「我們家的後邊是小竹林，板廊的前面即是田地。隔著砂山，後方是海。澎湃的波浪的聲音不斷的聽到，無論道路，無論田地，全都是沙，穿了木屐走起來也全沒有聲響，不管經過多少年，木屐的齒也不會得磨滅。建造房屋的時候，只在沙上潑去五六擔的水，沙便堅固的凝結，變得比岩石還要硬。在這上邊放下台基石，那就成了。

「這自然是長大了以後聽來的話，但是我們的家是沙地中間的獨家，這事卻至今還好好的記憶著。家是用稻草蓋的。在田地裡有梅樹，總有兩三株。竹林裡有螃蟹。澤蟹很多，像是亂撒著小石子一般。人走過去，他們便出驚，沙沙的躲到枯竹葉底下去的聲音，幾乎比竹林的風雨聲還要利害。不但竹林子裡，在廚房的地板上也到處爬，也在天花板上頭行走。夜裡睡靜了之後，往往驚醒，在紙隔扇外邊，可不是偷兒的腳步聲麼，這樣的事也不止有過一兩次，這是後來從母親聽來的話。」

那時候寫的文章已經沒有存留了，故紙中找得一紙，是記釣魚的，但沒有寫上題目，其文云：「庚戌秋日，偕內人，內弟重久及保阪氏嫗早出，往大隅川釣魚。經蓬萊町，出駒入病院前，途漸寂靜，隘但容車，兩旁皆樹木雜草，如在山嶺間。徑盡忽豁朗，出一懸壓上，即為田端。下視田野羅列，草色尚青，屋宇點綴其間，左折循匯而下為大路，夾路流水涓涓然。

「行未十丈許，雨忽集，以雨具不足，躊躇久之遂決行。前有田家售雜品，擬求竹笠，問之無應者。重久言當冒雨獨行，乃分果餌與之使去，而自先歸。遂至田端驛乘電車至巢鴨，欲附馬車而待久不至，保阪嫗請先行，未幾車至即乘之。意嫗去未遠，留意覘之，見前有人折裾負包而行，呼之果嫗也，令同乘。至鈴本亭前下車，雨已小霽，歸家饑甚，發食合取團飯啖之甚旨，其味為未嘗有也。未幾雨復大至，旁午重久亦返，言至川畔而雨甚，因走至羽太家假傘而歸，所持餌壺釣竿，則已棄之矣。是日為月曜，十月頃也。」

擬作寫生文，而使用古文辭，似忘記了俳諧的本意，此事甚可笑，唯因可為一時的紀念，故錄於此。

九〇　大逆事件

上面這篇小文是庚戌（一九一〇）年十月所寫，這提醒我其時還住在本鄉的西片町，鈴本亭在這條街的盡頭，便是我們時常去聽落語的「寄席」（雜耍場）。

在十一月中我們便又搬家了，這回卻搬出了本鄉區，到了留學生所極少去的麻布，那裡靠近芝區，只有在慶應義塾讀書的才感覺方便，其次則是立教大學了。但其時在慶應讀書的似乎不大有人，立教則以前只有過一個羅象陶，不過我進去的時候他已經不在那裡了，雖然似乎他還在留學，卻不知道在幹什麼。

他是龔未生陶冶公的朋友，大概也是在搞革命，民國以後聽說他因此很失意，我曾給他遺札題字，表示悼惜之意，這手札是陶冶公所藏的。其文云：

「光緒末年余寓居東京本鄉，龔君未生時來過訪，輒談老和尚及羅黑子事。曼殊曾隨未生來，枯坐一刻而別，黑子時讀書築地立教大學，及戊申餘入學則黑子已轉學他校，終未相見。條忽二十年，三君先後化去，今日披覽冶公所藏黑子手札，不禁憮然有今昔之感。黑子努力革命，而終乃鳥盡弓藏以死，尤為可悲，宜冶公兼士念之不忘也。民國廿三年三月十日，識於北平。」

我們遷居的地方是麻布區森元町，靠近芝公園與赤羽橋，平常往熱鬧場所去是步行到芝園橋，坐往神田的電車，另外有直通赤羽橋的一路，但是路多迂迴，要費加倍的時間，所以平常不很乘坐，只有夜裡散步看完了舊書店之後，坐上就一直可到家門近旁，雖是花費工夫，卻可省得走路，也是可取的事。因此之故，雖然住在偏僻的地方，上街並無不便之處，午後仍是往本鄉的大學前面，或晚飯後上神田神保町一帶看書，過著遊惰的生活。

可是在這期間，卻遇見一件事，給我一個很大的刺激。

這是明治四十四年（一九一一）一月廿四日的事，那時正在大學赤門前行走，忽然聽見新聞的號外呼聲，我就買了一張，拿來一看，不覺愕然立定了。這乃是「大逆事件」的裁判與執行。

這是五十年前的事情，那時候日本有沒有共產黨雖然未能確說，但是日本官憲心目中所謂「社會主義者」，事實上只是那些無政府主義思想的人和急進的主張社會改革家罷了。這一案裡包含二十四個人，便是把各色各樣的人，只要當時政府認為是危險的，不管他有無關係，都羅織在內，作一網打盡之計，罪名便是「大逆」，即是謀殺天皇。

他們所指為首魁的是幸德傳次郎（秋水）和他的愛人菅野須賀，其實幸德是毫不相干的，因為他最有名，居於文筆領導的地位，所以牽連上了。原來是只有四個人共謀，內有宮下太吉與菅野須賀，都是無政府主義者，想合炸藥炸明治天皇，目的是證明他也是會死的凡人，並非神的化身，所查獲的證物只是洋鐵罐和幾根鐵絲，火藥及鹽酸加裡少許，——我想當年陶冶公說要到長崎跟俄國人去學的炸彈，大約也就是這種東西吧。

差不多同時候，有佛教徒內山愚童，單獨計畫謀刺皇太子，發覺了也隨作為同黨，併案辦理。他們與幸德當然也有往來，宮下太吉曾同幸德到熊野川舟遊，這便說是密謀，大石誠之助松尾卯一太曾到平民社訪問過幸德，便說是率死黨若干人赴會，這些都是檢事小山松吉的傑作，其實也正是政府傳統的手法，近年的三鷹和松川事件就用了同樣的方法鍛煉成功的。

他們將二十幾個不相統屬的人做成一起，說是共謀大逆，不分首從悉處死刑，次日又由天皇特飭減刑，只將一半的人處死，一半減為無期徒刑，以示天恩高厚，這手段兇惡可憎也實在拙笨得可憐。當時我所看見的號外，即是這一批二十四個人的名單。

這時候我僑居異國，據理說對於僑居國的政治似別無關心之必要，這話固然是不錯的，但這回的事殆已超過政治的範圍，籠統的說來是涉及人道的問題了。

日本的新聞使我震驚的，此外還有一次，便是一九二三年九月一日大震災的時節，甘粕憲兵大尉殺害無政府主義者大杉榮的夫婦，並及他的六歲的外甥橘宗一的這一件事。

日本明治維新本來是模仿西洋的資本主義的民主，根本是封建武斷政治，不過表面上還有一點民主自由的跡象，但也逐漸消滅了。這一樁事在他們本國思想界上也發生不少影響，重要的是石川啄木，佐藤春夫，永井荷風，木下奎太郎（本名太田正雄，奎太郎的奎字本從「木工」二字合成），皆是。石川正面的轉為革命的社會主義者，永井則消極自承為「戲作者」，沉浸于江戶時代的藝術裡邊，在所著《浮世繪的鑒賞》中說明道：

「現在雖云時代全已變革，要之只是外觀罷了，若以合理的眼光一看破其外皮，則武斷政治的精神與百年以前毫無所異。」

寫這文章的時候為大正二年（一九一三）正月，即是「大逆事件」解決兩年之後也。

九一 赤羽橋邊

我們以前都是住在本鄉區內，這在東京稱為「山手」，意云靠山的地方，即是高地，西片町一帶更是有名，是知識階級聚居之處，呂之七號以前夏目漱石曾經住過，東邊鄰居則是幸田露伴，波之十九號的房東乃是順天堂醫院的院長佐藤進。現在一下子搬到麻布，雖然不能算是出於喬木，遷於幽谷，總之是換了一個環境了。

那裡的房屋比較簡陋，前門臨街，裡邊是六席的一間，右手三席，後面是廚房和廁所，樓上三席和六席各一間，但是房租卻很便宜，彷彿只是十元日金，比本鄉的幾乎要便宜一半的樣子。在本鄉居住的時候，似乎坐在二等的火車上，各自擺出紳士的架子，彼此不相接談，而且還有些不很愉快的經驗，例如在呂之七號貼近鄰居有一家是植物分類學者，名叫牧野富太郎，家裡下女常把早上掃地的塵土堆到我們這邊來，這或者不是牧野的主意，但總之可見他的沒有什麼家教了。

在森元町便沒有這種事情，這好像是火車裡三等的乘客，都無什麼間隔，看見就打招呼，也隨便的談話。不過這裡也有利有弊，有些市井間的瑣聞俗事，也就混了進來，假如互相隔離的住著，這就不會得有了。

我們的右鄰是一個做裱糊工的，家裡有一妻一女，這女兒是前妻所生，與後母相處自然是不很和協，而那後母又似乎是故意放縱她，或者真是不能管教呢，總之那女兒漸漸流為「不良少女」了。每天午後，我們胡同裡便聽見有男子在吹口哨，這是召集的口號，於是她便溜出門去，到附近的芝公園裡與她的那些男女同志會合了。晚上父親回來，聽了後母的訴說，照例來一通大嚷大罵，以至痛打，但是有什麼用呢？第二天到那時候，召集的口哨又來了，弱小的心靈恍如受了符咒的束縛，不覺仍舊衝了出去，結果又是那一場的吵鬧。

有時鄰婦看見她，順便勸說道：「你也何妨規矩點，省得你父親那樣生氣呢？」但是她卻笑嘻嘻的回答道：「你不知道在外邊玩耍是多麼有趣哩。」這是很有意義的一句話，很值得人去思索玩味的。

我們在森元町住了大半年，到了暑假就回中國來了，在我們離開那裡以前，那情形一直是如此，至於後事如何就不得而知了。

在赤羽橋左近，那裡還有一個畸人，他那地方我卻是時常去的，雖然並不曾談什麼天，因為他乃是理髮師，所以我總是兩三星期要去找他一趟的。

他據說也有妻子，但是卻獨自住著，在芝公園的近旁，孤另另的一所房屋，外邊一間店面，設備得很考究，後邊一間三席的住房，左右幾十步之內並無什麼鄰合。他的店裡比較清淨，這是因價格特別高之故，所以我去理髮的時候，總見他是閒空著，用不著在那裡坐等。還有一種緣由，人們不大去請教他，便是傳聞他是有點精神病的，試想一個人怎肯伸著脖子，聽憑一個手執鋒利的剃刀的精神病患者去播弄呢？

我到他那裡去嘗試，本來是頗有點危險的，但是幸而他卻不曾發病，這個危險也就過去了。其實他或者性情乖僻則是有之，看他那樣的生活形式可以想見，人們加鹽加醋的渲染，所以說他有精神病，雖然也是難怪，但總是不足憑信的。我的危險的經驗，縱然不能證明他沒有神經病，但至少說明人言之不盡可信了。

九二　辛亥革命（一）王金發

現在已是辛亥這一年了。這實在是不平常的一個年頭，十月十日武昌起義，不久全國響應，到第二年便成立了中華民國，人民所朝夕想望的革命總算實現了。

可是這才是起了一個頭，一直經過了四十年，這個人民解放事業才是成功，以前所經過的這些困難時代，實在是長的很，也是很暗淡的。何況在當時革命的前夜，雖是並沒有疾風暴雨的前兆，但陰暗的景象總是很普遍，大家知道風暴將到，卻不料會到得這樣的早罷了。

這時清廷也感到日暮途窮，大有假立憲之意，設立些不三不四的自治團體，希圖敷衍，我在翻譯波蘭顯克微支的《炭畫》，感覺到中國的村自治如辦起來，必定是一個「羊頭村」無疑，所以在小序裡發感慨說：

「民生顓愚，上下離析，一村大勢，操之凶頑，而農婦遂以不免，人為之亦政為之耳。古人有言，庶民所以安其田裡，而亡嘆息愁恨之心者，政平訟理也。觀於羊頭村之事，其亦可以鑒矣。」

及至回到故鄉來一看，果然是那一種情形，在日本其時維新的反動也正逐漸出現，而以大逆案作為一轉捩點，但那到底是別國的事情，與自己沒有多少迫切的關係，這回卻是本國了，處於異族與專制兩重的壓迫下，更其覺得難受。那時將庚戌秋天釣魚的記事抄錄了出來，後邊加上一段附記道：

「居東京六年，今夏返越，雖歸故土，彌益寂寥，追念昔遊，時有棖觸。宗邦為疏，而異地為親，豈人情乎。心有不能自假，欲記其殘缺以自慰焉，而文情不副，感興已隔。用知懷舊之美，如虹霓色，不可以名，一己且爾，若示他人，更何能感，故不復作，任其飄泊太虛，時與神會，欣賞其美，或轉褪色，徐以消滅，抑將與身命俱永，溘然相隨，以返虛浩，皆可爾。所作一則，不忍捐棄，且錄存之，題名未定，故仍其舊。辛亥九月朔日記。」

後末有九月初七日夜中作詩一首，題在末後云：

「遠遊不思歸，久客戀異鄉。寂寂三田道，衰柳徒蒼黃。舊夢不可道，但令心暗傷。」

但是十月十日「霹靂一聲」，各地方居然都「動」了起來了，不到一個月的工夫，大勢已經決定，中國有光復的希望了。

在那時候也有種種謠言，人心很是動搖，但大抵說戰局的勝敗，與本地沒有多少關係，到了浙江省城已經起義，紹興只隔著一條錢塘江，形勢更是不穩，因此乘機流行一種謠言，說杭州的駐防旗兵突圍而出，頗有點兒危險，足以引起反動的騷亂，但是仔細按下去，仍是不近情理，不過比平常說九龍山什麼地方的白帽赤巾黨稍好罷了。

一有謠言，照例是一陣風的「逃難」，魯迅在一篇文言的短篇小說《懷舊》裡描寫這種情形，有一節云：

「予窺道上，人多於蟻陣，而人人悉函懼意，惘然而行。手多有挾持，或徒其手，王翁語予，蓋圖逃難者耳。中多何墟人，來奔蕪市，而蕪市居民則爭走何墟。李媼至金氏問訊，云僕猶弗歸，獨見眾如夫人方檢脂粉薌澤，紈扇羅衣之屬，納行篋中，此富家姨太太似視逃難亦如春遊，不可廢口紅眉黛者。」

這篇小說是當時所寫，記的是辛亥年的事，而逃難的情形乃是借用庚子夏天的事情，因為本家少奶奶預備逃難，卻將團扇等物裝入箱內，這是事實，但是辛亥年的謠言卻只一天就過去了，只是人心惶惶，彷彿大難就在目前的樣子。

有一位少奶奶，乃是庚子年那一位的妯娌，她的丈夫是前清秀才現任高小教員，當時在學校裡不曾回家，她就著急的說道：「大家快要殺頭了，為什麼還死賴在外邊？」她大約是固守著「長毛」時候的教訓，以為是遇亂當然要殺頭，所以是在準備遭難而不是逃難了。

幸而這恐慌只是一時的，城內經了學生們組織起來，武裝但是拿著空槍出去遊行，市面就安定下來了，接著省城裡也派了「王逸」率領少數軍隊到來接防，成立了紹興軍政分府。這王逸本來名叫王金發，是紹興人所熟知的草澤英雄，與竺酌仙齊名，還是大通學堂的系統，他的兩年來在紹興的行事究竟是功是過，似乎很難速斷，後來他被袁世凱派的浙江督軍朱瑞所誘殺，實在可是死得很冤的。

九三 辛亥革命（二）孫德卿

辛亥秋天我回到紹興，一直躲在家裡，雖是遇著革命這樣大事件，也沒有出去看過，所以所記錄的大抵只是一些得之傳聞的事情，如今且來做一回文抄公，從《略講關於魯迅的事情》裡抄來，這乃是我的兄弟所寫，我想這大約是寫得可靠的。

他敘述遊行及歡迎的情形如下：

「這時候城內的一個寺裡就開了一個大會，好像是越社（案即南社的紹興分社）發動的，到了許多人，公舉魯迅做主席。魯迅當下提議了若干臨時辦法，例如提議組織講演團，分發各地去演說，闡明革命的意義和鼓動革命情緒等。關於人民的武裝，他說明在革命時期，人民武裝實屬必要，講演團亦須武裝，必要時就有力量抵抗反對者。

「他每一提議剛要說完而尚未說完的時候，就有一個坐在前排的頭皮精光的人，彎著腰，作要站起來但沒有完全站起來的姿勢，說一句『鄙人贊成！』又彎著腰坐下去，提議就很快的通過。這人不是別人，便是後來魯迅文章裡曾經說起的孫德卿。

「他雖是鄉下的地主家庭出身的人，但對於推翻清政權這件事是熱心的。他曾經拿明朝人的照片去分送給農民，我看到的一張是明太祖的像，約莫三寸來長，分明是從畫像上照下來的。他並且向農民說明，清朝的政府是外面侵入的人組成的，我們應當把他們打出去。對於這主張，農民都贊成，願意起來去打。《揚州十日記》之類的小冊子，這時候也流行到民間。這孫德卿在秋瑾案發生時，曾一次下獄，但不久就出來了。

「但是魯迅提議的武裝講演等，大家雖然都贊成，可是缺少準備，力量也不夠。第一件是缺少槍械。府學堂裡雖然有些槍，但沒有真的子彈，有一些也是操演時用的那種只能放響的彈子，只有在近距離內大概能傷人。於是人民終於恐怖起來了。

「有一天，魯迅從家裡出去，到府學堂去，到了離學校不遠，見有些店鋪已在上排門，有些人正在張惶的從西往東奔走。魯迅拉住一個問他為什麼，他說不知道究竟什麼事。魯迅知道問亦無益，不如到學堂去了再說。

「他走進校門，已有一部分學生聚在操場裡討論這件事，才知道市民因為聽了有敗殘清兵要渡江過來，到紹興來騷擾的謠言，所以起恐慌的。於是魯迅主張整隊上街解釋，以鎮定人心。手腳很快，一歇工夫就印好了許多張油印的傳單，大概是報告省城克復的經過，和說明決沒有清兵過來的事情。即刻打起鐘來，學生立時齊集於操場，發了槍，教兵操的先生也跑來了，滿頭是汗，他還沒有剪掉辮髮，把它打了一個大結子。他不拿平常用的狹細的指揮刀，掛上一把較闊厚的可以砍刺的長刀，這無非防備萬一的。小心怕事的校長，抖零零的到操場上來講話，想設法攔阻，但沒有用處。

「在路上，魯迅一班人分送傳單，必要時更向人說明，叫他們不要無端恐慌，的確這很有用處，學生們走到之處，人心立刻安定下來，店鋪關的也仍然開了。時間在下午，一班人回到學校時，天已黑下去了。

「離這事情不久（案大概就是第二天吧，）就有人告訴魯迅，說王金發的軍隊大約今晚可以到紹興，我們應當去接他和他的軍隊，這回仍在府學堂裡會集，學生也去的。晚飯後大家興高采烈的走到西郭門外。到了黃昏，不見什麼動靜，到了二更三更，還是不見軍隊開到。學生穿的操衣很是單薄，夜深人靜時覺得很寒冷，於是只好敲開育嬰堂的門，到裡面去休息，叫起茶房，貼還些柴錢，叫他們燒茶來喝。

「這時候才看見穿制服的學生們之外，還有頭皮精光的孫德卿，頭戴氈帽的范愛農，好像和徐伯蓀一起捐道台出洋的陳子英也在內。但是夜深了，不特冷，而且也餓，學生們大家摸錢袋，設法敲開店門買東西吃。孫德卿拿出錢來，叫人去買了幾百個雞蛋，大家分吃了。這以後不久，有人來報信，說軍隊因為來不及開拔，大概須明天才可開到，今晚不來了。於是第二天晚上再去，這回不往西郭，卻往東邊的偏門，人還是這一大批。

「黃昏以後，月亮很皎潔，正盼望間，遠遠的聽到槍聲響，以後每隔一定的時間槍聲響一下。不多時看見三兩隻白篷船，每隻只有一個船夫搖著，然而很快的搖來。船吃水很深，可見人是裝的滿滿的。各船都只有一扇篷開著，過一歇時候船中就有兵士舉起槍來，向空中放一響。先前的兵隊老是這樣做，在有開仗可能的情勢下，常常一響一響的放著槍。不多時候船已靠岸，王金發的軍隊很快的上了岸，立刻向城內進發。兵士都穿藍色的軍服，戴藍色的布帽，打裹腿，穿草鞋，拿淡黃色的槍，都是嶄新的。帶隊的人騎馬，服裝不一律，有的穿暗色的軍服，戴著帽子，有的穿淡黃色軍服，光著頭皮。

「這時候是應該睡的時候了，但人民都極興奮，路旁密密的站著看，比看會還熱鬧，中間只留一條狹狹的路，讓隊伍過去，沒有街燈的地方，人民都拿著燈，有的是桅杆燈，有的是方形玻璃燈，有的是紙燈籠，也有照著火把的。小孩也有，和尚也有，在路旁站著看。經過教堂相近的地方，還有傳道師，拿著燈，一手拿著白旗，上寫歡迎字樣。

「兵士身體都不甚高大，臉上多數像飽經風霜的樣子，一路過去，整齊，快捷。後面跟的人，走的慢一點的便跟不上。不久到了指定駐紮的地方，去接的人們有跟了進去，也有站住在門外面，大家都高叫著革命勝利和中國萬歲等口號，情緒熱烈，緊張。不久就有人來叫讓路，一班人把酒和肉等挑進去，是慰勞兵士去的，外面的人們也就漸漸的散去了。」

我這一節文章寫得特別的長，而且裡邊又是大都抄的別人的文章，這是什麼緣故呢？因為我很珍重那一回革命的回憶，可是我自己沒有直接的經歷，所以只能借用人家所寫的，寫的雖是實樸卻很誠實，後來對於王金發的批評也下的很有分寸，其寫孫德卿也頗是簡單得要領，活畫出一個善良的人來。

軍政分府成立，政治上沒有什麼建設，任用的人很不得當，有三個姓王的，頗弄權斂錢，人民倒不大怪王金發，大家都責備「三王」，當時老百姓利用一句「戲文」上的句子，唱道「可恨三王太無禮」，卻不曉得是什麼戲上邊的。這時候府學堂的學生用了魯迅和孫德卿的名義，辦了一個《越鐸日報》，時常加以諷刺，有一回軍政分府布告，說要出去視察，卻說是「出張」，報上就挖苦說，「都督出張乎，宜乎門庭如市也！」別一篇的文章的結末，則有「悲夫」二字，這本是從前常用的字眼，沒甚希奇，可是實際上是在譏刺何悲夫，他也是軍政分府的一個要人。

「後來那報館被兵士毀壞了一部分，孫德卿大腿上被刺了一尖刀，但並非要害，傷亦不重。這也許是三王指使的，也許是王金發自己的主意，即使是他的主意，比之於後來軍閥的隨便殺人，實在是客氣得多了。

「孫德卿被刺傷後，想要去告訴各位老朋友，並且預備把傷痕照了相給老朋友去看。但是很為難，因為身體大而傷痕小，如果只照局部，傷痕是極清楚了，但看的人不曉得受傷者是孫德卿，如果照全身，面貌是照出來了，但傷痕就看不清楚了。因為照相總不能照得太大呀。結果終於照了全身，但照片並不大。魯迅接到照片，拆開來看時只見赤條條的一個孫德卿，不看見傷痕，不覺嚇了一跳，還以為他發癡了，等到看了他的說明，才知道原來是這樣一件事情。」

九四　辛亥革命（三）范愛農

辛亥革命的時候，我所直接見到的人物，只有一個范愛農，——王金發做都督的時候，沒有機會見到，只在雜誌上看見他在二次革命後被朱瑞誘殺的一張死後照相，孫德卿則始終沒有看到，那張裸體照相也因為不是原本，只是翻印登在報上的，所以記不清楚了。

范愛農卻是親自見過的，雖然在安慶事件當時反對打電報，蹲在席子上那種情形，不曾看見過，卻也大略可以想像得來。紹興軍政分府成立，恢復師範學堂，那時是在民國改元以前，還稱「學堂」，委派魯迅為校長，愛農為監學，二人重復相會，成為好友。

因為學堂在「南街」，與東昌坊相距不到一里路，在辦公完畢之後，愛農便身著棉袍，頭戴農夫所用的捲邊氈帽，下雨時穿著釘鞋，拿了雨傘，一直走到「裡堂前」，來找魯迅談天。魯老太太便替他們預備一點家鄉菜，拿出老酒來，聽主客高談，大都是批評那些「呆蟲」的話，老太太在後房聽了有時不免獨自匿笑。這樣總要到十點鐘以後，才打了燈籠回學堂去，這不但在主客二人覺得愉快，便是魯老太太也引以為樂的。

但是好景不常，軍政府本來對於學校不很重視，而且因為魯迅有舊學生在辦報，多說閒話，更是不高興，所以不久魯迅自動脫離，只留下愛農一人，有點孤掌難鳴了。

這時候已經是民國元年壬子，改用陽曆，師範學堂也改稱第五師範學校了，魯迅以後的校長是傅力臣，即是當時的孔教會會長，縣署裡教育科長是何幾仲，也就是《阿Q正傳》裡所說的「柿油黨」，掛著一個銀桃子的徽章的，此外也有羅颺伯朱又溪等人。這個情形正是魯迅《哀范君》詩中所說的，「狐狸方去穴，桃偶盡登場」，是也。

范愛農一個人獨自在他們中間，這情形就可想而知的了。我這裡為的記載誠實起見，便來借用他自己信裡的話，敘述前後的事情。

這裡第一封信，是壬子（一九一二）年三月二十七日從杭州所發，寄給在紹興的魯迅的，其文云：「豫才先生大鑒，晤經子淵，暨接陳子英函，知大駕已自南京回。聽說南京一切措施與杭紹魯衛，如此世界，實何生為，蓋吾輩生成傲骨，未能隨波逐流，惟死而已，端無生理。弟於舊曆正月二十一日動身來杭，自知不善趨承，斷無謀生機會，未能拋得西湖去，故來此小作勾留耳。現承傅勵臣函邀擔任師校監學事，雖未允他，擬陽月杪返紹一看，為偷生計，如可共事，或暫任數月。

「羅揚伯居然做第一科課長，足見實至名歸，學養優美。朱幼溪亦得列入學務科員，何莫非志趣過人，後來居上，羨煞羨煞。令弟想已來杭，弟擬明日前往一訪。相見不遠，諸容面陳，專此敬請著安，弟范斯年叩，二十七號。《越鐸》事變化至此，恨恨，前言調和，光景絕望矣。又及。」

這裡需要附帶說明我往杭州的事，那時浙江教育司（後來才改稱教育廳）司長是沈鈞儒，委我當本省視學，因事遲去，所以不曾遇見愛農。《越鐸》變化不是說被軍人搗毀，乃是說內部分裂，李霞卿宋紫佩等人分出來，另辦《民興報》，後來魯迅的《哀范君》的詩便是登在這報上的。

第二封信的日期是五月九日，也是從杭州發出，寄往北京的，距前回寄信的日子才有一個月半，范愛農卻已被人趕出師範學校了。原信云：

「豫才先生鈞鑒，別來數日矣，屈指行旌已可到達。子英成章（校務）已經卸卻，弟之監學則為二年級諸生斥逐，亦於本月一號午後出校。此事起因雖為飯菜，實由傅勵臣處置不宜，平日但求敷衍了事，一任諸生自由行動所致。弟早料必生事端，唯不料禍之及己。推及己之由，現統悉係何幾仲一人所主使，惟幾仲與弟結如此不解冤，弟實無從深悉。

「蓋飯菜之事，係范顯章朱祖善二公因二十八號星期日起晏，強令廚役補開，廚役以未得教務室及庶務員之命拒之，因此深恨廚役，唆令同學於次日早膳，以飯中有蜈蚣，冀泄其忿。時弟在席，當令廚役換掉，一面將廚役訓斥數語了事。詎范朱等忿猶未泄，於午膳時復以飯中有蜈蚣，時適弟不在席，傅勵臣在席，相率不食（但發現蜈蚣時有半數食事已畢），堅欲請校長嚴辦廚房，其意似非撤換不可。

「傅乃令學生詢弟，弟令廚役重煮，學生大多數贊成，且宣言如菜不敷，由伊等自購，既經范某說過重煮，定須令廚役重煮。廚役遂復煮，比熟已在上課時刻，乃請諸候選教員用膳，請之再三，而胡問濤朱祖善范顯章趙士琹等一味喧擾不來。傅乃囑弟去喚，一面搖鈴，令未飽者趕緊來吃，其餘均去上課。弟遂前往宣布，胡問濤以菜冷且不敷為詞，弟乃云前此汝等宣言菜如不敷，由汝等自備，現在汝等既未備，無論如何只有勉強吃一點。

「胡等猶復刺刺不休，弟遂宣言，不願吃又不上課，汝等來此何干，此地究非施飯學堂（施飯兩字係他們所出報中語），如願在此肄業，此刻飯不要吃了，理當前去聽講，否則即不願肄業，盡可回府，即使汝等全體因此區區細故退學亦不妨。於是欲吃者還赴膳廳，其已畢者去上課。

「次日早膳，校長俟諸生坐齊後乃忽宣言，此後諸生如飯菜不妥，須於未坐定前見告，如昨日之事可一不可再，若再如此，決不答應。諸生復憤，俟食畢遂開會請問校長，以罷課為要脅，此時係專與校長為難，未幾乃以弟昨日所云退學不妨一語為詞，宣言如弟在校，決不上課，係專與弟為難，延至午後卒未解決。弟以弟之來師範非學生之招，係校長所聘，非校長辭弟，或弟辭校長，決不出校，與他們尋開心。

「學生往告訴幾仲，傍晚幾仲遂至校，囑校長辭弟，謂范某既與學生不洽，不妨另聘，傅未允，怏怏而去。次日仍不上課，傅遂懸牌將胡問濤並李銘二生斥退（此二生有實據，係與校長面陳換弟），胡李遂與趙士璨朱祖善等持牌至知事署，並告幾仲。幾仲遂於午後令諸生將弟物件搬出門房，幾仲亦來，並令大白暨文灝登報（案金伯楨後改名劉大白，當時辦《禹域日報》，王文灝辦《越鐸日報》），弟適有友來訪，遂與偕出返舍。

「刻因家居無味，於昨日來杭，冀覓一棲枝，且陳子英亦曾約弟同住西湖閒遊，故早日來杭，因如是情形現有祭產之事，日前晤及，云須事畢方可來杭也。專此即詢興居，弟范斯年叩，五月九號。」

還有第三封信，今從略。魯迅在壬子日記七月項下，記有范愛農的最後消息道：

「十九日晨得二弟信，十二日紹興發，云范愛農以十日水死，悲夫悲夫，君子無終，越之不幸也，於是何幾仲輩為群大蠹。」又云：

「二十二日夜作韻言三首，哀范君也，錄存於此。」第二日抄錄一本，稍加修改寄給我，其第一首次聯云：

「華顛萎搖落，白眼看雞蟲。」後附一紙說明道：

「我於愛農之死，為之不怡累日，至今未能釋然。昨忽成詩三章，隨手寫之，而忽將雞蟲做人，真是奇絕妙絕，辟歷一聲，群小之大狼狽。今錄上，希大鑑定家鑑定，如不惡乃可登諸《民興》也。天下雖未必仰望已久，然我亦豈能已於言乎。二十三日，樹又言。」

日記八月項下云：

「二十八日收二十一及二十二日《民興日報》一分，蓋停板以後至是始復出，余及啟孟之哀范愛農詩皆在焉。」

我的一首詩題作「哀愛農先生」，其詞云：

「天下無獨行，舉世成萎靡。皓皓范夫子，生此寂寞時。傲骨遭俗忌，屢見螻蟻欺。坎壈終一世，畢生清水湄。會聞此人死，令我心傷悲。峨峨使君輩，長生亦若為。」

范愛農之死是在壬子年七月十日，是同了民興報館的人乘舟往城外遊玩去的，有人說是酒醉失足落水，但頗有自殺的嫌疑，因為據說他能夠游水，不會得淹死的，他似乎很有厭世的傾向，這是在他被趕出師範以前所寫的信裡，也可以看出痕跡來的了。

九五　望越篇

辛亥革命的前景不見得佳妙，其實這並不是後來才看出來，在一起頭時實在就已有的了。且不說大局，只就浙江來看，軍政府的都督要捧一個湯壽潛出來，這人最是滑頭，善於做官，有一個時候蔣觀雲批評他最妙，他說，蟄仙的手段很高，他高談闊論一頓，人家請他出來，便竭力推辭，說我不幹，及至把他擱下了，他又來撈一下子，再請他來，仍說不幹，但是下回仍是這樣撈法，卻把地位逐漸的提高了。

後來他升任臨時政府的交通部長，後任有陶成章的呼聲，可是為陳英士所忌，陶住在上海法租界的廣慈醫院，終於壬子一月十三日為刺客所暗殺。

陶煥卿是個革命勇士，他的聯絡草澤英雄，和要使天下人都有飯吃的主張，確是令人佩服，但看去彷彿有點可怕，似乎是明太祖一流人物，所以章太炎嘗戲呼為「煥皇帝」，或「煥強盜」，魯迅也曾同許季茀評論他道：「假如煥卿一旦造反成功，做了皇帝，我們這班老朋友恐怕都不能倖免。」雖然如此，可是同盟會人那樣的爭權奪利，自相殘殺，不必等二次革命的失敗，就可知道民軍方面的不成了。不過那也是關於本省大局的事，我們不去管它，單說紹興本地，而且只是教育文化一面的事情也罷。

說到紹興教育界的情形，其實也未必比別處特別壞，不過說好那也是不然。大約在光緒末年的乙巳年間吧，他們請蔡孑民去辦學務公所，蔡君便托封燮臣來叫我，去幫他的忙，我因為不願意休學，謝絕了他，可是沒有多久，蔡君自己也就被人趕走了。這為什麼緣故呢？那時學務公所是當地最肥的缺，有每月三十元的薪水，想謀這缺的人多了，所以就是蔡孑民也不能安坐這把交椅了。

自從「桃偶盡登場」以後，這情形自然就更糟了。應運而生的「自由黨」做了教育科長，其餘人物也是一丘之貉，魯迅那三首詩的後面所說那幾句幽默話，即是他們的典故。什麼「大鑑定家」啦，什麼「天下仰望已久」啦，都是朱又溪平常恭維人的話，據蔡谷卿傳說，在紹興初辦警察局（還在前清時代）的時候，他致辭道：

「紹興員警，十分整頓。杭州員警，腐敗不堪。兩相比較，相去天壤。」

這比孫德卿的演說，在胡亂說了一番之後，突然的說：「那麼（讀作難末，意思是『如今』）警察局萬歲！」便收了場，雖是也覺得可笑，卻顯得性格善良，沒有那種惡劣氣了。

大約是在這個時候，便是桃偶已經登場，魯迅還沒有到南京教育部去的時候，我寫了那篇《望越篇》，在報上（或是《民興報》，但總之不是《越鐸》）發表，因為留著草稿，上邊有魯迅修改的筆跡，所以略可推測這篇文章的年月。今將全文錄存於後：

「蓋聞之，一國文明之消長，以種業為因依，其由來者遠，欲探厥極，當上涉幽冥之界。

種業者本於國人彝德，馰以習俗所安，宗信所仰，重之以歲月，積漸乃成，其期常以千年，近者亦數百歲，逮其寧一，則思感咸通，立為公意，雖有聖者，莫能更贊一辭。故造成種業，不在上智而在中人，不在生人而在死者，二者以其為數之多，與為時之永，立其權威，後世子孫，承其血胤者亦並襲其感情，發念致能，莫克自外，唯有坐紹其業而收其果，為善為惡，無所撰別，遺傳之可畏，有如是也。

「蓋民族之例，與他生物同，大野之鳥，有翼不能飛，冥海之魚，有目不能視，中落之民，有心思材力而不能用，習性相傳，流為種業，三者同然焉。中國受制於滿洲，既二百六十餘年。其局促伏處專制政治之下者，且二千百三十載矣，今得解放，會成共和，出於幽谷，遷於喬木，華夏之民，孰不歡欣，顧返瞻往跡，亦有不能不懼者，其積染者深，則更除也不易。中國政教，自昔皆以愚民為事，以刑戮慴俊士，以利祿招黠民，益以酷儒蕘書，助張其虐，二千年來，經此淘汰，庸愚者生，佞捷者榮，神明之冑，幾無孑遺，種業如斯，其何能臧，曆世憂患，有由來矣。

「今者千載一時，會更始之際，予不知華土之民，其能洗心滌慮，以趣新生乎，抑仍將伈俔俔，以求祿位乎？於彼於此，孰為決之？予生於越，不能遠引以觀其變，今唯以越一隅為之征。當察越之君子，何以自建，越之野人，何以自安？公僕之政，何所別於君侯，國士之行，何所異於臣妾？凡茲同異，靡不當詳，國人性格之良窳，智慮之蒙啟，可於是見之。如其善也，斯於越之光，亦夏族之福，若或不然，利欲之私，終為吾毒，則是因果相尋，無可誅責，唯有撮灰散頂，詛先民之罪惡而已。仲尼《龜山操》曰，吾欲望魯兮，龜山蔽之，手無斧柯，奈龜山何！今瞻禹域，乃亦唯種業因陳，為之蔽耳，雖有斧柯，其能伐自然之律而夷之乎？吾為此懼。」

這篇文章寫的意思不很徹透，色彩也很是暗淡，大有定命論一派的傾向，雖然不是漆黑一團的人生觀，總之是對於前途不大樂觀，那是很明瞭的了。但這正是當時情勢的反映，也是一種資料，所以抄錄在這裡。在那時候所寫的文言的文章也只難得的保存了這一篇，抄下來重看一遍，五十年漫長的光陰，卻一眨眼間便已在這中間過去了。

九六　臥治時代

在東京留學這六年中都沒有寫日記，所以有些事情已經記不起來了，到了民國元年這又繼續來寫，從十月一日起，一直寫到現在。但是王子年十月以前的事情，也大抵年月無可查考了，這些事例如范愛農的一件，幸而有他的親筆信札和魯迅的日記，還可知道一點，我自己的往杭州的教育司當視學，在那裡「臥治」的事蹟，那就有點茫然了。

辛亥革命起事的前後幾個月，我在家裡閒住，所做的事大約只是每日抄書，便是幫同魯迅翻看古書類書，抄錄《古小說鉤沉》和《會稽郡故書雜集》的材料，還有整本的如劉義慶的《幽明錄》之類。

壬子元旦臨時政府成立，浙江軍政府的教育司由沈鈞儒當司長，以前他當兩級師範學堂校長時代在那裡任教的一班人，便多轉到這邊來了，一部分是從前在民報社聽過章太炎講《說文》的學生，其中有朱逷先錢玄同（其時他還叫錢夏，號中季），這就是朱逷先，他介紹我到教育司去的。起初是委任我當第幾科的課長，但是不久又改任了本省視學，這時期大概是三月裡的事情，所以范愛農在三月廿七日的信裡提到這事，但是我因為家裡有事，始終沒有能夠去，一直拖延到大約六七月中，這才前去到差。

那時教育司的辦公處是租用頭髮巷丁氏的房屋，這丁家便是刻那「武林掌故叢編」的，在前清咸同時代很是有名，是杭州的一個大家，但是我覺得這住屋並不怎麼好。我在教育司的這多少天裡，並沒有遍看教育司的房屋，我只到過那客廳，飯廳，和樓上的住室，都是很湫隘的地方。客廳裡擺列著許多石頭，是那有名的「三十六峰」，我卻看不出它的好處來，而且那間房子很是陰暗，那時又值夏天，終日有蚊子飛鳴著，這上邊就是我的宿舍，因為我到來晚了，所以床位已經是在旁邊樓門口，樓梯下院子裡是一個小便桶，雖然臭氣並不薰蒸，卻總也不是什麼好地方。

視學的職務是在外面跑的，但是平常似乎也該有些業務，可是這卻沒有，所以也並沒有辦公的坐位，每日就只是在樓上坐地，看自己帶來的書，看得倦了也就可以倒臥在床上，我因為常是如此，所以錢玄同就給我加了一句考語，說是在那裡「臥治」。

在樓下「三十六峰」的客廳裡，有些上海的日報，有時便下去閱看，不過那裡實在暗黑得可以，而且蚊子太多，整天在那裡做市的樣子，看一會兒的報就要被叮上好幾口。因此我「臥治」的結果，沒有給公家辦得一點事，自己卻生起病來了。

當初以為是感冒風寒，可是後來因為寒熱發得出奇，知道是給「三十六峰」室的蚊子叮的發瘧疾了。本來瘧疾自有治法，只要吃金雞納霜即可以好的，但是在那蚊子窩裡起居，一面吃藥，一面被叮，也不是辦法，所以就告了假，過江回家來了。我這回到杭州到差，大概前後有一個月光景，因為我記得領過一次薪水，是大洋九十元，不過這乃是浙江軍政府新發的「軍用票」。

我們在家的時候，一直使用的是現大洋，乃是墨西哥的鑄有老鷹的銀元，這種軍用票還是初次看見，我在領到之後，心裡忐忑不知是否通用，於是走到清和坊的抱經堂，買了一部廣東板朱墨套印的《陶淵明集》，並無什麼麻煩的使用了，這才放心，以後便用這個做了旅費，回到家裡來了。

我往杭州的月日，因為那時沒有寫日記，所以無可考查，但我查魯迅的壬子日記，卻還可以找到一點資料。五月項下有云：

「二十三日，下午得二弟信十四日發，云望日往申，迎羽太兄弟。又得三弟信云，二弟婦於十六日分娩一男子，大小均極安好，可喜，其信十七日發。」

上面所說因為私事不曾往杭州去。便是這事情，又因分娩在即，要人照管小孩，所以去把妻妹叫來幫忙，這時她只有十五歲的樣子，由她的哥哥送來，但是到得上海的時候，這邊卻是已經生產了。六月項下記云：

「九日，得二弟信，三日杭州發。」這時大概我已到了教育司，可見是六月初前去到差的。隨後在七月項下記云：

「十九日，晨得二弟信，十二日紹興發，云范愛農以十日水死，悲夫悲夫，君子無終，越之不幸也，於是何幾仲輩為群大蠹。」這樣看來，那麼我到杭州去的時期，說是從六月一日以後，七月十日以前，那大概是沒有大差的吧。

九七　在教育界裡

壬子年總算安然的過去了，「中華民國」也居然立住，喜是很可喜的事，可是前途困難正多得很，這也是很明顯的。

新建設的一個民國，交給袁世凱去管理，而他是戊戌政變的罪魁禍首，怎麼會靠得住呢？

到了癸丑（一九一三）年的春天，便開始作怪了，第一件便是三月二十日的暗殺宋教仁，這事大概在當時很令人震驚，因為宋遁初這人在民黨裡算是頂溫和的，他主張與袁合作，現在卻把他來開刀，那下文是可想而知了。

這件新聞在我的日記裡記在廿三日項下，平時日記裡邊都不記這種政治要聞，查閱魯迅日記便不曾記著，就是我以後日記也是如此，便是乙卯三月被迫取消帝制，也沒有記錄，直至丙辰六月八日得縣署通告，有一條「袁總統於六日病歿，由黎副總統代行職務」的記事。

從癸丑至乙卯這兩年裡，因為二次革命失敗，袁認為天下已莫予毒，可以為所欲為，先是終身總統，隨後想做皇帝，發起籌安會的帝制運動，厲行特務政治，搜捕異己，這種情形以北京為最甚，紹興因天高皇帝遠，還不十分緊張，但也覺得黑暗時代到來，叫人漸漸有點喘不過氣來了。

我在這個時期內，一直在幹著中學教書的職務，一面在本縣教育會內做著會長，在教育界裡浮沉了四個年頭，也就是在那裡扮一名「桃偶」的腳色。雖然那時中學與師範都已改屬省裡領導，改稱第五中學等，本縣的教育部也換了人，不復是何幾仲羅颺伯，雖然朱又溪似乎還在。碰巧是教育會副會長陳津門來告訴我，教育會選舉我做會長，勸我就職的是四月廿一日，即是我聽到宋遁初被刺消息的那一天，蔣庸生來邀我到第五中學擔任英文，乃是四月廿九日，彷彿我是這時決心到那裡去「躲雨」似的。古人句云，山雨欲來風滿樓，不過老實說，我們其時還沒有這樣的敏感，預料到一兩年後的事情，也只是偶爾的遭逢，有了這樣的兩個機會，就抓住了就是了。

我在浙江省立第五中學，自癸丑四月至丙辰三月，十足四個年期，在這時期一共換了三個校長，最初是錢逷鵬，接著是朱宗呂，和徐晉麒。我是在錢君的時候進去的，恰巧那時的聘書還是保留著，現在抄錄在下面，也是當時的文獻，看了很有趣味的。

「浙江第五中學校代表錢逷鵬，敦聘

周啟明先生為本校外國語科教授，訂約如右：

一，教授時間每週十四小時。

一，月俸墨銀伍拾元，按月於二十日致送，但教授至十四小時以外，按時加奉。

一，除燈油茶水外，均由本人自備。

一，此約各執一紙。

中華民國二年四月日訂。」

八月校長易人，新來的朱渭俠，是教育司的舊同事，又是朱蓬仙的兄弟，蓬仙名宗萊，乃是民報社聽講的一人。渭俠任中校校長甚久，至丙辰十一月，因患傷寒專看中醫，及病去而體已不支，終以是無疾而卒，乃由徐鋤榛補充，係兩級師範舊生。

我的薪水自癸丑八月起，是每週十八小時，每月六十八元，較以前稍好。渭俠人甚勤懇，唯對學生似微失之過嚴，有一次在教務室內訓飭一個學生，有一個名叫錢學曾的，自己因有事去找校長，在旁等候著，看了不平，便上前給了他一拳。錢生是嵊縣人，「兩火一刀」的地方的人，生性本來剛直，本來事不干己，大可不管，乃遽爾動手對付，只落得自己除名了事，聽說的都為嘆惜，卻已無濟於事了。

我在教育會裡，也是無事可做，反正是敷衍故事罷了，但因為縣署有每月五十元的津貼，所以要辦點事業，除雇用一個事務員和一名公役及支付雜費之外，印行一種教育雜誌，以及有時調查小學，展覽成績，有一回居然辦過一回教科書審查的事。

本來小學教科書向由各校自由在商務中華兩家出版物中選用，這回由教育會審定似乎也有點越俎之嫌，但是大家不曾反對，結果審定國文一科是中華書局的當選。原來書局方面誰也沒有運動，不意中獲了勝利，在中華書局固然是喜出望外，可是商務印書館卻氣炸了肺，聲言要去告狀，後來卻不知道怎樣的不告了，大概查不到我們有接受中華書局的賄賂的證據吧。

當時我們的行動，實在有點幼稚而且冒失，在教育界上有那麼大勢力的一隻大老虎頭上，居然想去抓牠一下癢，那可不是玩的呀！

我們辦教育雜誌，現在想起來也有許多好笑的事，文章是用古文，那是不必說了，起初幾期還是每句用圈斷句，等到後來索性不斷句了，理由是古文本不難懂，中國人的義務本應該能讀懂古文的文章，所以沒有加圈點的必要。這主張簡直有點荒謬了，復古到了極端，這便與清朝的江聲書小札或購物開賬用篆文差不多，現在這種實物已經找不到，如能找出來看看，那一定也是好玩的吧。

九八　自己的工作（一）

我在紹興教育會混跡四五年，給公家做的事並不多，剩下來做的都是私人的事，這些卻也不少，現在可以一總的說一下子。

我於一九三六年寫《關於魯迅》這篇文章裡，曾經說過：

「他寫小說，其實並不始於《狂人日記》，辛亥年冬天在家裡的時候，曾經用古文寫過一篇，以東鄰的富翁為模型，寫革命前夜的情形，有性質不明的革命軍將要進城，富翁與清客閒漢商議迎降，頗富於諷刺色彩。這篇文章未有題名，過了兩三年由我加了一個題目與署名，寄給《小說月報》，那時還是小冊，係惲鐵樵編輯，承其覆信大加稱賞，登在卷首，可是這年月與題名都完全忘記了，要查民初的幾冊舊日記才可知道。」

這回查看日記，居然在壬子十二月裡找到這幾項紀事：

「六日，寄上海函，附稿。」

「十二日，得上海小說月報社函，稿收，當復之。下午寄答。」

「廿八日，由信局得上海小說月報社洋五元。」

此後遂渺無消息，直至次年癸丑七月這才出版了，大概誤期已很久，而且寄到紹興，所以這才買到：「五日，《懷舊》一篇，已載《小說月報》中，因購一冊。」廿一日又往大街，記著「又購《小說月報》第二期一冊」，可知上面所說的一冊乃是本年的第一期，卷頭第一篇便是《懷舊》，文末注云：

「實處可致力，空處不能致力，然初步不誤，靈機人所固有，非難事也。曾見青年才解握管，便講詞章，卒致滿紙餖飣，無有是處，亟宜以此等文字藥之。焦木附志。」

本文中又隨處批註，共有十處，雖多是講章法及用筆，有些話卻也講的很是中肯的，可見他對於文章不是不知甘苦的人。但是批語雖然下得這樣好，而實際的報酬卻只給五塊大洋，這可以考見在民國初年好文章在市場上的價格，——然而這一回還算是很好的，比起《炭畫》的苦運來，實在是要說有「天壤之殊」了。

雖然那篇文章本來不是我所寫的，我自己在同時候也學寫了一篇小說，題目卻還記得是「黃昏」，是以從前在伏見館所遇見的老朋友「法豪」為模型，描寫那貓頭鷹似的呵呵的笑聲似乎也很痛快，但是大約當時自己看了也不滿意，所以也同樣的修改抄好了，卻是沒有寄去。至於那篇《懷舊》，由我給取了名字，並冒名頂替了多少年，結果於魯迅去世的那時聲明，和《會稽郡故書雜集》一併退還了原主了。

我們當時的名字便是那麼用法的，在《新青年》投稿的時節，也是這種情形，有我的兩三篇「雜感」所以就混進到《熱風》裡去，這是外邊一般的人所不大能夠理解的。

九九　自己的工作（二）

《炭畫》是波闌顯克微支所著的中篇小說，還是我於戊申己酉之交，在東京時所譯出，原稿經魯迅修改謄正後，一直收藏在箱子裡面，沒有法子出版。這回覺得小說月報社頗有希望，便於癸丑二月廿五日寄了去，到了三月一日便得覆信云：

「大著《炭畫》一卷已收到，事冗僅拜讀四之一，雖未見原本，以意度之，確係對譯能不失真相，因西人面目俱在也。但行文生澀，讀之如對古書，頗不通俗，殊為憾事。林琴南今得名矣，然其最初所出之《茶花女遺事》及《迦因小傳》，筆墨腴潤輕圓，如宋元人詩詞，非今日之以老賣老可比，吾人若學林氏近作，鮮能出色者。質之高明，以為何如？原稿一本，敬以奉還。二月二十七號。」

這當然也是惲鐵樵所寫的，因為他是於舊文學頗有瞭解的人，所以說的話有些也很有道理，他看出我們很有點受林琴南的影響，但我們一面主張直譯，竭力保存「西人面目」，卻又主張復古，多用古奧難懂，超出「宋元詩詞」的文句，這種意思卻不是他所能瞭解的了。

總之這結果是「行文生澀，讀之如對古書」，不能通俗，就難得為世人所歡迎，這即是所謂遺憾，被碰了回來正是當然的，但是領了「落卷」回來，得了一句中肯的批語，失意之中也還有幾分的得意。

過了小半年之後，我又把譯稿寄到中華書局去試試看，這回可是預料是要失敗，《中華小說界》的編輯原是不大高明的，因為預防這一著，接著又把一篇新寫成的《童話略論》送了去，說明不想賣錢，只希望採用後給我一年份的雜誌，大約價值一元錢，例如《中華小說界》，——不料這也是不成功。過了些時候，得到回信道：

「日前接到來示及《童話略論》，具見著作宏富，深為欽佩。前《炭畫》稿一本，本欲寄還，茲以《童話略論》亦不甚合用，故與《炭畫》一併交郵掛號奉趙，乞即察收。八月二十七日。」

既然兩次碰了釘子，只好向別的方面去另找出路，但是也沒有很好的方法，只得寄到北京托想辦法，於是於九月三日將《炭畫》和那冊《黃薔薇》（當時為得古雅，稱作「黃華」，因為薔薇的名稱不見經傳）的譯稿，都寄北京去。魯迅甲寅日記在正月項下記云：

「十六日，晚顧養吾招飲于醉瓊林，以印二弟所譯《炭畫》事，與文明書局總纂商榷也，其人為張景良字師石，允代印，每冊售去酬二成。」

隨後由文明書局寫了一個合同送給我，這合同條例也偶然保存著，是很難得的資料，今不嫌煩瑣的抄錄在這裡。

「立合同上海文明書局，今承周作人先生以所譯小說《炭畫》一書，委敝局出資印行，以後應得權利均經雙方商定，爰訂合同，彼此各執，條例如次。

一，此書初版印壹仟冊，每售一冊，著者應得照定價拾分之貳之利益。

二，文明書局每逢三節結帳一次，將所售書數報告譯者，並將譯者應得之利益郵寄譯者，或譯者之代理人。

三，此書未銷罄期內，譯者不得將稿他售。

四，此書文明書局不得延至四個月後出版。

五，譯者倘違第三條之規定，對於文明書局應負印資之賠償。

六，文明書局倘違第四條之規定，對於譯者應負壹佰伍拾圓之賠償。

七，初版售罄後，譯者得將稿自印或他售。

八，譯者售稿時，文明書局得買稿之優先權。（即文明書局所出稿價，與他處相等時，譯者應此稿售與文明書局。）

九，初版售罄後，倘譯者與文明書局雙方仍欲繼續合印，應另訂合同。

十，此書印成後，須粘有譯者之印花，或印有譯者之圖章，方能發行。

十一，此書定價每冊銀貳角伍分。

十二，此書印成後，譯者于壹仟冊內，應提取三拾冊，文明書局不計價值。

中華民國三年一月日，文明書局代表俞仲還，

證人顧養吾張師石。

周作人先生存照。」

《炭畫》居然照合同所說的那樣，於四月裡出版了。

魯迅日記裡說：「二十七日，午後稻孫持來文明書局所印《炭畫》三十本，即以六本贈之。校印紙墨俱不佳。」這書面的圖案係是錢稻孫所畫，四角裡是一個斧頭，就是第十一章「凶終」裡來服殺妻所用的斧子，中間一株受風的彎曲的楊柳，乃是農婦受難的象徵，至於題字則似是陳師曾所寫。

印刷紙張的確不大好，但是書能夠出版，總算是難得的了，初版一千冊也不知賣了多少，事隔幾年之後去問他算帳，書局裡說換了東家，以前的事不認帳了，版稅百分之二十，一總也不過是五十元，可是一個錢也沒有拿到。

一九二六年由北京北新書局重新付印，可能印過兩三版，解放後由我改譯白話，收在施蟄存譯的《顯克微支短篇小說集》中，通行於世。

總之，這主人翁來服的夫婦的命運是夠苦惱的了。

一〇〇 自己的工作（三）

癸丑九月三日寄往北京的舊譯小說，共有三種，除《炭畫》和《黃薔薇》以外，還有一大本的《勁草》。

關於《勁草》這本翻譯，在本文第七八節中已經說過，乃是丁未（一九〇七）年在東京時代所譯，因為與書店的《不測之威》重複，賣不出去，所以擱下來的，但是我們對於這書卻有點敝帚自珍的意思，覺得內容很好，總想把它印了出來，為此種種設法，寄給各報館雜誌社的人去看，可是沒有用處，到了末後連原稿也沒有能夠要得回來。

據魯迅說，這可能是寄給庸言報館，終於失蹤了。《黃薔薇》的原稿卻幸而不曾遺失，這篇中篇小說總算是出版了，但是在它的出版經過上也有一段很好玩的歷史。

我於一九二八年開始寫「夜讀抄」，第一篇便是講《黃薔薇》的，裡邊曾這樣的說過：

「《黃薔薇》，匈加利育凱摩耳所著，我的文言譯小說的最後的一種，於去年（即是一九二七年）冬天在上海出版了。這是一九一〇年所譯，一九二〇年托蔡孑民先生介紹，賣給商務印書館的。在八月項下有這幾項記事：

九日，校閱舊譯《黃薔薇》。

十日，上午往大學，寄蔡先生函，又稿一本。

十六日，晚得蔡先生函，附譯稿。

十七日，上午寄商務印書館譯稿一冊。

十月一日，商務分館送來《黃薔薇》稿值六十元。」

這是二十年前我們賣給《紅星佚史》的時候的價值，每千字大洋二元，因為那篇譯稿是「毛估」三萬字的樣子，雖然一個字一個字的除去空白計算起來，實在有幾何字，那就不得而知了！

上文說《黃薔薇》乃是我的文言譯小說的最後的一種，這句話似乎應該加以修正才對，因為我用白話寫文章是從丁巳（一九一七）年來到北京，在《新青年》上邊發表文章時才開始的，在這以前的一切譯作用的都是文言。例如辛亥歸國後給《紹興公報》譯的安兌爾然（今通稱安徒生）的《皇帝之新衣》，王子在教育司時所譯的顯克微支的《酋長》，藹夫達利阿諦斯的《老泰諾思》，《秘密之愛》和《同命》，須華勃的「擬曲」五小篇，都是如此。後來一九二〇年群益書社發起重刊《域外小說集》的時節，我便把上邊所說的長短十篇，連同到北京後所譯梭羅古勃的《未生者之愛》以及他的十篇寓言，一併加了進去，這末後的一篇才可以說是我的最後的一種文言譯品了。

但是此外也寫些隨筆小品，多是介紹外國的文藝的，作有《希臘之小說》一二兩篇，一是講西元前三世紀時朗戈斯的所謂牧歌小說，二是敘述二世紀時敘利亞文人路吉阿諾斯的諷刺小說，題目是「信史」，可是裡面說的全是神異的故事，譏刺歷史家說誑話的風氣。又寫了一篇西元前六世紀時的女詩人薩福的事蹟和她的遺作，題名「希臘女詩人」，還寫了《希臘之牧歌》，是講牧歌詩人諦阿克利思多斯的。另外也寫些別的，如根據古英文的史詩《倍阿烏耳夫》——意云蜜蜂狼，即是熊，是主人翁的名字，作《英國最古之詩歌》，又抄安徒生的傳記，做成一篇《安兌爾然傳》，送給《紹興公報》。

在乙卯年十月裡，將那講希臘的幾篇抄在一起，加上一個總名「異域文談」，寄給小說月報社去看，乃承蒙賞識，覆信稱為「不可無一，不能有二」之作，並由墨潤堂書坊轉送來稿酬十七元，這一回似乎打破了過去的紀錄，大約千字不只兩塊錢了吧。

一〇一 自己的工作（四）

以前因為涉獵英國安特路朗的著作，略為懂得一點人類學派的神話解釋法，開始對於「民間故事」感到興趣，覺得神話傳說，童話兒歌，都是古代沒有文字以前的文學，正如麥卡洛克的一本書名所說，是「小說之童年」。

我就在民初這兩三年中寫了好些文章，有《兒歌之研究》，《童話略論》與《童話之研究》，又就《酉陽雜俎》中所紀錄的故事加以解釋，題作「古童話釋義」，可是沒有地方可以發表，那篇《童話略論》，怎麼的碰釘子，前邊已經說過了。那時因為模仿日本，大書店已仿作童話，但是研究的文章卻不大歡迎，所以就是送給白登，也是不要。我因為沒有辦法，只能送到北京去，恰好教育部的編纂會辦有一種月刊，便在這上邊發表了。

後來連同我在北京所寫的幾篇白話文章，頭一篇是在孔德學校講演的《兒童的文學》，一總收集起來，定名為「兒童文學小論」，由上海兒童書局出版，這書局乃是張一渠君所辦，他原名張錫類，是我在紹興中學教過的一個學生。現在這書局早已沒有，我手頭也已沒有那本小書，所以其內容詳細情形，也已無法說起了。

從癸丑年起，我又立意搜集紹興兒歌，至乙卯春初草稿大概已定，但是一直無暇整理，一九三六年五月寫過一篇《紹興兒歌述略序》，登在當時復刊的北京大學《歌謠週刊》上邊，但是這個工作直至一九五八年九月這才完成，二十多年又已過去了。當時原擬就語言及名物方面，稍作疏證的工夫，故定名「述略」，後來卻不暇為此，只是因陋就簡的稍加注解，名字便叫做「紹興兒歌集」。可是現今因為興起「新民歌」運動，這是舊時代的兒歌，它的出版不能不稍要等待了。

此外我在紹興所做的一件事情，是刊刻那《會稽郡故書雜集》。這原稿是由魯迅預備好了，訂成三冊，甲寅（一九一四）年十一月十七日由北京寄到，廿五日至清道橋許廣記刻字鋪定刻木板，到第二年的五月廿一日，這才刻成，全書凡八十五葉，外加題葉一紙，用粉連紙印刷一百本，共付洋四十八元。書於六月十四日印成，十五日寄書二十本往北京，這書是我親自校對的，自己以為已是十分仔細了，可是後來經魯迅覆閱，卻還錯了兩個字，可見校書這件事是很困難的。

《故書雜集》的題葉係是陳師曾所寫，乙卯日記（魯迅）四月項下記云：「八日，托陳師曾寫《會稽郡故書雜集》書衣一葉。」陳君那時也在教育部裡的編審處，是很傑出的藝術家，於書畫刻石都有獨自的造就，和魯迅是多年的舊交，因為從前在江南陸師學堂的時代便已相知了。他們因此很是托熟，在魯迅日記上很可看得出來，例如丙辰年六月項下云：「廿二日，上午銘伯先生來，屬覓人書壽聯，攜之部，捕陳師曾寫訖，送去。」兩人的交情，約略可以想見。師曾所刻圖章，魯迅有「會稽周氏」及「俟堂」諸印，又嘗省去兄弟三人名字的「人」字，模仿漢人兩個字的名字，我也得到一方白文的印章，文曰「周作」，又另外為刻一方，是朱文「仿磚文」的，很是古拙，我曾利用漢磚上的一個「作」字，原有外廓方形，將拓本縮小制為鋅板，其古趣可與相比。

這裡附帶說及，也是很可紀念的。師曾的國畫世上早有定評，普通所見的都是些花鳥之類，但看到他的《北京風俗圖》的印本，覺得這別有一種趣味，也似乎有特別的價值。這是民國十七年北京淳菁閣出版的，那時師曾已經逝世，是他的友人姚茫父把所收藏的他的遺作三十四幅，各題詞一首，分作兩冊印行，題曰「茇漪室京俗詞，題陳巧畫十七闋」，但是現在早已絕版了。

其第十九圖《送香火》，畫作老嫗蓬頭垢面，敝衣小腳，右執布帚，左持香炷，逐洋車乞錢，程穆庵題詞曰：

「予觀師曾所畫北京風俗，尤極重視此幅，蓋著筆處均極能曲盡貧民情狀，昔東坡贈楊耆詩，嘗自序云，女無美惡富者妍，士無賢不肖貧者鄙，然則師曾此作用心亦良苦矣。」

其實這三十幾幅多是如此，除旗裝仕女及喇嘛外皆是無告者也，其意義與《流民圖》何異，只可惜巧道人死後，此種漫畫成了廣陵散，而後人亦無復知道他的人物畫的了。

刻書以後，木板一直放在刻字鋪裡，不曾取回，直至丙辰年的九月十八日始從許廣記取來刻板，放在樓上堆放書籍雜物的一間屋裡。到得民國八年己卯（一九一九）冬天，全家預備搬到北京來住，魯迅一個人回家整理，那時看見一堆木板，以為那些都是先代的試草朱卷的板片，不曾細看，便一裹腦兒付之一炬。結果這《雜集》算是絕版了，只有一百本印本，留存在世間罷了。

錢玄同在去世的一年前，便是戊寅（一九三八）年二月一日給我的信裡說道：

「朙逢攝提格年之木刻大著（搜輯亦著錄也，故稱著無語病），其價總與七五有關，可謂奇矣。這話怎講？原來昨晚得書後，我想今日去代為再碰碰看，不料一問，竟大出意外之表，蓋時經兩日而已漲價為三元矣。我說，未免太貴了。他答道，不貴，還已經說少了！應該是三元五毛呢。我只好揚長而去了。

「查來函謂他說二元而您要打七五扣，則是一元五毛矣，而今他說應是三元五毛，然則二元尚須加七成五矣。何此書之價之增減皆為七五乎？何其奇也。其實此攤若讓我來擺，我要價還要大呢。因為我知道此書之板已毀，又知此書印得很少，然則當以準明版書論，非當古董賣不可。」

所說木刻書即《會稽郡故書雜集》，序文署閼逢攝提格即是甲寅年秋，刻成則已在次年乙卯之夏，所謂已毀乃是指上面當試草刻板燒了的事情。

一〇二　金石小品

我在紹興的時候，因為幫同魯迅搜集金石拓本的關係，也曾收到一點金石實物。這當然不是什麼貴重的東西，——這裡所謂貴重，可以分作兩種來說，其一是寶貴，例如商彝周鼎，價值甚高，財力不及，其二是笨重，例如造象墓誌，分量不輕，拿它不動，便都不能過問，餘下來的只是那些零星小件了。

這種金石小品，製作精工的也很可愛玩，金屬的有古錢和古鏡，石類則有古磚，盡有很好的文字圖樣，我所有的便多是這些東西，但是什九多已散失，如今只把現在尚存的記錄於下。

乙卯八月日記裡說：

「十七日，下午往大街，於大路口地攤上得吉語大泉一枚，價三角，文曰龜鶴齊壽。羅泌謂字壯勁如大觀泉，信然。」

其錢直徑市尺一寸八分，字作六朝楷體，甚有雅趣，嘗手拓製為鋅板，印成信封，但因龜字適居中央，如寫信時適當姓名之首，慮或犯忌諱，故迄未使用。磚則有「鳳凰磚」，尚是紹興所得，日記五月項下云：

「十七日，在馬梧橋下小店得殘磚一，文曰鳳凰三年七月，下缺，蓋三國吳時物。」云此磚鄉人得之溪水中，故文字小有磨滅，彌增古趣。

「鳳凰」三年為西元二七四年，係孫皓年號，過了六年，皓遂降於晉，去做所謂降王長去了。同樣是南朝的東西，卻是在北京所得，因為原物也恰在手頭，所以就附記在這裡。這乃是南齊年號的磚硯，於癸酉（一九三三）年四月七日買得，查舊日記云：

「七日下午往後門外，在品古齋以三元得一磚硯，文曰永明三年，永字上略見筆劃，蓋是齊字也，筆勢與永明六年妙相寺石佛銘相似，頗可喜。」

曾手拓數本，寫題記於上曰：

「此南朝物也，乃於後門外橋畔店頭得之，亦奇遇也。南齊有國才廿餘年，遺物故不甚多，余前在越，曾手拓妙相寺維衛尊像背銘，今復得此，皆永明年間物，而字跡亦略相近，亦至可寶愛。大沼枕山句云，一種風流吾最愛，南朝人物晚唐詩，此意余甚喜之。古人不可見，尚得見此古物，亦大幸矣。中華民國廿二年重五日，知堂題記於北平苦雨齋。」

或者有人要批評說，這磚文恐怕是假的，其實我也是這樣想。兩個永明筆勢彷彿，便是頂顯著的證據，因為沒有別的文字可以做根據來模仿，所以只好採用這巧妙的笨法子了。

但是這總值得我們的感謝的，雖然是說假冒，它反正沒有大敲我們的竹槓，一總只要了三塊錢去，而且給我們來模造出一件稀有的東西，孔文舉把虎賁士權當蔡中郎，說道：「雖無老成人，尚有典型。」我們對於有些古物，也該是這樣說吧。

此外還有一塊磚硯，也是在北京所得的，但至今尚留存在我的身邊，似乎也值得來一說。這是沒有年號的殘磚，只剩了下端，文曰「大吉」，右側則只有末字曰「作」，上文已經說及，便是我縮小製板，當作名章用，又用原來尺寸，作為《苦口甘口》的書面，後來的《立春以前》也是使用這個封面的。

「作」字上邊原來該是造磚的人名和年代，不幸斷缺了，但也幸而斷了，只剩了這一小部分，可以製為硯臺（雖然我個人是不贊成利用古器物，把它改製為日用品的），若是整個的，那就有一尺多長，要顯得笨重累墜了。

這雖是沒有年號，但看它文字的古拙疏野，可以推想是漢人的筆墨，紹興在跳山有一塊大吉磨崖，是建初年間的刻石，我看這個大吉磚未必在它之後，不過不知道是在哪裡出土的罷了。這個磚硯有木製底蓋，是用極平凡的木材所做，上面有刻字曰「磚研」，二字並列，下係四字一行云：

「稱即墨侯，有石有瓦，茲以磚為，古而尤雅。甲戌首夏，曙初宗兄大人屬，弟錦春並記。」其制為硯的年月大概是同治甲戌，即一八七四年，去今也已將有八九十年了。

一〇三　故鄉的回顧

這回我終於要離開故鄉了。

我第一次離開家鄉，是在我十三歲的時候，到杭州去居住，從丁酉正月到戊戌的秋天，共有一年半。第二次那時是十六歲，往南京進學堂去，從辛丑秋天到丙午夏天，共有五年，但那是每年回家，有時還住的很久。第三次是往日本東京，卻從丙午秋天一直至辛亥年的夏天，這才回到紹興去的。

現在是第四次了，在紹興停留了前後七個年頭，終於在丁巳（一九一七）年的三月，到北京來教書，其時我正是三十三歲，這一來卻不覺已經有四十幾年了。

總計我居鄉的歲月，一裏腦兒的算起來不過二十四年，住在他鄉的倒有五十年以上，所以說對於紹興有怎麼深厚的感情與瞭解，那似乎是不很可靠的。但是因為從小生長在那裡，小時候的事情多少不容易忘記，因此比起別的地方來，總覺得很有些可以留戀之處。

那麼我對於紹興是怎麼樣呢？有如古人所說，維桑與梓，必恭敬止，便是對於故鄉的事物，須得尊敬。或者如《會稽郡故書雜集》序文裡所說，「序述名德，著其賢能，記注陵泉，傳其典實，使後人穆然有思古之情」，那也說得太高了，似乎未能做到。

現在且只具體的說來看：第一是對於天時，沒有什麼好感可說的。紹興天氣不見得比別處不好，只是夏天氣候太潮濕，所以氣溫一到了三十度，便覺得燠悶不堪，每到夏天，便是大人也要長上一身的痱子，而且蚊子眾多，成天的繞著身子飛鳴，彷彿是在蚊子堆裡過日子，不是很愉快的事。

冬天又特別的冷，這其實是並不冷，只看河水不凍，許多花木如石榴柑桔桂花之類，都可以在地下種著，不必盆栽放在屋裡，便可知道，但因為屋宇的構造全是為防潮濕而做的，椽子中間和窗門都留有空隙，而且就是下雪天門窗也不關閉，室內的溫度與外邊一樣，所以手足都生凍瘡。我在來北京以前，在紹興過了六個冬天，每年要生一次，至今已過了四十五年了，可是腳後跟上的凍瘡痕跡卻還是存在。

再說地理，那是「千岩競秀，萬壑爭流」的名勝地方，但是所謂名勝多是很無聊的，這也不單是紹興為然，本沒有什麼好，實在倒是整個的風景，便是這千岩萬壑並作一起去看，正是名勝的所在。李越縵念念不忘越中湖塘之勝，在他的幾篇賦裡，總把環境說上一大篇，至今讀起來還覺得很有趣味，正可以說是很能寫這種情趣的。

至於說到人物，古代很是長遠，所以遺留下有些可以佩服的人，但是現代才只是幾十年，眼前所見就是這些人，古語有云，先知不見重於故鄉，何況更是凡人呢？紹興人在北京，很為本地人所討厭，或者在別處也是如此，我因為是紹興人，深知道這種情形，但是細想自己也不能免，實屬沒法子，唯若是叫我去恭惟那樣的紹興人，則我唯有如《望越篇》裡所說，「撒灰散頂」，自己詛咒而已。

對於天地與人既然都碰了壁，那麼留下來的只有「物」了。魯迅於一九二七年寫《朝花夕拾》的小引裡，有一節道：

「我有一時，曾經屢次憶起兒時在故鄉所吃的蔬果，菱角，羅漢豆，茭白，香瓜。凡這些，都是極其鮮美可口的，都曾是使我思鄉的蠱惑。後來，我在久別之後嘗到了，也不過如此，惟獨在記憶上，還有舊來的意味留存。他們也許要哄騙我一生，使我時時反顧。」

這是他四十六歲所說的話，雖然已經過了三十多年的歲月，我想也可以借來應用，不過哄騙我的程度或者要差一點了。

李越縵在《城西老屋賦》裡有一段說吃食的道：

「若夫門外之事，市聲遝囂。雜剪張與酒趙，亦織而吹簫。東鄰魚市，罟師所朝。魴鯉鰱鯿，澤國之饒。鯽闊論尺，鯊銛若刀。鰻鱔蝦鱉，稻蟹巨螯。屆日午而濈集，呴腥沫而若潮。西鄰菜傭，瓜茄果匏。蹲鴟蘆菔，夥頤菰茭。綠壓村擔，紫分野舠。蔥韭蒜薤，日充我庖。值夜分之群息，乃諧價以雜嘈。」

羅列名物，迤寫來，比王梅溪的《會稽三賦》的志物的一節尤其有趣。但是引誘我去追憶過去的，還不是這些，卻是更其瑣屑的也更是不值錢的，那些小孩兒所吃的夜糖和炙糕。一九三八年二月我曾作《賣糖》一文寫這事情，後來收在《藥味集》裡，自己覺得頗有意義。

後來寫《往昔三十首》，在五續之四云：

「往昔幼小時，吾愛炙糕擔。夕陽下長街，門外聞呼喚。竹籠架熬盤，瓦缽熾白炭。上炙黃米糕，一錢買一片。麻餈值四文，豆沙裹作餡。年糕如水晶，上有桂花糝。品物雖不多，大抵甜且暖。兒童圍作圈，探囊競買啖。亦有貧家兒，銜指倚門看。所缺一文錢，無奈英雄漢。」題目便是「炙糕擔」。

又作《兒童雜事詩》三編，其丙編之二二是詠果餌的，詩云：

「兒曹應得念文長，解道敲鑼賣夜糖，想見當年立門口，茄脯梅餅遍親嘗。」注有云：

「小兒所食圓糖，名為夜糖，不知何義，徐文長詩中已有之。」詳見《藥味集》的那篇《賣糖》小文中。這裡也很湊巧，那徐文長正是紹興人，他的書畫和詩向來是很有名的。

周作人作品精選 1

知堂回想錄（上）風暴前後【經典新版】

作者：周作人
發行人：陳曉林
出版所：風雲時代出版股份有限公司
地址：10576台北市民生東路五段178號7樓之3
電話：(02) 2756-0949
傳真：(02) 2765-3799
執行主編：朱墨菲
美術設計：吳宗潔
行銷企劃：林安莉
業務總監：張瑋鳳

初版日期：2020年5月
ISBN：978-986-352-818-0

風雲書網：http://www.eastbooks.com.tw
官方部落格：http://eastbooks.pixnet.net/blog
Facebook：http://www.facebook.com/h7560949
E-mail：h7560949@ms15.hinet.net
劃撥帳號：12043291
戶名：風雲時代出版股份有限公司

風雲發行所：33373桃園市龜山區公西村2鄰復興街304巷96號
電話：(03) 318-1378
傳真：(03) 318-1378
法律顧問：永然法律事務所 李永然律師
北辰著作權事務所 蕭雄淋律師

行政院新聞局局版台業字第3595號 營利事業統一編號22759935

定價：300元

國家圖書館出版品預行編目資料

知堂回想錄 / 周作人著. -- 初版. -- 臺北市：風雲時代,
2020.04 冊； 公分

ISBN 978-986-352-818-0 (上冊：平裝). --
1.周作人 2.回憶錄

782.887 109002348